The Education in the Way Leading to Language

An Outline of Language on Education

在通往语言途中的教育

语言论教育论纲

谢延龙◎著

科学出版社
北　京

图书在版编目(CIP)数据

在通往语言途中的教育：语言论教育论纲/谢延龙著．—北京：科学出版社，2012.1
(教育研究新锐点丛书)
ISBN 978-7-03-033090-1

Ⅰ.①在… Ⅱ.①谢… Ⅲ.①语言学-研究②教育学-研究 Ⅳ.①H0②G40

中国版本图书馆 CIP 数据核字（2011）第 269026 号

责任编辑：付 艳 黄承佳/责任校对：林青梅
责任印制：李 彤 /封面设计：无极书装
编辑部电话：010-64035853
E-mail：houjunlin@mail. sciencep. com

科学出版社出版
北京东黄城根北街 16 号
邮政编码：100717
http://www.sciencep.com
北京凌奇印刷有限责任公司 印刷
科学出版社发行 各地新华书店经销
*
2012 年 1 月第 一 版 开本：B5（720×1000）
2022 年 2 月第四次印刷 印张：16 3/4
字数：337 000
定价：85.00 元
（如有印装质量问题，我社负责调换）

序

人总是教育的永恒主题，人的某个方面的凸显带给教育的往往是理论视域的重大拓展。人性、主体、生命、身体等在教育中的涌现莫不如是。语言作为人之为人的一个不可或缺的部分，作为对人之生存和发展具有重要意义的人之本性的构成，决定了教育不能对语言视而不见，教育必须面对语言。谢延龙的这本书，从语言的教育学理解出发进行了一番“教育”考察，对教育学基本理论的建设具有一定意义。

该书的一个显著特点就是从语言的教育学理解出发，从本体论、知识论、价值论和实践论四个层面构建了一个体系结构完整的“语言论教育”的理解。什么是语言？这是该书理论体系建构的立基点，作者将对语言的理解与人的生命存在内在地契合在一起，提出了一个教育学意义上的语言本体解读，即语言是人存在与发展的一种根本方式，它以沟通、交流、表达等方式关联人的思想、感情和灵魂，开显人的生命、自由和本质，是人的全面自由发展的直接现实。以此为基础，该书在本体论上论证了教育作为一种语言存在的本质，明确提出了教育起源于语言的观点。继而，教育作为一种语言存在的历史状况为何？这是知识论意义上的逻辑对历史的知识认知，该书得出教育形态是随着语言性质的变化而改变的观点，即诗性语言孕育的是教育的人文意蕴，科学语言酿造的是教育的科学意味。语言对教育的价值最根本的就是其本体价值，主要由两个方面构成：一是语言对教育中个体自我发展的价值；二是语言对教育中人的德、智、美素质发展的价值。这些构成了该书价值论部分的论述。语言通往教育的实践论层面在两个方面展开：一是理论的实践方面，语言的引入带来了教育研究、教育活动和教育内容等方面视域的重大变革；二是应用的实践方面，作为教育主体的儿童的语言权问题凸显出来，解放儿童就是解放儿童的语言。

通览全书，可以看出作者试图架构一个从理论到实践的“语言论教育”体系，这可谓是一种具有“冒险”精神的可贵尝试。在书中，作者对教育中的一些基本理论问题进行了独立的思考和判断，提出了许多个人见解，既展现了作者做学问的严肃态度，又显示了作者的问题探究意识和批判眼光。这种敢于思考、勇于探索的精神和学风是应受到鼓励的。

古今中外任何一本好书，都难以做到尽善尽美，该书也是如此。如果仔细阅读、思量，不难发现书中某些部分过于追求逻辑思辨论证，某些部分对语言与教育问题的探讨还不够深入。尽管如此，我还是满怀热情地向关注教育的读者推荐此书，这主要是由于该书提出了一个关涉教育的有价值的论题，并提供了可交流的一家之言。倘若书中的见解能够唤起读者的兴趣和思考，引起更多人对此问题的关切和研究，相信也就实现了该书的初衷，这也是我所乐见的。

王逢贤

2011年6月于长春

目　录

导言

语言：一个教育的必然问题

书写一个论题或从事某个方面的研究，很多时候并非刻意为之，而常常是从一些不经意的偶然中萌生，但这偶然又与个人经历中某些不经意的事件或关注密不可分。两位语言学家的有趣经历说明了这一点。其一是著名语言学家沃尔夫从事语言研究的故事①：

沃尔夫原是一位化学工程师，他在从事消防技术工作中发现，导致失火的原因除了客观环境外，还有对环境错误的理解。例如，语言标志本身常常使人对易燃品放松警惕，因而引起火灾……这使沃尔夫获得了一种强烈的印象：语言影响人的行为。这最终导致了沃尔夫对语言的强烈兴趣。

更为有趣的是语言学家布龙菲尔德走上从事语言研究之路的偶然②：

布龙菲尔德于1887年4月1日出生于美国伊利诺伊州芝加哥市，9岁时随家迁往威斯康星州。1906年哈佛大学毕业，获得学士学位；同年暑假到威斯康星大学，想在那里觅得一个助教的职位。正是从那个时候起，他决心献身于语言学。对这件事他曾写过一段有趣的自述：我立志终身从事科学研究工作，但对选哪一门学科心里没有底。霍尔费尔教授委托一位青年教师普罗柯希帮助我。有一天普罗柯希请我去作客，在他餐室的一张小桌上放着几本语言学的书（记得其中有一本是雷斯琴的《古保加利亚语语法》）。在吃早饭之前，普罗柯希向我介绍了这几本书的性质和内容。就在我们坐下来吃早饭前的这段时间里（不过15分钟光景），我做出了从事语言学研究的决定。

无论如何，个人兴趣是从事某项研究的最大源动力。倘若个人对要研究的内容始终感到厌倦无趣，那么无论此研究的内容具有多么重大的意义，恐怕个

① 申小龙．1990. 人类文化的语言视界：论萨丕尔沃尔夫假说．青海师范大学学报（社会科学版），(2)：70.

② 戚雨村．1982. 布龙菲尔德的语言理论. 浙江师范学院学报（社会科学版），(1)：23.

人也很难选择从事这项研究。毕竟，只有感兴趣的，才是愿为和肯为的。沃尔夫和布龙菲尔德都是由于有些“偶然”，而对语言研究产生了兴趣，顺而选择了从事语言研究。当笔者看到沃尔夫和布龙菲尔德的故事时，不禁深有感触。因为笔者之所以选择从语言来研究教育，也是由于不经意间意外对其产生了浓厚兴趣而欲罢不能的结果。

那是在听我国老一辈教育家王逢贤先生的一堂课上，先生讲到了教育学语言问题，并认为，教育学是一门不成熟的学科，缺乏专业概念和范畴，过多借用喻语、俗语、格言或其他学科概念等。先生所说的这个问题，我以前一直以为只是一个分析教育哲学的问题，并未认真思考过。但在听先生讲课时，我被先生对这个问题言辞恳切的忧虑和语重心长的教诲深深感染，突然感到一种深入骨髓的莫名震撼，便决心对教育的这个“语言”问题研究一番。然而，当我从语言出发去研究教育时，却发现，语言并非只是一个教育理论语言问题，语言也并非只是关涉教育学这门学科的成熟问题，而是一个与教育的命运休戚相关的重大问题，是教育必然要深入考察和研究的问题。由此，我便对教育与语言的问题产生了浓厚兴趣，决心从事这方面的研究。这可算是研究缘起的个人兴趣动因吧。当然，这是一个非常困难的问题，从事此问题的研究相当“冒险”，但我觉得只要自己肯下功夫，勤于思考和阅读，就一定能够完成。

个人兴趣是从事某个论题写作的重要因由，但个人兴趣不能也不应该成为该论题写作的唯一缘由。事实上，该论题之所以成为笔者致力完成的一个目标，还与该论题本身就是一个重大的教育理论前沿问题有关。“教育理论重大前沿问题”一直是王逢贤先生所强调的，王先生认为，教育问题的研究一定要具有“重大前沿性”。对于王先生对教育研究选题的这种要求，笔者深为赞同，因为正如王先生所言，“小气”和“烫剩饭”的研究选题，即使做好，也好得有限。不过，就笔者对王先生所强调的“教育理论重大前沿问题”的肤浅理解而言，“教育理论重大前沿问题”并非仅仅意味着这个问题是个热点问题，即热点问题并不一定就是教育理论的重大前沿问题。对“教育理论重大前沿问题”而言，更为重要的是，问题本身必须符合教育理论内在知识逻辑和脉络的发展。该论题之所以可称为是教育理论的一个重大前沿问题，就在于此论题正与教育理论内在知识逻辑的发展脉络相符合。因为哲学作为教育理论发展的基础性学科，教育理论内在知识逻辑的进展与哲学理论的每一次重大发展都有着深切的关联。语言作为哲学理论发展的一次重大转向，它必然引起教育理论知识的重大发展。当哲学对语言的关注超越分析哲学的视域时，教育理论也必然要对这种变化产生反映，这在当前的教育理论研究中已初露端倪，但还远远不够。本书选择从语言切入，就是要以语言对教育相关的重要问题作一个比较系统的理论审视，这也是对初露端倪的教育关于语言研究趋向进一步深化的一个努力。

理论的关切是研究者从事理论研究的重要缘起，但作为研究者亦不可缺少实践关怀，尤其是对于教育这个实践性很强的领域来说，则更是如此。在教育现实实践中，众多语言问题带来的现实震动也成为本研究的一个重要缘由。笔者认为，教育现实的很多问题根本上就是教育主体的问题，正是教育现实中作为教育主体的儿童的语言遭遇，使笔者深深感到有必要去关注教育中的语言问题。儿童生活在教育的语言中，儿童在教育中要发出自己的言说。然而，教育的语言在异化着我们的孩子，我们的孩子在教育中处于语言无权的状态，这些都迫使我们必须从语言去审视我们的教育，从语言去关注我们的教育。

意义即研究的价值所在，就本书而言，其意义主要有以下方面：

第一，本研究对教育学原理学科建设具有重要意义。教育学原理学科的发展在于教育原理理论的不断发展和充实，而教育原理理论的发展和充实，实质上就是教育原理知识不断产生增量。本研究的重点就在于对教育与语言进行理论上的审视，理论关切是本书研究的重心，而从语言视域对教育理论进行系统审视，所产生的就是一种教育原理知识增量，譬如本研究关于教育语言本质的探讨、教育语言起源论的论证等，相信这些研究对教育学原理学科建设应该是有所裨益的。

第二，本研究有利于教育理论本身的丰富和完善。教育理论的丰富和完善不在于视角的众多和“他者”理论的移植，而在于与教育本身密切相关的理论主题的研究成果不断出现。语言在这里已经不是一个视角，语言是与教育密不可分的存在，是教育“发现”了与自己一直如影随形的语言，教育就是一种语言存在，教育一刻也离不开语言，没有语言，也便没有教育。因此，对教育与语言进行研究，本身就是教育理论自身发展的一种本然需要。故在这个意义上，进行语言与教育的研究，既能在量上丰富和完善我国教育理论，又能从质上使我国教育理论不断走向成熟。

第三，本研究有助于改进教育实践中存在的语言问题。这里有两个层面的意义。

一是本研究所讨论的相关理论问题，能够唤醒人们对教育实践中相关语言问题的关注。譬如本研究关于教育活动和教育内容语言问题的拷问，就可以引起人们对这两个领域中存在的语言问题进行进一步的研究。这方面对教育实践改进的意义是唤醒层面上的，是启发意义上的。这种启发意义的重要性和关键性就在于，本研究所提供的是一种从理论自觉和理论系统意义上去主动关注教育实践中相关领域的语言问题，而不是那种停留在个别的现实问题应对层面上的经验性的关注。

二是本研究所论及的教育实践中具体的语言现实问题，主要关涉两个方面：一是自我在教育语言中的发展，本研究认为，儿童自我在教育中的发展就是在听、说、读、写四种教育语言中的发展，指出了现实中存在的问题，并提出改进方法；二是儿童语言权问题，本研究指出教育现实中存在的消解儿童语言的状况，以及摆脱困境的出路。这些对教育实践中的语言问题的改进无疑是有益的。

人是教育得以安身立命的核心问题，人只有接受教育才能成其为人，可以说教育存在的根基正是因为人之存在，教育“先天”地以人为出发点和终极目的。正因为如此，教育常常对人抱有超乎寻常的关注，可以说，关注人是教育研究无法逃逸的宿命。

教育研究关注人，主要有两种途径，一是把人作为一个整体概念进行考察，如教育与人的关系、人在教育中的状况、人的发展阶段等。二是从人的某个方面出发来进行考察，即是以人为出发点，切入人的某个方面进行相关的教育研究，这方面一直是教育研究的恒久主题，如人性、人格、人的行为、情感、意志等，这些“人的不同方面”的哲学解读往往是引起教育理论和实践突破的关键点。在当今教育研究的相关主题中，关于“人的不同方面”的研究已经成为教育研究的一个十分重要的部分，如身体、主体、生命等从人出发的相关主题不断涌现，这些研究对教育理论与实践都产生了巨大的影响。

本书的研究视角正是以教育对人研究的第二个方面为切入点的。因为，语言作为人之为人的一个不可或缺的部分，作为对人之生存与发展具有重要意义的人之本性的部分，已经决定了教育无法摆脱语言，教育必定天然地与语言纠缠在一起。教育不能对语言视而不见，教育必须面对语言，教育没有理由不关注语言，语言不能处于被教育放逐的状态，教育必须对语言进行研究。从这里可以看出，本书的研究视角是从人的意义上来看待语言的，语言属于人的不可分割的一部分，这不同于分析哲学对语言的关注。

“方法也就是工具”，这是黑格尔关于方法的至理名言。正如黑格尔所言，研究方法是一项研究达到目的不可或缺的途径和手段。就本书而言，主要运用了如下研究方法：

文献法。这是本书所采用的一个基本方法。由于本书所涉及的是教育与语言问题，这就要求必须对涉及“语言”的相关研究有一定的认识和把握。于是，就必须首先对语言研究的相关文献进行阅读，主要涉及语言哲学、语言学、语言文化学、语言社会学以及语言与教育相关研究等方面的文献，这样才能找到本书看教育的语言之“眼”，从而确定本书的研究理路。而且，就本书其他各章节的研究而言，也都离不开对文献资料的搜集、整理、提炼、消化、吸收和借鉴。可以说，文献法是贯穿本书整体研究的一个最为基本的方法。

案例法。案例是一种鲜活的现实展现，也是一种具有反映普遍性的个别的经验性事件，案例在课题研究中可以引出问题，可以作为观点的论证材料，也可以作为理论应用的事实证明。在本书中，案例法的应用在于形象地引出问题和佐证观点，譬如，在第三章第二部分听、说、读、写部分，案例用以说明听、说、读、写存在的问题；在最后一章中，运用案例以证明儿童语言所遭受的各种教育侵害问题。这些案例的运用，为本书的研究提供了强大的事实支撑，增强了研究的说服力。

历史与逻辑相统一的方法。要弄清楚语言与教育的历史形态问题，就必须把考察两者的历史过程与对它们之间内部逻辑的分析结合起来。因为逻辑的方法必须以历史的方法为基础，“逻辑的研究方式是唯一适用的方式。但是，实际上这种方式无非是历史的研究方式，不过摆脱了历史的形式以及起扰乱作用的偶然性而已”①，不对事物的历史进行考察，逻辑分析便会失去事实的根基而流于空泛；历史的方法也必须以逻辑的方法为依据，失去对事物内部发展关系的逻辑分析，历史的考察便会成为散乱无章的事实堆砌。因此，语言与教育的历史发展过程，就成为对二者内部关系进行逻辑分析的基础，而语言与教育的历史考察也需以逻辑的分析为依据，如此，才能客观、全面、真实地揭示两者之间的内在关联。

归纳与演绎相结合的方法。由于教育中很多语言问题都是以个别的现实形态出现的，就需要对这些个别的案例进行归纳，需要对这些问题进行提升和提炼，这就离不开归纳法的运用。当然，恩格斯指出：“归纳和演绎，正如综合和分析一样，必然是属于一个整体的。不应当牺牲一个而把另一个捧到天上去，应当设法把每一个都用到该用的地方，但是只有记住它们是属于一个整体，它们是相辅相成的，才能做到这一点。”② 确如恩格斯所言，本书对归纳法的运用并不意味着对演绎法的排斥，事实上，对于归纳和演绎，在某些具体问题的论述中两者往往是相辅相成的，是属于一个整体的。在本书的论述过程中，力求做到使两种方法各扬其长、相得益彰。

研究思路在方法论上实际就是一篇论文得以实现的逻辑构想，也就是研究者对某个研究主题的一种宏观上的谋篇布局。可以说，理清研究思路是决定某种理论思想和观点能否理论化和系统化的关键，更是某项研究能否成功的一个必要前提。

研究思路与要研究的问题密不可分，就本书而言，所要研究的主要问题是

① ［德］恩格斯．1995．马克思恩格斯全集（第13卷）．北京：人民出版社，532.

② ［德］恩格斯．1995．马克思恩格斯选集（第4卷）．北京：人民出版社，335.

教育理论中的语言问题，这要求本书应着力于语言与教育理论相关问题的论述。不过，理论之意义离不开实践，故本书也将论述延伸到实践论层面。如此，本书的整体研究思路所遵循的就是从理论到实践的展开逻辑，这也是当前教育研究所遵循的主流思路。

整体的研究思路尚需具体化，就具体研究思路而言，本书的逻辑构想所沿循的理路如下：先从问题出发，再到本体论和知识论证实，其后是价值论考察，最后是实践论检视。本书首先使语言在教育中以分析哲学形态出现，从而唤醒教育对语言的自觉入手，指出分析哲学意义上的语言在教育中被“窄化”使用的问题，提出要对语言作本体论的解读，这种本体论的解读是教育学意义上的理解，以此为基础指出本书的使命。其后对教育与语言的关联进行存在论的阐解，这是在本体论意义上对教育与语言关系的明确；进而对其作知识论上的考察，知识论的考察可看做是对二者本体论关系的再次确认。接着在价值论层面对语言的教育学意义进行解读。最后从两个层面对语言在教育中的应用进行检视：学理应用层面，抓住教育理论的几个重要方面，即从教育研究、教育活动和教育内容方面进行考察；实践应用层面，抓住对儿童解放具有重要意义的儿童语言权问题，展开阐述。

按照本书的逻辑构想，其框架架构作如下安排：

第一章是问题提出部分。哲学是教育的基础，哲学主题的变化必然在教育领域内产生“反响”。该部分从哲学“语言转向”而引起教育“语言转向”谈起，指出哲学“语言转向”使教育对语言由自发状态而转向自觉状态，语言在教育中的重要性开始受到关注，关于语言的教育研究逐渐成为显学。不过教育的“语言转向”并未完成，它只是停留在分析哲学的框架之内，语言更多的是“教育理论”表述意义上的语言。随着哲学的再次“语言转向”，语言在教育中的再次转向也就成为必然。教育的再次语言转向要突破语言仅存在于分析哲学视域内的局限，把语言从教育理论分析的意义上解放出来，完成这项工作，首要就是对语言的重新认识和界定，这是实现本书任务的基础。本书从本体论视域对语言作教育学意义上的阐释，并以此为基础，提出语言在教育中要完成的使命，这也是本书所要完成的任务。

第二章是本体论和知识论部分。本体论要解决的是探察对象是什么的问题，对教育与语言而言，本体论要回答的就是，语言与教育在本质上究竟是一种什么样的存在状态。对于这个问题，本书的回答是，教育是一种语言存在。对于此观点的论证，本书主要从两个方面展开，其一是从人与文化两个维度对此观点进行存在意义上的论证，由于人与文化都分别与教育和语言是一种存在关系，通过人与文化的“中介”，教育是一种语言存在的观点可以得到确证。其二是从教育起源的意义上进行论证，起源是对事物本质的一种认识，加里·特朗普(Carry Trumpf) 指出："对查明或阐明起源问题的关注，一直是确认事物本性的努力不可缺少的一部分"①；朱光潜先生也指出："想明白一件事物的本质，最好先研究它的起源；犹如想了解一个人的性格，最好先知道他的祖先和环境。"②可以说，起源中隐含着事物的最初本质，起源中也蕴涵着事物的最终本质。对于教育起源，本书的观点是，教育起源于语言。这个观点在揭示教育的语言本质之时，也同时证实了教育作为一种语言存在的观点，因为事物的本质正是事物得以存在的根本。明确教育是一种语言存在，就确立了语言与教育的本体存在形态。那么，这种教育作为一种语言存在的历时形态是什么？这实际上是一个知识论意义上的考察。知识论在哲学上是关于知识的性质、标准、范围等的考量，而对于某个具体事物而言，知识论所关涉的是对于这个事物事实状况的认识而形成的知识。而语言与教育在历史上的发展演变是一种事实，对这种事实状况进行考察并以逻辑的方式进行认识总结所形成的，就是关于教育作为语言存在的一种重要的知识形态。通过知识论考察，可以得出教育的形态是随着语言性质的变化而变化的，诗性语言孕育的是教育的人文意蕴，科学语言酿造的是教育的科学意味。当然，知识论的考察实际上也是对教育与语言关系本体论的另一种证实，只不过这是属于事实知识考察层面的证实，是一种知识论意义上对本体论的确证。

第三章是价值论部分。价值论部分要解决的是语言对教育的意义问题，提问的方式是语言对教育有何价值。就语言对教育的价值而言，最为核心和根本的就是对教育的本体价值。教育的本体价值就是对人的培养价值。对人的培养有两个方面，一是自我的发展，二是人的素质发展，语言对教育的本体价值就体现在这两方面。就语言对自我发展在教育中的价值而言，本书首先提出语言自我的概念，对自我进行语言解读，进而指出自我在教育中的发展就是在教育的"特殊"语言中的发展，这种发展就是在听、说、读、写中的自我发展，本书分别指出听、说、读、写中自我发展存在的弊端和拯救之路，道出语言对自我发展的价值。就语言对教育中人的素质发展的价值而言，本书分别从智、德和美三个重要方面论述语言对于这些素质的发展价值。

第四章是实践论第一部分，属于理论应用层面。实践论属于具体应用层面的部分，回答的是有何用的问题。对教育与语言而言，涉及的是语言延伸到教育的具体领域中能有何用的问题。语言在教育具体领域中的这种用有两个层面，一是

---

① ［澳］加里·特朗普．1995．宗教起源探索．孙善玲，朱代强译．成都：四川人民出版社，23.

② 朱光潜．1987．朱光潜全集（第3卷）．合肥：安徽教育出版社，7.

理论的具体层面，即在具体理论中的运用。二是实践的具体层面，即在实践中的运用。该章涉及的是理论的具体运用层面，涉及教育的三个重要理论方面，即教育研究、教育活动和教育内容，即语言引入教育理论的这三个方面所能产生的作用。在这三个方面，本章分别阐述语言到来之前传统教育研究、教育活动和教育内容所存在的弊端，然后指出这三个方面走出弊端的语言救赎之路。

第五章是实践论第二部分，属于实际应用层面。教育中儿童是主体，这就决定了在教育现实中与儿童这个主体相关的语言问题的重要性。以此种认识为基础，该章选取儿童语言权这个关涉教育主体儿童语言的基本问题进行论述。首先详细阐述儿童语言权的意涵，这是解读教育现实中儿童语言权问题的前提性理解。然后指出教育中存在的儿童语言无权的现实状况，并对这种状况进行归因分析。最后，指出了儿童语言权确立的出路。

语言是本书最为核心的概念，对语言的具体理解，在书中已有大量详细考察，这里不再重述，只在这里直接提出本书的解读。本书认为，语言是人存在与发展的一种根本方式，它以沟通、交流、表达等方式关联人的思想、感情和灵魂，开显人的生命、自由和本质，是人的全面自由发展的直接现实。这种理解是教育学意义上的语言本体解读，其核心是将语言的理解与人的生命存在联系起来，从语言内在与人的生命相契合的意义上的一种解读。

语言论：语言论理解的关键在“论”上。“论”最为直接的理解就是“理论”，语言论也就是有关语言理解的相关理论，这样就意味着，本书是要用对语言理解的相关理论来解读教育，这可说是本书的应有之意，因为本书的论述离不开对语言理解的相关理论支撑。不过，本书之语言论的“论”还有另一层所指，即“论”表达的是一种关涉或关联，语言与教育的关涉或关联，本书就是在语言与教育关涉或关联意义上的论述，本书所要展开的就是语言与教育的这种关涉或关联。在这个意义上，本书的题目本应该叫做“语言教育论”。但是，“语言教育论”的题目，容易造成是“语言教育”的误解，而“语言论教育”则可以避免这种误解，且能够更明了直接地表达本书的主旨。

语言论教育：本书整体上将语言与教育的关系称为语言论教育。具体而言，语言论教育有两层意味：一是从教育出发去看“语言”，看到的是一种什么样的语言，看到语言的哪些部分能够为己所用，看到教育自身存在哪些语言问题等；二是从“语言”出发去看教育，看到教育是一种什么样的存在，看到教育是一种什么样的发展状态，看到语言对教育的价值和意义等。这两方面是互相联系、渗透而构成的不可分割的一个整体。不过，这种看是以教育为中心，即看的目的是为了教育而不是为了语言，看的重点在教育理论而非教育实践层面，即是以教育理论层面为重点而进行的解读。

第一章

教育的“语言转向”：一项“未竟的工程”

世界成员在世界中如何感知事物，又如何应对事物，关键取决于揭示世界的语言视角；这个视角好像一束光，有了它，语言这个发光体就可以使世界中所发生的一切时间都变得明亮起来。①

——哈贝马斯

在一定意义上，教育和哲学是一体的。赫尔巴特指出：“教育学作为一种科学，是以实践哲学与心理学为基础的。”② “基础”二字表明，教育与哲学不是一种简单的相关，因为起“基础”作用的东西往往决定着事物发展的方向和前景。杜威指出：“哲学甚至可以解释为教育的一般理论。”③ “欧洲哲学是在教育问题的压力下（在雅典人中）起源的。”④ 哲学亦离不开教育的呵护。因此，当哲学发生重大转变时，教育就必会有所感应而做出应对。西方哲学的发展，在19世纪末20世纪初，出现了一次古斯塔夫·伯格曼所谓的“语言转向”⑤。哲学的这次“语言转向”被普遍认为是西方哲学自产生以来的第三次重大发展，即从古代哲学的本体论，到近代哲学的认识论，再到20世纪语言成为哲学的主题。哲学的“语言转向”唤醒了教育对语言的长期“漠视”，语言真正在自觉意义上进入了教育的视野。

在“语言转向”中，教育学深受英美分析哲学的影响，故教育学界对语言的关注也是分析哲学意义上的。约从20世纪50年代起，一些逻辑实证论者就提

---

① ［德］哈贝马斯．2002．后民族结构．曹卫东译．上海：上海人民出版社，192.

② ［德］赫尔巴特．2002．普通教育学·教育学讲授纲要．李其龙译．杭州：浙江教育出版社，207.

③ ［美］杜威．2001．民主主义与教育．王承绪译．北京：人民教育出版社，347.

④ ［美］杜威．2001．民主主义与教育．王承绪译．北京：人民教育出版社，348，349.

⑤ 作为一个术语，“语言转向”最早由维也纳学派的古斯塔夫．伯格曼在《逻辑与实在》（*Logic and Reality*，1964）一书中提出。但使这个说法得到广泛流传和认同的，则主要缘于理查德·罗蒂所编的《语言学转向：哲学方法论文集》（*The Lingustic Turn*：*Essays in Philosophical Method*，1967）一书的出版。

出，分析哲学作为一种批判和澄清思想的工具，可以用于教育理论问题。其后在奥康纳和谢弗勒等人的努力下，强调对教育理论进行语言分析的分析教育哲学兴起。分析哲学唤醒了教育对语言的沉睡状态，打开了教育“看”语言的眼界，使语言第一次以自觉的形态进入教育的视域。然而，“语言转向”绝不仅仅是分析哲学，分析哲学的语言关照本身就存在着巨大的缺陷。倘若将教育与语言的关系仅仅局限于分析哲学，那么，教育与语言的本真状态就必将被遮蔽，也就是说，语言并没有从教育中完全开显出来，教育的“语言转向”并未完成自己的使命。因此，教育需要跳出分析哲学的语言视野，以更为全景式的语言理解描画语言与教育的本真图景。

一、教育“语言自觉”的唤醒：哲学的“语言转向”

> 我们可能注意到，除分析哲学家外，教育哲学家们也开始强调语言分析的重要性，虽然他们并不承认诸如否认形而上学、信奉关于意义的证实理论这样一些分析哲学的基本原则，但是至少作为认真地进行教育哲学研究工作的第一步，必须注意教育的语言。在这个方面非正式地存在着一致的意见。①
>
> ——理查德·普拉特

哲学语言转向之前，语言在教育中一直处于一种无意识的自发存在状态，哲学语言转向唤醒了教育对语言的自觉关注，语言在教育中由自发而成为自觉状态。语言在教育中的这种自觉状态秉承了哲学语言转向的传统，以分析教育哲学的姿态呈现在人们面前。

（一）西方哲学的“语言转向”

在西方哲学发展史上，普遍认为有三次重大发展：第一次是柏拉图所开启的本体论；第二次是发笛卡儿之滥觞的认识论，哲学研究主题由本体论转向认识论，被称为哲学的“认识论转向”；第三次就是语言成为哲学所关注和研究的对象，被称为哲学的“语言转向”。

在这里，西方哲学的语言转向就是指分析哲学，之所以会出现分析哲学的“语言转向”，正如罗素所言：“这并非出于偶然，而是由于这个事实，即每一个哲学问题，当我们给以必要的分析和提炼时，就会发现，它或者根本不是哲学

① 陈友松．1982．当代西方教育哲学．北京：教育科学出版社，211．

问题，或者在我们使用逻辑的意义上说是逻辑问题。”① 正如任何新事物的产生都是由于旧事物的发展陷入无法摆脱的困境而需要突破一样，语言哲学正是在摆脱旧形而上学困境的基础上产生的。

语言哲学认为，旧形而上学哲学并不是因为某个标准衡量之下不对，而是由于误用语言而没有任何意义，正如石里克所言：“过去时代最严重错误之一，是认为哲学命题的真正意义和最后内容可以再用陈述来表述，即可以用知识来阐明，这就是‘形而上学’的错误。形而上学者的努力一直集中在这一荒谬的目标上，要用知识来表达纯粹性质的内容（事物的‘本质’），也就是要说那不可说的东西……因此形而上学的没落并不是因为解决它的问题是人的理性所不能胜任的事（像康德所想的那样），而是因为根本没有这种问题。”② 正是以这种观点为基础，语言哲学认为，包括康德、黑格尔在内的许多重要的旧形而上学哲学家们，在对人认识的来源、过程和能力进行论证时，所使用的一些概念、命题以及推论，往往是晦涩的、模糊的、充满歧义和逻辑矛盾的。因此，这种大量乱用语言而形成的命题，本质上都是无意义的虚假陈述。语言哲学的任务就是对语言进行精细的分析，揭示语言使用中的错误，治疗哲学的种种“语言病”，从而在哲学领域彻底清除形而上学。

分析语言哲学家在反形而上学的战斗中，由于对语言本身的看法不同，使用分析的方法不同，而分为两大流派，即逻辑语言学派和日常语言学派。逻辑语言学派以弗雷格、罗素、前期维特根斯坦、石里克和卡尔纳普等为代表，他们以数理逻辑作为分析语言的工具，认为哲学的任务就是对语言进行逻辑分析。如罗素强调，哲学的任务就是对语言进行逻辑分析，哲学应当成为对理论自然科学和传统哲学的语言批判。早期维特根斯坦提出“全部哲学就是语言批判”的著名论断，认为哲学的任务就是研究语言的逻辑，对语言和概念的应用进行逻辑分析，弄清楚我们的语言是否符合逻辑，不符合逻辑的就是没有意义的表达式或命题，应排除出哲学之外。石里克认为，哲学的问题不是事实问题，而是语言问题，哲学的任务就是用逻辑分析方法，澄清哲学命题的意义。总之，逻辑语言学派认为，语言应精确地描画事实，日常语言有严重缺陷，它的语法形式模糊而掩盖了反映语言本质的逻辑形式，形而上学命题就是把表面语法形式误认为真正的逻辑形式。所以应用逻辑净化日常语言，排除日常语言的混乱和误用，必要时甚至可以用一套严密形式化的合乎逻辑的理想语言系统来改造或替代日常语言，从而避免传统形而上的种种混乱。

① ［英］勃兰特·罗素．1990．我们关于外间世界的知识．陈启伟译．上海：上海译文出版社，24．

② 转引自：洪谦．1992．逻辑经验主义．北京：商务印书馆，10．

日常语言学派的主要特点是特别重视对日常语言进行精细分析。这个学派以后期维特根斯坦哲学和英国哲学家摩尔的哲学为先驱，后经奥斯汀、塞尔、利科、斯特劳斯等人的发展，使日常语言分析形成了一套比较完整而有影响的理论。这一学派之所以重视日常语言，是因为他们认为“世界呈现了普通生活所关心的日常的、实际的问题”，“日常经验的本质从它的日常性中现出，而且日常经验——几乎同语反复地说——是我们绝大多数概念最典型地起作用的处所”，“认为语言应用上的具体特点、尤其在日常生活关心的最普通的事物中的应用上的具体特点既引起哲学问题，又能对问题的解决至少提供启示”。[①] 故日常语言学派认为，日常语言是最基本的，日常语言本身是完善的，它与人们的生活形式密切相关，因而是不应改造的，绝不存在一种高于它的逻辑语言。他们主张对日常语言的日常用法进行精确分析以及对常识的健全的尊重。至于传统形而上学问题，并不是由于日常语言存在缺陷所造成，而是由于人们以一种奇怪的方式对语言的误用和滥用所致。并且：

> 这种混乱与困惑就是哲学家所受的思想折磨和所患的精神疾病，因此消除这些疾患就类似于医生给病人治病，治病的方法就是语言分析，即在具体的使用环境中，在与生活形式的密切关联中，对日常语言的用法及其所能完成的功能作全面细致的描述与清理，从而消除因对它们的误解而产生的哲学困惑。哲学因此获得了“治疗学”的形象，哲学家就是“精神病医生”，有如治病的目的是消除疾病，哲学分析的结果则是哲学问题的消解，哲学家由此达到思想的明晰与精神的安宁。因此，回归日常语言就是回家：哲学回到了自己的精神家园。[②]

西方哲学的“语言转向”在西方哲学史上意义重大，它使哲学的内容、形式以及研究活动本身都发生了根本性的变化。不仅如此，哲学的“语言转向”也必然会对教育产生重大影响，毕竟，哲学是教育学的基础学科，面对哲学的重大变化教育学无法使自己无动于衷。事实也正是如此，受西方哲学“语言转向”的影响，在英美一批学者中，如奥康纳和谢夫勒等人的倡导下，分析教育哲学思潮兴起。

（二）教育的“语言转向”及其“照亮”

1. 分析教育哲学：教育的“语言转向”

从20世纪50年代起，西方的一些学者认为，哲学作为一种分析的和澄清思

---

① 转引自：周昌忠．1992．西方现代语言哲学．上海：上海人民出版社，306，307．

② 陈波．1997．分析哲学的价值．中国社会科学，(4)：65，66．

想的方法可以用于任何问题，包括教育问题。于是，分析哲学开始被应用于教育理论。在他们看来，“哲学并不是通常所谓的知识，而是一种批判或说明的活动。这样的哲学对包括教育理论问题在内的一切问题的任何题材都有影响”[①]。分析哲学对语言的关注在教育领域内产生了相应的反应，在教育领域内出现了以“分析教育哲学”为名义的教育的“语言转向”，这场转向完全是哲学“语言转向”在教育领域内的延伸。从某种意义说，就是教育领域内对哲学“语言转向”的“套用”，即将分析哲学的原则和方法在教育领域内进行应用。正如语言分析哲学的主要发生地在英美一样，分析教育哲学的主要领军人物也基本是英美学者，“分析教育哲学名副其实的先驱是哈迪（Charles D. Hardie）。1942 年，他出版了《教育理论中的真理与谬误》，成为第一部系统明确地运用分析哲学的方法讨论教育问题的著作”[②]，哈迪之后出现了一批卓有成效的分析教育哲学家，在英国以彼得斯（R. S. Peters）、奥康纳（D. J. Oconnor）为代表，在美国以谢弗勒（Isral. Scheffler）为代表。

分析教育哲学对教育理论语言的关注，大体上也和分析哲学的两个派别对应，即逻辑语言学派和日常语言学派，他们对教育中的不同语言采取不同分析策略，这一点，我国著名教育家黄济先生在其《教育哲学通论》中有清楚的表述。黄先生认为，对逻辑语言学派而言，“就是要对教育中的概念如‘教育’、‘教学’、‘知识’、‘学习’、‘需要’、‘兴趣’等，以及教育中的命题如‘儿童中心’、‘书本主义’等做出科学的逻辑分析”[③]；对于日常语言学派而言，“就是要对教育中的一些概念和命题，如‘教’和‘学’，‘知识’和‘德行’，‘目的’和‘生长’，以及‘知什么’（know what）和‘知怎样’（know how）等，按照普通语言的日常用法进行分析”[④]。不过，从总体上看，分析教育哲学的根本目的不是为了建立某种教育理论体系，也就是说，它力图避免成为一种规范性的教育哲学体系，而是强调通过逻辑学和语言的分析，对教育中一些模糊不清的口号、隐喻、问题、定义、要求、形式的和非形式的推理谬误，给以仔细的考查和恰如其分的说明，同时，对于一切不能严格证明的没有意义的因素，极力排除。对此，我国有学者曾明确指出道：“分析教育哲学直接借助于分析哲学的方法，把自己的任务规定为‘概念分析和澄清’，认为教育理论与实践中相互争执的许多问题，往往是起因于概念不精确、概念的内涵与外延没有最低限度的一致性，以至于这些争执对解决问题帮助甚微。分析教育哲学就是要分析主要

---

① 吴式颖 . 1988. 外国教育史简编 . 北京：教育科学出版社，565.

② 陆有铨 . 1997. 躁动的百年——20 世纪的教育历程 . 济南：山东教育出版社，87.

③ 黄济 . 1998. 教育哲学通论 . 太原：山西教育出版社，252.

④ 黄济 . 1998. 教育哲学通论 . 太原：山西教育出版社，253.

的教育概念和命题，为人们思考教育问题提供清晰、准确的思维工具，避免无谓的争执，从而促进教育理论科学化，提高教育活动的效率。”[①] 美国哈佛大学教授谢夫勒在1960年出版的《教育的语言》一书的序言中，也毫不隐晦地表明了上述观点：“本书的目的在于应用哲学的方法澄清关于教育思想与教育论证中某些具有普遍性的特点。尤其是分析关于教育定义、口号和比喻的逻辑力量，并且研讨了教学的中心观念。”[②]

可见，分析教育哲学进行语言分析本质上是一种清思活动，它追求的不是一个知识体系，而是试图通过清思活动使得教育概念、命题等清晰明了，以使教育理论科学化，促进教育理论和实践的发展。

2. 教育的“语言转向”：“照亮”了什么

美国学者理查德·普拉特曾指出：“分析哲学之光照耀美国大地迄今已经二十年了，但是它如何照亮，又照亮了什么，这些都还是有待讨论的。这种影响在学术上已产生了完全不被人们注意的重大后果，可是有些人希望这种影响像感觉微弱的地震一样，不久就会消失。”[③] 分析教育哲学出现至今已有半个多世纪，它“照亮”了教育的什么呢？

这是需要去长久深思和讨论的一个话题，因为一种教育思潮在历史上出现，其意义往往随着时间的流逝而深刻，而这深刻的意义往往会成为后世新的教育思想的启蒙力量。正如“言必称希腊”一样，虽然每朝每代都有人以“希腊”为思考和讨论的对象，但却生出了许多大相径庭的思想来。分析教育哲学的出现和“照亮”教育的东西或许会产生出“完全不被人们注意的重大后果”。

仅从“分析教育哲学”、“语言转向”这两个核心的关键词来看，似乎教育被“照亮”的东西已经显露出其基本面目，这就是“分析”和“语言”。事实也确实如此，从已有的关于分析教育哲学的评述来看，基本都集中在“分析”和“语言”带给教育变革的意义上。

就“分析”而论，强调的是“分析”作为一种技术或方法给教育理论和实践带来的变化。对分析作为一种技术带给教育理论的意义而言，关注的是分析技术对教育理论中各种术语和概念的严格、正确使用，思想和意义的澄清，以及避免教育理论中的常识性陈述与情绪性指令，使教育理论更加科学化的帮助，正如单中惠教授所言：“分析技术是分析教育哲学的精髓。它通过缜密的定义和

---

① 单中惠.1996. 西方教育思想史. 太原：山西人民出版社，898.

② 转引自：傅统先，张文郁.1986. 教育哲学. 济南：山东教育出版社，354.

③ 陈友松.1982. 当代西方教育哲学. 北京：教育科学出版社，207.

逻辑上的严格限制，处理一些因对词的意义理解以及用法不同而引起的教育基本问题的论争，把误解限制在尽可能小的范围内。这对于减少教育理论中的常识性陈述和情绪性指令，提高教育理论的学术性和科学性，确实有独到的贡献。”①

至于分析方法的教育实践意义，尼日利亚学者杰·阿·阿基比鲁认为，“这种分析法并不需要对哲学史进行长期研究，只要具有清晰的头脑和敏锐的眼光，大多数人都可以进行这种分析”②，阿基比鲁特别指出“分析”对教师的积极意义，主要有以下几点：其一，在教育问题往往成为社会争论的焦点时，教师在批评性分析的引导下，能够帮助讨论理清头绪而不是增加讨论的热度，并被认为是专家的意见而举足轻重；其二，面对某一教育问题引起的混乱，一个教师用哲学分析很好地武装起来，就能看透那些对抗性争论的实质，以明确哪一种观点是合理的和有根据的，并有可能倾向于支持最合理的观点，进而把其他观点统一到最合理的选择上来；其三，教师可以对自己课堂上使用的一些概念进行分析，使其工作有所收益；最后，批评分析是个人活动或非教学活动之决策的有力工具。

其实，分析作为一种方法论引入到教育理论和实践中，其积极意义自不必待言，需要引以为戒的是，分析只是且只能是一种方法或技术而已，其应用的积极作用是有一定范围限制的。倘若将分析的作用过分夸大，招致的就必然是荒谬，正如列宁在《共产主义运动中的“左派”幼稚病》中曾写到的：“因为任何真理，如果把它说得‘过火’，加以夸大，把它运用到实现所能应用的范围以外去，便可以弄到荒谬绝伦的地步，而且在这种情形下，甚至必然变成荒谬绝伦的东西。”③语言分析技术在教育中过分夸大，就会成为“荒谬绝伦的东西”。

与分析教育哲学对“分析”的关注带给教育的积极效果相比而言，对“语言”的关注则更为根本。因为一方面，“分析”作为一种方法论，其在教育中的应用，并不是从分析哲学的出现才显示出其重要意义，分析只是“语言”成为哲学关注主题从而在其完全把目光聚焦到“语言”上之时，其地位才突显出来。从这个意义上讲，是“语言”将分析带“出场”的，与语言相比，分析是具有从属性的。

另一方面，对语言的关注是分析教育哲学的首要任务，分析教育哲学的实质，就是把教育理论的研究归结为对语言的研究。虽然在“分析教育哲学”一

---

① 单中惠．1996．西方教育思想史．太原：山西人民出版社，919．

② ［尼日利亚］杰·阿·阿基比鲁．1989．教育哲学导论．董占顺，王旭译．北京：春秋出版社，146．

③ ［苏联］列宁．1972．列宁选集（第四卷）．北京：人民出版社，217．

词中，“分析”在“教育哲学”名称之前，语言并未出现，但要知道这一表达终归是以“语言转向”为前提的。因此，“语言”带给教育的积极意义就更具有根本性的意义。正是对“语言”的关注，才使传统教育的目光，从传统哲学影响下的体系性、演绎性、系统性、规范性的追求中“惊醒”，才意识到传统教育学一味追寻“思辨的或形而上学的见解”、“系统和主义”、“连贯的、完整的思想体系”，而没有意识到自己却陷入了“模糊不清”、“无法证实”、“误用”、“混乱”的教育语言陷阱。

因此，分析教育哲学要求重视对语言形式的研究，强调语言意义的明确，从而对教育理论建设产生了重大影响。分析教育哲学主张教育理论应尽可能少用玄虚的、思辨的哲学术语，注重对课堂教学和教育实践中所使用的术语和实例进行分析，以避免同教育实际脱离。关于这一点，阿基比鲁在谈到分析教育哲学的目的时，很清楚进行了表述：“哲学并不是关于最完美的世界和最完美的教育制度应该是什么样的思想，也不是规定办教育的方式。哲学所起的作用非常像一个助产士，与助产士接生婴儿的方法一样，哲学帮助各种思想的诞生。哲学要求我们尽可能严谨地形成思想，尽可能清楚地表述它们，从而使听众能够毫不困难地掌握我们所要表达的意思。它包括清楚地思考和准确地表达；每个人在思想与言论中都应做到这一点，同时也应要求别人做到这一点。其目的是避免对现存问题的误解。”①

从上可以看出，分析教育哲学对教育的积极贡献，可以从“分析”和“语言”两个维度进行说明，而这也是分析教育哲学“照亮”教育的东西。而且，对于“分析”和“语言”两者而言，“语言”是更根本性的东西。但是，我们在阅读相关文献时，发现人们似乎对“分析”更为偏爱，“分析”对教育显得更为根本，除了上文提到的之外，比较有代表性的表述还有如下几个：

> 教育学科应宣布它独立于传统哲学之外。教育的各种问题应该用切合教育本身的方法予以解决。这些方法是与分析哲学密切相联的，因为分析哲学是客观的、合乎逻辑的，而传统哲学则是有倾向性的、抽象的、不可靠和不能证明的。并且对教育实践亦无必然的影响。此外，分析哲学作为一个使哲学更合乎逻辑和更合乎科学的运动，在教育方面也促进了一个新的可以理解的愿望：使教育学更合乎逻辑和更合乎科学。②

总之，分析家们所谓“价值中立”的“客观”分析方法就是不对任何问题

---

① ［尼日利亚］杰·阿·阿基比鲁．1989．教育哲学导论．董占顺，王旭译．北京：春秋出版社，142.

② 黄济．1998．教育哲学通论．太原：山西教育出版社，259

做任何价值判断的一种纯粹的对概念进行研究的方法。它通过分析概念的含义，考察概念的可靠性，揭示概念所涉及的因素以及可以由有关学科解决的问题，对前人所做的工作做了一番理论清理。通过这种工作，使人们认识到许多从前没有认识到的新的东西。①

一种意见认为它是对传统的教育那种“思辨的或形而上学的见解”的一种突破，认为传统的教育理论只能指导学生去学习“规范性”的东西，或别人的思想成果，而分析哲学注重方法论，注意对教育实际中的模糊问题进行清理，从而产生一种“节制”的作用，使教育理论与实践达到统一，使教师能更好地胜任工作。②

可以看出，“分析”总是对分析教育哲学进行肯定的首要方面，即这种“分析”方法带给教育“从前没有认识到的新的东西”，似乎“语言”对教育的影响无足轻重，“语言”只是分析方法使用时的对象而已，这种对象的作用也只是为了突出“分析”的作用，为了说明“分析”的作用，分析教育哲学的出现与其说是“语言转向”，而毋宁说是“分析转向”。

这种看似无足轻重的对“分析”的偏向，产生的却是极其严重的后果，那就是在教育领域内，对“分析”过分关注导致了对“语言”的遮蔽，把教育中的“语言”仅仅局限于“分析”的视野之下。于是，当“分析”的局限和不足彻底暴露之时，人们对“分析”的批评，也就成了对“分析”以及其“分析”视野下的“语言”的批评，从而也就成了对分析教育哲学的批评。更为严重的是，当人们认为自己已经完全明白“分析”对教育的意义之时，他们也就认为自己完全明白了“语言”对教育的意义。“语言”被限制在“分析”的框架之下，“分析”就像一个牢笼，紧紧地将“语言”密闭起来，“语言转向”被套上了“分析”的“紧箍咒”。

尽管教育的“语言转向”让我们看到的只是一个“分析”牢笼中的“语言”，“语言”被限制在“分析”之中，但正是受限制的“语言”将会启发且必将启发突破这种限制的可能性。无论如何，我们看到了“语言”，“语言”被“照亮”了，教育第一次意识到了“语言”，“语言”在教育中被唤醒了，而这被“唤醒”的“语言”终归是要冲破“分析”的牢笼，将自己彻底暴露在教育之中，而教育也必将为这全新的语言的到来而重新认识自己。教育“语言转向”的真义，并不在于这转向的“语言”是何种样态，而在于教育发现了“语言”，教育的语言意识的自觉觉醒，教育将从此以后不断地用自己的眼光去审视与自

① 毕淑芝，王义高．1993. 当代外国教育思想研究．北京：人民教育出版社，412.

② 王天一等．1984. 外国教育史（下）．北京：北京师范大学出版社，246.

己一直伴随而此前无觉察的语言，这将是教育存在的一种宿命，因为教育从来没有、将来也不可能摆脱语言而独立存在。语言就像教育的影子，除非教育自己消灭了自己，那影子就会和教育永远“如影随形”。当然，教育将因为语言的突然发现，而获得对自我的全新的认识，而这种全新认识带给教育的将是永恒的影响。

二、缺失：未完成的教育“语言转向”

你的哲学目标是什么？——给苍蝇指出飞出捕蝇瓶的出路。[①]

——维特根斯坦

（一）语言缺失：教育“语言转向”批判之反思

梅益斯（Mays）曾指出：“语言学派的哲学强调了医疗、技巧、语言，并借助于形式逻辑与非形式逻辑，这是我时代的产物……不过它的目的是消极的，仅仅说明哲学家只能考虑辩论的形式与逻辑，而不能为之提出一个方向。此外，他以常识作为评价经验的准则，从而忽视了这些准则本身是否可靠。”[②] 尽管分析教育哲学的出现给教育带来了一股“清爽的风”，它驱散了一直笼罩在人们头脑中的诸种对教育的传统认识，使人们的精神为之一振。但凉风过后，带给人的却是更为清醒和理智的思考，人们发现，分析教育哲学存在许多它自己无法克服的弊病。就传统的对分析教育哲学的批评而言，人们经常提及的是它的三大罪状：

其一，以“外围”代替了“中心”。这是就分析教育哲学研究的主题而言，分析教育哲学所关注的主题是教育的概念、命题、术语等教育理论表述的分析，而对教育理论的中心问题，如价值观、伦理观、人生观等问题，则持反对态度，甚至认为那是没有意义的，它还反对建立教育的本体论和认识论体系。这样，分析教育哲学的这种努力，就无可避免地陷入了悖论的境地，毕竟，教育的价值功能和价值指向是教育之所以存在的安身立命之本。从某种意义上讲，分析教育哲学的所谓分析语言的主张，也是为教育的价值和功能服务的，分析教育哲学取消了价值，就等于取消了教育。而且，分析教育哲学以分析教育语言为己任，其前提是其分析的对象即教育理论是存在的，当分析教育哲学排斥教育本体论、认识论的构建时，它最终将走向对自身的分析。

---

① ［英］维特根斯坦．2001．哲学研究．陈嘉映译．上海：上海人民出版社，158

② 转引自：傅统先，张文郁．1986．教育哲学．济南：山东教育出版社，355．

其二，分析方法的僭越。分析方法是分析教育哲学的精髓所在，但其却以分析方法代替一切，把有局限的分析方法看成能够包办一切的“上帝”，而事实上，分析方法正是以这种“上帝”的姿态使自己陷入了不能自拔的困境。分析教育哲学宣称它所使用的分析方法是绝对客观的，但它却无法使得分析结果不受个人价值观的影响；分析教育哲学宣称分析方法能把教育概念和术语分析得清楚明白，但事实上不幸的是，它不但没有把问题搞得更清楚，却带来了更多的问题，这一点用索尔蒂斯对分析方法的悲观表达就是：“慎重地、反复持久地应用分析的技术对学习这个概念进行澄清，产生的结果同那些相信分析范式的力量能够使‘模糊的分类’清楚、准确、明了的人的期望截然相反。”①这且不论，更为严重的是，分析教育哲学内部对“分析”的标准也存在严重分歧，如逻辑分析学派和日常分析学派对“分析”的理解就很不一样，一个连“分析”的标准都很难统一的分析教育哲学，又何谈什么用分析来包办一切呢。

其三，陷入繁琐，远离实践。分析教育哲学家以对教育中的一些概念、短语、术语和陈述的分析辨明为己任，但分析教育哲学却过了头，陷入了对概念术语的不厌其烦的辨析和争论，其结果是陷入了咬文嚼字的泥潭。正如列宁所说：“只要再多走一小步，仿佛是向同一方向迈的一小步，真理便会变成错误。”② 虽然分析教育哲学的分析不一定会变成什么错误，但其“搞文字游戏”般的繁琐，却足以使之变得无意义，如谢夫勒在分析“教”这个概念时，为说明教师的哪些活动可算作教学活动，不惜花费大量笔墨一一考察教师的点名、擦黑板、维持课堂秩序、记分等，为说明“教学”含有努力之意，又一一比较了“教学”、“造房子”、“呼吸”、“坐”等动词，并不厌其烦地指出“呼吸”、“坐”等词不含努力之意，而教学是要求努力的。③ 繁琐的语言分析是不能解决教育理论与实践的根本问题的，尽管分析教育哲学标榜要建立“科学的教育哲学”，但那只能是一种海市蜃楼般的幻想而已。

上述对分析教育哲学的批评可谓点中了其要害，也使我们对分析教育哲学有了更深刻的认识。其实，任何理论在其产生之初，就内在地蕴含着走向自己反面的逻辑，众多评论者将分析教育哲学走向没落的原因也多归于走向反面逻辑的自身无法克服的矛盾，这种分析确为真知灼见。

不过，问题似乎并未这么简单，因为找出一种教育理论的问题和弊端，其目的并不仅仅是为了否定，而是为了进一步发展。为了否定的否定只是消极的

---

① 赵祥麟，赵荣昌，李明德．1992. 外国教育家评传（第三卷）．上海：上海教育出版社，799.

② ［苏联］列宁．1972. 列宁选集（第四卷）．北京：人民出版社，257.

③ 洪明．2000. 分析教育哲学的后期发展及理论功过探析．云南师范大学学报（教育科学版），(5)：3-4.

否定，其主要表现之一，就是为一种没落的东西找寻其必然没落的原因，上述对分析教育哲学的三种传统的批评就如是；发展的否定是一种积极的否定，积极的否定意味着否定之中蕴含着进一步发展的萌芽，它是为了发展而否定。对分析教育哲学的批评，采取消极的否定自有其益处，可以使我们对分析教育哲学的认识更深刻，明了它本身存在的固有矛盾。然而，仅停留在这个层面是不够的，我们更需要的是积极的否定，即从分析教育哲学引申出来的发展因素出发进行否定，其目的是为了进一步的大发展。

仔细分析传统的对分析教育哲学的批判观点，就会发现，其最大的问题是，仅仅将批判集中在分析教育哲学内部，局限于分析教育哲学的框架内进行批判，而没有或者忘却了从“语言转向”的视角来进行分析批判。也就是说，没有从发现语言的意义上来深入探讨分析教育哲学的不足，并以这种不足为基础，以“语言”为出发点，进一步将“语言”在教育中引向深入，其结果却恰恰相反，对“语言”的反思仅仅止步于分析教育哲学框架内的所谓“繁琐”、“琐碎”、“文字游戏”等。从这个意义上看，分析教育哲学引发了“语言转向”，但同时却又遗忘了“语言转向”，语言这一核心的维度竟然随着分析教育哲学的走向没落而被遮蔽了。

因此，从“语言”出发，重新审视分析教育哲学的不足，从而引发出进一步发展的萌芽，就成为一条积极的否定之路。而当我们用“语言”来审视分析教育哲学的不足之时，却惊异地发现，分析教育哲学竟然是教育未走完的“语言转向”，“语言”以分析教育哲学的形式所出现的转向，仅仅是一种“启蒙”，语言在教育中的路还远未走完，或许还是一条需要永远走下去的路。

（二）语言：教育“语言转向”的再思之维

维特根斯坦曾要求给苍蝇指出飞出捕蝇瓶的路，至于维特根斯坦冥思苦想的“苍蝇”在哲学上是什么，我们无需考虑，我们要面对的是语言这个“苍蝇”在教育中的出路问题。囚禁于“分析”牢笼中的语言必须让自己从冲破牢笼的可能成为脱离牢笼的现实，而这最为重要的是要明了“飞出捕蝇瓶的路”。

其实，这条出路的方向并不是晦暗不明的，已有学者有意无意地为此提出了睿智的看法。尼日利亚学者阿基比鲁在《教育哲学导论》中已道出了问题的关键：“还有，认为语言仅仅是词汇或陈述，这样看未免太狭窄了。语言是交流的符号工具；因此，我们的情绪、我们的身体对其他人的反应，或所谓‘人体语言’，同写或说出来的言词恰恰是同等重要的。”[1]这是一条以“语言”为根本

① ［尼日利亚］杰·阿·阿基比鲁.1989. 教育哲学导论. 董占顺，王旭译. 北京：春秋出版社，142.

思考维度的通往“语言”解放旨趣的道路，也是那“捕蝇瓶”中的语言之蝇飞出瓶之牢笼的出路所在。

语言不能局限于教育理论表达意义上，教育“语言转向”开启的是一个彻底解放了的语言。教育中的概念、术语、口号、命题、推理等只是语言的一部分，而这部分的本质是“语言逻辑”意义上的语言，分析教育哲学之所以首先关注这种意义上的语言，是因为他们认为已有的教育理论“都是建立在误解我们语言的逻辑上的”，这是导致所有教育理论问题的根源。因此，分析教育哲学所要做的就是“为语言立法”，而这立法的“奥卡姆剃刀”就是“分析”，于是，分析教育哲学的工作就如同是司法官或警察的一种公务，通过分析传统教育理论形而上学的逻辑句法，指出其言说是违反“语言法律”的，从而是毫无意义的胡说。

这种语言是逻辑分析学派眼中的语言，语言完全是一个不受尊重的“实体”，语言只是任由摆布的“奴隶”。日常语言学派看到了这一点，他们试图扭转这一局面，试图消弭武断、不尊重语言式的分析，于是他们发动了一场语言分析范式的革命，即从逻辑语言分析转变到日常语言分析。但是否因为语言分析“日常”了，就真的彻底发生了改变呢？结果自然是毫无悬念的令人失望，因为日常语言学派虽然标榜将“投入”日常语言，但事实上，它陷入的却是另一种分析的琐碎“公务”中：警察依然是警察，只是制服换了一套；嫌疑犯依然如故，即形而上学；不同的是安插的罪名不同，你有你的自由，但你必须遵守的依然是“语言法律”，只是这“立法”以“民主”的名义而获得了权威而已。

因此，仅仅从分析教育哲学内部的“语言”变化而言，我们已经看到了“语言”走向解放的必然趋势。只是，这种解放只是微小的量变而已。当我们顺着这趋势继续向前迈进之时，便是语言彻底走向解放的质变过程，虽然这质变的细节我们或许还仍未明晰，然其未来的“宏大”形象我们似已“洞若观火”：即将语言看作语言，使语言回归其本真的样态，而不仅是教育理论术语的语言，更不仅是分析的语言，语言获得了真正的主体地位，它以全面的目光来审视自己，与教育互动。

“语言、世界（存在）和人（讲话者）三者的关系，是哲学中研究语言的重大课题与基本前提。英国哲学家伯兰克本在《对词的扩展》一书中提出，语言哲学力图达到对于人、语言和世界这三个因素的理解。话虽这么说，但分析传统的哲学家中大部分人在研究中忽略了人这个因素”①。诚如所言，分析教育哲学之所

① 徐友渔等 . 1996. 语言与哲学——当代英美与德法传统比较研究 . 北京：生活・读书・新知三联书店，240.

以陷入狭隘语言视野的重要缘由就是忽视了语言与人的关系，没有把语言提到与人的关系的视域来观看语言。从人的视角来探讨分析教育哲学的语言之弊，是揭橥语言回归本真的关键理路。而分析教育哲学深受分析哲学的影响，从而只有揭示分析哲学的语言与人的关系状况，才能从源头彻底明了问题的根本。

从分析哲学对人的忽略来看，德国分析哲学先驱弗雷格起了带头作用，他只关注语言与对象的关系，语言、世界和人的关系变成了语言与世界的二维关系，也就是说，语言与人的脱离在于将语言囿于“语言-世界”的框架内，人或人的意识没有介入。弗雷格之后，分析哲学家们都基本沿着这条道路前行，如前期维特根斯坦、卡尔纳普（R. Carnap）、奎因（W. Quine）、戴维森（D. Devison）、达梅特（M. Dummet）、克里普克（S. Kripke）等。上述语言与人的彻底隔离，是逻辑分析学派的基本语言观。究其原因，之所以造成分析哲学对“人”的遗忘，与分析哲学用数学和逻辑的眼光审视语言，用数学和逻辑的方法分析、改造、重建语言的观点密不可分。

日常语言学派注意到了逻辑分析学派语言观抑制人、蔑视人的弊端，把人的因素引入语言。后期维特根斯坦提出了“语言游戏说”，强调语言的意义在于使用的观点。斯特劳森（P. F. Strawson）强调了语言使用情境的观点。奥斯汀（J. L. Austin）提出的言语行为理论，对“说话就是做事”的强调，把语言和使用者联系起来。塞尔（J. Searle）则更进一步，提出了语言“意向性”理论，把语言使用者和使用语言背后的意向问题联系起来。总之，在语言中“人”的因素终于浮出水面，毕竟论及语言的使用问题，就无法回避“人”这个语言的使用者。

不过问题并非如此简单，人在语言中的出现，只是一个胚芽，只是发现了处于遗忘角落的人，但人依旧处于那个角落里的地位并未改观。正如徐友渔先生所言：“在他们那里，人不过只是语言承载者，就像水必然要装在杯中，物体必然要存在于空间中一样，空间的性质并没有影响物体。在他们那里，人是一个没有内部意识结构，没有意志，没有社会历史持续性的东西，人不以自己的特性影响语言，人是语言方程式中的常量，处处离不开它，但它不起作用，不是影响函数值的自变量。这一点在维特根斯坦和赖尔的行为主义倾向中表现得最为明显；人的作用不过表现为环境刺激作用的动作，甚至当维特根斯坦论述理解问题时，也不谈人的主体性和主体结构。”① 从这个意义上说，日常语言学派中人的状态和逻辑语言学派的状况并无本质不同，因为人在被遗忘角落里的位置并没有任何实质性的改变，人依然在那个角落里待着，所不同之处只是那

① 徐友渔等．1996．语言与哲学——当代英美与德法传统比较研究．北京：生活·读书·新知三联书店，241，242．

个角落里的人被"注意"到了。

人在分析教育哲学中的状况正如分析哲学一样，这种状况的终极恶果就是造成了语言本真内涵的严重遮蔽。因为事实上，人是有灵性的存在物，人的经验是创造性的，他创造了语言并使用语言，在世界、人、语言三维中，没有了人的存在，或许世界依然能够存在，但这世界也必定是无意义的存在，只是没有人的存在的所谓语言存在，确实是不可想象的。从这个意义上说，研究语言就是研究人，而只有通过人，语言作为人的创造物的本质特性才能彻底暴露出来，也才能彻底突破分析教育哲学狭隘的语言观。

其实，语言与人的须臾不可分离性，从一向主张语言与人彻底隔离的分析哲学家那里也可见一斑，即是说，要从分析哲学家的哲学主张与分析哲学家的分析哲学主张之间存在的巨大矛盾来重新看待这一问题。

事实上，尽管分析哲学家的分析哲学主张目中无人，但其哲学主张却相当关注人，譬如作为分析哲学之巨擘的罗素就曾说过：在死以前，我必须找着一种方法，能道出我之所以为我的本质的所在，这种本质的东西我还从来没有说过，这种东西不是爱，不是恨，不是怜悯，也不是轻蔑，而是生命的精髓，这种东西性质猛烈，是来自远方，把非人世的事物的广大和那种可怕的无情的力量带到人生中来……其中"生命的精髓"、"带到人生中来"，就这些话语本身而言，也很难和罗素分析哲学观点中对人的冷峻态度联系起来。从这个意义上来说，即使是分析哲学自身对语言的理解，虽然在分析哲学框架内是"无人"的，但从提出分析哲学的分析哲学家的整个哲学观来看，"人"总是他们内心深处难以逃逸的追求。正如恩格斯批判黑格尔哲学是"无人身的理性"一样，分析哲学的"无人身的语言"的自我运动，终究是一种语言的"扭曲表达形式"，尽管这种表达在某种程度上具有合理性，但其终究是要回到人身，终归是要彰显语言的真实状态。而这，正是我们探讨"教育"与"语言"的出发点。

三、认识语言：教育"语言转向"实现之"架座"

> 思想之事实并不是通过发动一场关于"存在之真理"和"存在历史"的空谈就可以达到的。一切都只取决于：存在之真理达乎语言而思想进入这种语言中。[①]
>
> ——海德格尔

教育要完成"语言转向"，不能建立在虚空之上，已有的关于语言研究之资

① ［德］海德格尔．2004．路标．孙周兴译．北京：商务印书馆，405.

源，为此提供了丰厚的转向依凭，成为此转向得以完成的“架座”。语言哲学和语言学关于语言的研究，已经形成了庞大的理论和思想体系，妄图对它们进行周密的梳理，几乎不可能。当然，这也并非是本书所要着力之点。然而，它们关于语言的理解已“先天”地成为本研究进行下去的一种前提性存在，故从本研究能够进行下去的可能性需要出发，对分析哲学之后的语言哲学以及语言学对语言的相关理解进行简要概述，其目的在于观其大概、把握其要，从思想上明晰本研究得以进行的“前解”。此外，分析哲学之后，教育领域内对语言的关注也非完全“空场”，对这些已有的教育与语言理解的探求，也成为我们进一步前进的“架座”。

（一）哲学“语言转向”之“转向”

一般而言，哲学中“语言转向”指的就是分析哲学，“所谓‘语言转向’，就是指以分析哲学为代表的现代西方哲学实现的哲学主题的转换，即由近代哲学认识论研究转向语言哲学研究”[①]。从转换西方哲学的研究主题的意义上来说，分析哲学确实是一场“哲学中的革命”（艾耶尔语）或是一次“哲学的伟大转变”(石里克语)。

但“语言转向”还有另一个层面上的意义，那就是在语言哲学内部的“转向”问题。即是说，分析哲学发现了语言，但语言并不是只在分析哲学的框架内停滞不前，它必然要超越“分析哲学”，实现自我的一次“转向”，可称之为哲学“语言转向”的“转向”。对于这种转向，J. 卡勒指出：“20 世纪在哲学中出现的语言学转向，就是要根据语言学的革命重新理解人文科学的根本处境。解释学、结构主义、后结构主义，甚至包括分析哲学都是让语言回到思想中的尝试。”[②] 我国学者陈嘉映先生也指出：“由胡塞尔、海德格尔、伽达默尔等人所代表的现象学——解释学传统也经历了这一‘转向’，实际上，从‘现象学’这个名号转变为‘解释学’也可以看出这一流派越来越重视语言问题。”[③] 可以看出，这种“语言转向”就是出现在欧洲大陆的解释学语言学派和结构主义语言学派。

解释学语言哲学是在 20 世纪初西方哲学中的历史主义和人文主义思潮影响下形成的，它与英美语言分析哲学相对应，是主要在欧洲大陆盛行的一种语言哲学传统，其最早可以追溯到 17～18 世纪意大利哲学家维柯。解释学语

---

① 崔伟奇．1995．“语言的转向”的哲学反思．求是学刊，(6)：21.

② ［美］J. 卡勒．1992．索绪尔．张景智译．北京：中国社会科学出版社，11.

③ 陈嘉映．2003．语言哲学．北京：北京大学出版社，15.

言哲学的主要代表人物有胡塞尔、海德格尔、狄尔泰、贝蒂、伽达默尔、利科等。

解释学语言哲学采取的是本体论语言观，它坚决反对分析哲学语言观。解释学语言哲学认为，语言分析哲学无法揭示人类认识和审美活动以及整个人类文化的本质。因为分析哲学所满足的仅仅是逻辑形式的推理或经验证实，语言在分析哲学视域里仅是一种形式化的无内容的“空壳”，这种美丽的“外壳”，既不能促进人们之间充分的相互理解，也无法体现人类创造性的本质，语言实质上已成为一种技术化的工具而已。

解释学语言哲学采取了与分析哲学完全相反的对待语言的立场。在解释学语言哲学看来，语言不是与主体、历史、社会以及整个世界相互隔离，而恰恰相反，语言是连接、贯通、召集它们的力量，语言就是人类活生生的生活方式。解释学语言哲学坚决反对把语言看做是与主体、历史和社会无关的非时间性存在物，认为这是分析哲学以主客二分的认识论立场看待语言的方式，语言在这里只能是独立于我们之外的“物”。解释学语言哲学把语言和存在联系起来，认为只有通过语言，存在才能得以敞亮，才能得以显现，才能成为可以理解的境遇，语言成为存在的家，获得了存在的地位，唯一能理解的存在就是语言。因此，语言在解释学语言哲学里获得了本体论的地位。

对语言的文化意义、文化价值的高度关注，发解释学语言哲学语言观之滥觞。17～18 世纪意大利哲学家维柯（G . B. Vico），是人类语言研究史上打开语言文化视界的第一人。维柯在其代表作《新科学》中，把语言作为文化产生的一种重要机制加以讨论。维柯认为“人类起源和历史发展的全部奥秘就深埋在人类的语言之中”[①]，因为人类认识中所谓真实的东西，实际上是他们通过自身的语言创造的。卡西尔则在他的文化哲学中，把人定义为“符号的动物”以取代人是“理性的动物”的古典定义，“我们应当把人定义为符号的动物来取代把人定义为理性的动物。只有这样，我们才能指明人的独特之处，也才能理解人开放的新路——通向文化之路”[②]。

解释学为解释学语言哲学提供了丰厚的基石。19 世纪施莱尔马赫（F. Schleiermacher）率先把解释学从一种阐释技术，转变为一门关于意义的理解和解释的哲学。施莱尔马赫的解释学非常强调语言，他指出：“在解释学中最重要的前提是语言，要寻求的所有主观和客观的前提都属于语言，它们都必须

① 申小龙 . 1989. 维柯：人类语言文化视界的开启者——论维柯的符号学-文化语言学思想 . 复旦学报（社会科学版），(4)：52.

② ［德］恩斯特・卡西尔 . 1985. 人论 . 甘阳译 . 上海：上海译文出版社，34.

出现于语言之中。"[①] 因此，要认识语言就必须认识人，认识人也必须认识语言，语法与思想可以达成统一。

胡塞尔的现象学开辟了解释学的新空间，它使主体间相互理解的问题，真正上升到语言哲学研究的中心问题的方向。在胡塞尔看来，语言符号之为语言符号，就在于感性符号实体与意义的联系，这种联系的建立，是通过意识的意向性活动实现。用胡塞尔的话说，语言研究具有根本意义的就是："语言不仅有其生理的、心理的和文化史的基础，而且有其先验的基础。后者涉及意义的本质形式及其组合和变化的先验法则，未在本质上同时被这种先验性所决定的语言是不可思议的。"[②] 可见，在胡塞尔看来，语言的"运用"并不单单是一种指称活动，语言行为是包括心理过程、意向性意指行为、赋义行为、内心状态的表达行为、意义的充实行为等一系列复杂的心理的或意识的活动。

胡塞尔的纯粹意识的现象学被海德格尔（M. Heidegger）引向了人的生存活动。海德格尔试图将存在、思想以及存在与思想的关系问题，转变成语言问题。在海德格尔看来，本性的语言是存在、思想以及存在和思想之间的关系的根据，并且就是这个关系本身，它存在自身的显现，因此他要"把作为语言的语言带向语言"[③]。这样，语言就已经不再是"可以被拆碎成现成的言辞物"，语言在海德格尔这里获得了本体论的意义。语言是本体论、存在论的语言，是存在得以澄明、得以敞开的处所，"语言是存在的家"。同时，语言也是人的住所，人居于语言，归属于语言，人的本质需要从人所居住的"家"来思考。

伽达默尔继承了海德格尔的语言本体论思想，从本体论视域考察了语言。伽达默尔认为，语言一开始就是人类的语言，正是通过语言，人才真正进入和拥有世界的，"谁拥有语言，谁就'拥有'世界"[④]。不仅如此，伽达默尔还对存在和语言的关系，从本体论的角度进行了理解，提出"能被理解的存在就是语言"[⑤]，即是说，所有能被理解者只有且必须进入语言中才能被揭露，这是存在彰显自身语言性的表现。

如果说解释学语言哲学还算是比较正统的语言哲学内部的一次"语言转向"的话，那么对于结构主义语言哲学来说，则显得有点不够正统。以笔者的观点来看，若从严格意义上进行区分的话，它还不能算是哲学的"语言转向"，而称

---

① 转引自：陈晓茹．2008. 从语言哲学维度看施莱尔马赫的语言解释学．外语学刊，(5)：10.

② 转引自：周国平．1996. 胡塞尔和弗莱格的语言哲学思想比较．哲学研究，(3)：44.

③ Martin Heidegger. 1982. On the Way to Language. Trans. *Peper D. Herz*. New York：Harper and Row，109.

④ ［德］伽达默尔．2004. 真理与方法（下卷）．洪汉鼎译．上海：上海译文出版社，588.

⑤ ［德］伽达默尔．2004. 真理与方法（下卷）．洪汉鼎译．上海：上海译文出版社，615.

呼其为语言学的“哲学转向”似乎更贴切一些。因为，作为一种从语言学内部发展起来的语言理论，它反映的与其说是哲学对语言的关注，而不如更是一种理论语言学形态。不过，在结构主义语言哲学的后期，一些哲学家从事结构主义语言研究，使结构主义具备了更多的“哲学性”，因此，也可以把结构主义看作语言哲学的一种转向。故这里仍然把它放在语言哲学转向的层面来谈，后面关于语言学层面的叙述也要提及，不过进行了适当略述而已。

结构主义语言哲学是从结构主义语言学发展而来，结构主义语言学的代表人物众多，主要有索绪尔、叶尔姆斯列夫（L. Hjelmslev）、雅各布森（L. Jakobson）、萨丕尔（E. Sapir）、沃尔夫（B .L . Whorf）、布龙菲尔德（L. Bloomfield）、乔姆斯基（Chomsky）。

结构主义的先驱索绪尔，是20世纪最著名、影响最大的语言学家之一，被称为“现代语言学之父”。他在《普通语言学教程》中，提出了具有哲学意义的系统的结构主义语言观，这种语言观主要体现在三个方面：其一，认为语言是一个整体的体系，这个体系是一个封闭的系统，并提出了认识语言符号性质的“能指”、“所指”及“任意性原则”；其二，区分了整体语言和个体语言，如索绪尔指出：“把语言和言语分开，我们一下子就把什么是社会的，什么是个人的，和什么是主要的，什么是从属的或多少是偶然的分别开来”①；其三，区分了语言的历时性和共时性，索绪尔认为：“共时语言学研究同一个集体意识感觉到各项存在并构成系统要素间的逻辑关系和心理关系。历时语言学，相反地，研究各项不是同一个集体意识所感觉到的连续要素间的关系，这些要素一个代替一个，彼此间不构成系统”②，并指出语言研究本质上是共时性研究。总之，索绪尔的语言哲学研究，为现代哲学提供了一个结构主义的新模式。丹麦语言学家，哥本哈根学派的主要代表人物叶尔姆斯列夫，一方面继承了索绪尔的“语言是形式，不是实质”的理论，认为语言是一个符号系统，另一方面清除了索绪尔的语言的社会性、历时态的研究方法、语言中的心理和经验主义因素等。

在美国，结构主义语言学沿着两条道路发展，即人文主义和科学主义的分野。以萨丕尔和沃尔夫为代表的语言学派，继承了欧洲语言研究人文主义的反逻辑主义立场，走的是人文主义道路，将语言和文化联系起来。萨丕尔认为，语言和走路不同，“走路是一种机体的、本能性的功能（当然它不是一种本能）；言语是一种非本能的、获得的、‘文化’的功能”③。沃尔夫进一步深化和发展了

---

① ［瑞士］费尔迪南德·索绪尔．1980．普通语言学教程．高明凯译．北京：商务印书馆，35．

② ［瑞士］费尔迪南德·索绪尔．1980．普通语言学教程．高明凯译．北京：商务印书馆，143．

③ ［美］爱德华·萨丕尔．2007．语言论．陆卓元译．北京：商务印书馆，4．

萨丕尔的学说，从而形成了著名的“萨丕尔-沃尔夫假说”，其基本观点有二：其一是“语言决定论”，有两种解释，一种是弱解释，强调一个人的语言结构，在某种程度上影响或制约此人的思维和对世界的理解；另一种是强解释，认为语言对人的思维和世界观具有决定性的意义；其二是“语言相对性”，认为世界的意象随着语言体系的不同而不同。萨丕尔-沃尔夫的语言观拨开了笼罩在语言背景之上的思维逻辑云雾，语言成为一种“文化规定”，语言获得了本体论的地位。

美国结构主义语言学的另一条道路是科学主义的，这条研究语言的道路走向了物理主义、操作主义和行为主义方向。布龙菲尔德就是这条道路上的一位语言学家，他在美国语言学界的地位，被视为相当于索绪尔在欧洲的地位。布龙菲尔德强调用经验归纳法和从语言现象出发的科学研究方法研究语言，他在《科学的语言学诸方面》中提出了用科学方法研究语言的四点要求：①科学只能同当时当地每一观察者都能感受到的现象打交道（严格的行为主义）；②它只能同处于一定时间地点坐标上的现象打交道（机械主义）；③科学只能采用能导致进行实际操作的初始陈述和预断（效验主义）；④它只能采用从与物理现象有关的常用术语中通过严密的定义得出的那些术语（物理主义）。[①] 以此为基础，布龙菲尔德开始遵循严格的语言描写与分析中的精确、客观和缜密，并力排语言研究中的心灵主义、泛灵论和目的论的干扰，以期达到语言研究的纯洁性和科学性。在具体内容上，语言的意义和表达问题被边缘化，而说话者的刺激和听话者的反应成为了语言研究的中心。

乔姆斯基是另一位享誉美国乃至世界的著名语言研究学者。他认为，语言学不应仅把描写和分类作为自己的最终目的，而是提出种种假设，对人类知识结构中特有的语言能力做出解释。在乔姆斯基那里，关注的重点是语言的动态生成机制，而不是语言的静态结构。他认为，应区分语义上可以解释的“深层结构”与语音上可以解释的“表层结构”，在人类演化过程中已经具备了获得语言所要的类别，正是这些类别控制着我们话语的“深层结构”，而句子的形成是由于把深层结构转变成为表面顺序的“转换生成语法”的不断操作的结果，语言技能从根本上说是创造性的。

以上关于结构主义语言哲学的叙述，其实只能算是结构主义语言学，毕竟上述从事结构主义语言研究的都是语言学家，而不是哲学家。不过，结构主义语言的研究被“延伸”到哲学领域，就具有了哲学领域内的“语言转向”之意味。在这个意义上的结构主义语言哲学的研究，又分为结构主义和后结构主义，

---

① 戚雨村．1982．布龙菲尔德的语言理论．浙江师范学院学报（社会科学版），(1)：27.

前者主要有列维-斯特劳斯（C. Levi-Strauss）、福柯（M. Foucault）、拉康（J. Lacan）等，后者主要有巴特（R. Barthes）、德里达（J. Derrida）等。

列维-斯特劳斯是法国著名的社会学家和人类学家，也是结构主义语言哲学的重要代表。斯特劳斯认为，社会是一个语言系统，人类社会行为的所有形式都可看做是具有语言特性的密码，这样，就可以用语言来进行社会结构的分析，在他看来，“亲族、婚姻、神话、图腾、习俗这种种关系的结构，与语言、无意识的结构实质上是一回事。因为语言作为一种体系，只有在与言语的关联中才被理解，而音素的意义只有在彼此的对比中才能存在”①。

福柯是著名的法国人文学家和社会学家，也是结构主义语言哲学的重要代表人物，被称为“结构主义冒险四巨头之一”②。福柯在描述分析人的一些行为时，如疾病、犯罪、精神病和性行为等，发现它们都离不开人的语言，因此，语言就成为福柯人文和社会哲学重点关注的部分。

福柯认为，任何事物都依赖于语言，作为内在结构的词与外在现象的物之间，存在着不可分的联结。对索绪尔提出的“语言”和“言语”二元对立的观点，福柯持坚决的否定态度，他提出了第三个要素“话语”。他认为，任何脱离话语的东西都是无法存在的，我们与世界的关系是一种话语关系，话语在福柯这里被提到了存在论的高度来述说，一切的关系都成为了话语关系，社会、政治、制度之类，都不过仅仅是话语体系构成的要素而已，话语已成为一种物质性的、积极的、主动的支配性力量。为此，福柯提出了“人之死”的响亮口号，主体的人在福柯那里被宣告死亡，“正如我们思想的考古学很容易表明的那样，人是一种晚近时期的发明，并且是一种也许正接近其终结的发明。如果这些发明像它们曾经出现过的那样行将消失，如果某些我们现在只能感觉到的可能性的事件……行将将它们化为童话。正如古典思想的基础所有过的那样，那么，我们可以肯定地打赌，人将被抹去，就像画在海边沙滩上的面孔一样”③，当然，福柯宣布“人之死”并不意味着人真的不存在了，而人也不会因为福柯的宣布而果真不存在。福柯的“人之死”之真意，是说随着现代话语模式的终结，由这种话语模式构成的人也将随之终结。也就是说，人不再是世界的中心，更不能是语言的缔造者，语言本身是一种结构的现实，人只不过是陈述系统的一个功能成分而已。人文科学在福柯眼里是一个独立自主的话语体系，人文科学里所说的一切都只是一种“话语-对象”。对于人文科学的研究，“福柯提出用‘考

---

① 涂纪亮．1994．现代欧洲大陆语言哲学．北京：中国社会科学出版社，258.

② “结构主义冒险四巨头”是指克洛德·列维—斯特劳斯、雅克·拉康、罗兰·巴特和米歇尔·福柯。

③ [英] 路易丝·麦克尼．1999．福柯．贾提译．哈尔滨：黑龙江人民出版社，52，53.

古学’的理论和方法来研究人文科学，他所谓的考古学排斥主体性，把语言作为研究的线索，寻找历史变迁的语系。因为语言排除主体，是唯一客观的、被结构化的现实，所以考古学也就是一种关于话语的理论”①。

拉康是法国著名的精神分析学家，语言是拉康最为关注的核心问题。拉康将语言与精神分析联系起来，试图把结构主义语言理论作为切入点，对弗洛伊德的无意识理论重新进行研究。拉康认为“精神分析就是一种语言，也即口头说的语言，是使我们知道人的活动和思想的一切内容的语言”②。通过结构分析方法，拉康在语言和无意识之间建立了紧密的联系，这也导致了拉康语言哲学上第一个著名论断的提出，即“无意识像语言一样被结构化”。他认为，在无意识领域中除了语言或者借助语言之外，任何结构都不存在。此外，拉康的结构主义语言观还有另外一个著名观点，即“无意识是他者的话语”。这里“他者”是借用黑格尔的一种概念，拉康这里可以指他人、他物。尤其重要的是，拉康主要把“他者”看做是人类世代相传下来的、为社会上每个人共同使用的语言秩序。无意识就是在主体与其之外的他者相互交流、相互渗透、相互依存中形成。

罗兰·巴特是法国著名语言哲学家，他前期信奉结构主义，其目的是试图通过对语言结构的研究，以把握文学结构的特殊性。即是说，通过把语言模式运用到文学中，以期望在文学中发现一种类似于语言的结构和系统以及语法规则。一般而言，《S/Z》这部著作被普遍认为是巴特从结构主义向后结构主义的转折点。在这部著作里，巴特开始对语言的多义性产生了超乎寻常的关注，他对找寻一种语言全面的统一性结构表示出明显的拒斥，而是要求人们尽力去体验结构断裂之后语言所产生的张力。正如巴特所言：“阅读是一种语言的劳作。阅读即发现意义，发现意义即命名意义；然而此命名之意义绵延至彼命名；诸命名相互呼唤，重新聚合，且其群体要求进一步命名；我命名，我消除命名，我再命名：如此，文便向前伸展：它是一种处于生成过程中的命名，是孜孜不倦的逼近，换喻的劳作。”③ 如此，无穷的新意不断地持续产生，然后又被不断地持续消解，最终，得以展现和证明的语言张力凸显。

法国著名后结构主义语言哲学家德里达，坚决反对结构主义者的结构中心和关于固定结构的观点。他认为，索绪尔对于语言共时态研究过于夸大，而对历时态研究视而不见，于是，语言结构就被看成是一个固定不变的、具有整体

---

① 涂纪亮．1994．现代欧洲大陆语言哲学．北京：中国社会科学出版社，272.

② 转引自：王善钧．1989．拉康结构主义语言哲学剖析．厦门大学学报（哲社版），(4)：10.

③ ［法］罗兰·巴特．2000．S/Z．屠友祥译．上海：上海人民出版社，70.

性的封闭结构。在德里达看来，语言中各种因素之间相互作用，不断变化，就如一张漫无头绪、错综复杂的网，而不是一种稳定不变、含义明确和界限分明的封闭结构。

解释学语言哲学和结构主义语言哲学关于语言的理解，其内容是极其丰富的，涉及思想家众多，上述所论者，只是其中重要的代表者。他们对语言的种种不同理解，并非就一定是本书后续论述中所要全部采用的，但他们的论述都或直接、或间接地给本书的写作提供了智慧之源。

（二）语言学理解之线索

陈嘉映先生指出：“语言学家旨在更好地理解语言的内部机制，直到掌握这一机制，甚至制造语言。哲学家从理解语言的机制走向理解世界。他不打算制造任何东西，而只是期待一种更深形态的理解生成。语言哲学分析得出的道理是世界的道理，不是语言的道理……”① 陈嘉映先生关于语言学和哲学家对语言研究的分野，道出了语言学和哲学对语言关注点的不同，这也决定了语言学作为本研究展开的一种资源的必要性。当然，虽然陈先生对语言学研究语言关注点的概括，确实囊括了语言学对语言研究的最大特点，但却并不是全部，或者在某种意义上讲，只是其中的一个重要部分而已。

事实上，语言学对语言的研究涉及内容极其广泛，不仅普通语言学所涉及语言的研究论域广泛，而且尚有各种语言学的分支学科所研究者，甚至很少谈语言的内部机制问题。就作为本研究进行下去的重要资源而言，以下对相关涉及语言研究的语言学各资源进行概括介绍。

普通语言学。普通语言学对语言研究所涉及的范围，索绪尔在其《普通语言学教程》一书中有过说明，在该书第四章《语言的语言学和言语的语言学》中，索绪尔把研究语言内部结构体系的部分称为内部语言学，把研究与社会、政治、历史、地理和文化有关的语言现象的部分称为外部语言学。索绪尔为了说明这一问题，还用了一个形象的“国际象棋”作类比：“国际象棋由波斯传到欧洲，这是外部的事实，反之，一切与系统和规则有关的都是内部的。例如我把木头的棋子换成象牙的棋子，这种改变对于系统是无关紧要的；但是假如我减少或增加了棋子的数目，那么，这种改变就会深深影响到‘棋法’。”② 以索绪尔的理解为基础，参照普通语言学的相关著作，可以进行以下划分：

首先是内部语言学，研究与语言本身相关的内容，又分为两个部分：一部

---

① 陈嘉映．2003．语言哲学．北京：北京大学出版社，23．

② ［瑞士］菲尔迪南德·索绪尔．1980．普通语言学教程．高明凯译．北京：商务印书馆，46．

分是语言内部结构的相关研究，涉及的是语音、语义、语法、词汇、文字等内容。另一部分是语言作为一个整体的研究，如语言的本质、性质、特点、历史、功能、起源等。就这两部分内容而言，能够构成本研究重要理论资源的部分是后者，即关于语言整体的研究。因为，本研究毕竟不是语言学的研究，而是语言与教育的相关研究。其次是外部语言学，这部分实际上涉及的是下面要谈到的语言学分支学科的问题，如美学语言学、文化语言学、社会语言学等，这部分也是本研究的重要理论资源。

其他分支语言学。主要包括文化语言学、语言美学、语言伦理学、语言人类学和社会语言学等语言学分支学科，这些学科以语言为核心，进行了美学、伦理学、文化学和社会学等方面内容广泛的研究和探讨。如文化语言学方面，研究的是语言和文化的关系，所涉及的内容除了语言和具体某种形态的文化之间的关系，如语言与风土人情、语言与信仰和世界观、语言与宗教、语言与艺术等，还有语言和文化本身关系的一些探讨，如语言的文化内涵、语言的文化功能、语言学与文化哲学、语言变异与文化走向、语言模式与文化模式。语言对文化的作用、文化对语言的反作用等问题。再如，语言伦理学方面，正如陈汝东先生在其《语言伦理学》一书中所指出："语言伦理学的研究对象具体包括语言与伦理道德的关系，言语道德的性质、特点、构成和社会功能，话语建构行为的道德准则和话语理解行为的道德准则，各种社会角色的言语道德规范，言语行为的社会道德评价，各种不道德的言语行为及其社会管理，公众言语道德品质的构成、培养以及人类社会的语言文明及其建设等。"① 这些语言学分支学科对语言的研究，不仅对我们深入理解语言有益，而且在实质上也构成了本研究得以进行的资源支撑。

（三）教育与语言相关研究之诊视

论及教育与语言，雅斯贝尔斯和杜威早就有所关注。雅斯贝尔斯《什么是教育》一书第十一章标题就是"教育与语言"。在这一章中，雅斯贝尔斯提出了以下方面见解：其一，人是通过语言传承而成为人的，"要成为人，须靠语言的传承方能达到，因为精神遗产只有通过语言才能传给我们"②。其二，关于儿童创造性地学习语言的过程。雅斯贝尔斯认为，语言不受儿童创造性的影响，儿童只是创造性地对语言进行学习，"因为语言的意义来自传承、社会和不断重复地听与理解。人们越是清醒地认识到语言一点不受儿童创造性的影响，就越感

① 陈汝东．2001．语言伦理学．北京：北京大学出版社，15．

② ［德］雅斯贝尔斯．1991．什么是教育．邹进译．北京：生活·读书·新知三联书店，84．

到语言现象的庞大和坚固。因此，儿童语言发展的基本现象只是创造性的学习，而绝非全新的创造”[①]。其三，雅斯贝尔斯提出要进行自我语言训练，“但是要有纯熟的语言，我们就必须不断地有意识或无意识地训练自己的语言，最有力、最真实的、最坦白的语言是我们完全成为自己并且熟悉事物时，自然流露出来的语言”[②]。其四，语言具有欺骗功能，雅斯贝尔斯认为，“空洞无物”、“歪曲原意”的语言，能使人整个地歪曲，因为“人就让这种语言操纵着，而忘记真正的自我和周围实在的世界”[③]。

可以看出，雅斯贝尔斯对语言的关注，是因为在雅斯贝尔斯眼里，语言是作为要学习的对象来讲的，属于教育内容的一个重要部分。这种对语言的理解，从本质上讲是工具意义上的语言，语言是一种需要掌握的工具，教育就是要帮助受教育者掌握这一对人而言重要的工具。

杜威在《我们怎样思维：经验与教育》一书中，也论及了教育和语言的问题。杜威指出了语言和教育的两层关系：“一方面，语言经常不断地应用于学校的所有社会训练上，也经常不断地应用于各门学科上；另一方面，它自身又是一门独立的学科。”[④]对于语言在教育上的应用，杜威指出：“区分语言的实际的、社会的用途和理智的用途，很好地说明了学校教育上有关语言的问题。这个问题就是：指导学生的口头和书面语言，使语言由原来作为实际的、社交的工具，逐步变成有意识地传播知识、帮助思维的工具。”[⑤] 从中可以看出，语言在杜威那里也是工具意义上使用的，是思维的工具，是应用于各学科的工具。杜威这里探讨的语言，在本质上与雅斯贝尔斯是相同的。

雅斯贝尔斯和杜威关于的语言与教育的探讨，尽管与“语言转向”在教育中的影响毫无关系，但也已经至少说明语言与教育问题的重要性。同时，他们关于语言与教育的探讨，也为本书的探讨提供了基础和启发。

事实上，在教育中，除了分析教育哲学直接面对作为教育理论构成的语言问题之外，还有一个教育领域对语言有着超乎寻常的关注，这就是语言教学问题。语言教学所涉及的语言，主要是语文、外语等与语言直接打交道的学科，这些都是纯粹语言学意义上对教育与语言关系的理解，这一点实际上在雅斯贝尔斯和杜威那里也已论及到了。

不过，就笔者目力所及，国外关于教育与语言的相关探讨，除了分析教育

① ［德］雅斯贝尔斯．1991．什么是教育．邹进译．北京：生活·读书·新知三联书店，86．
② ［德］雅斯贝尔斯．1991．什么是教育．邹进译．北京：生活·读书·新知三联书店，86，87．
③ ［德］雅斯贝尔斯．1991．什么是教育．邹进译．北京：生活·读书·新知三联书店，87．
④ ［美］杜威．1991．我们怎样思维：经验与教育．姜文闵译．北京：人民教育出版社，198．
⑤ ［美］杜威．1991．我们怎样思维：经验与教育．姜文闵译．北京：人民教育出版社，199．

哲学对教育理论语言的关注外，还有大量运用语言哲学的相关理论探讨教育问题的，如“对话理论”、“理解理论”等。只是需要注意的是，许多研究都是纯粹语言学意义上的探究。举以下几例以窥斑知豹：

其一为理查德·胡德森在《教育为什么需要语言学（反之亦然）》① 一文中的研究。此文的一个核心观点是，论述语言学对语言教学的重要意义，文中指出教育需要语言学的方面，主要体现在母语教学中和外语教学中，当然，其他学科也离不开语言学的帮助。在谈到语言学能为教育提供何种帮助时，作者认为主要有三个方面，即一般观念、理论模式和语言的分析方法。

其二为佩瑞尔的《教育与语言：总的看法》② 一文。此文所论述者，主要有语言教学、教育中的语言政策和计划、语言的学习、语言和学习、文字学习等方面。

其三为约翰·爱德华兹的《教育中之语言》③ 一文。此文把语言教学、语言心理与语言政策等问题与学校教育的发展进行联系，用以表明语言在教育中的作用问题。

上述三位国外学者对语言与教育的相关研究，虽然涉及的范围和研究的主题各不相同，但有一点是相同的，即他们的研究依然局限于在语言学视域中论教育，而且，语言教学在他们的论述中都居于相当重要的位置。

从国内的研究来看，总体上可分为两个大的部分，一是从语言学的视域探讨教育问题，这部分主要借鉴语言学相关理论，展开对教育相关问题的论述，涉及内容广泛，不过就主要方面而言，多是从语言交际的视域探讨“教师语言”、“教学语言”、“师生交往”等方面问题。

二是从语言哲学的视域探讨教育问题，主要是借鉴语言哲学的相关理论，展开对教育问题的论述，其主要研究多集中在课程教学领域内，“对话”、“文本理解”等是常见的关键词。除此之外，尚有部分教育与语言的相关论述与本研究有重要的相关，以下选择代表性的著作进行简要评述。

张楚廷先生在《教育哲学》一书中，有关于“语言与人”和“语言教育”两节。就前者而论，其基本观点认为，语言是人的基本特性之一；就后者而论，语言教育所论者，依然只是语言学课程意义上而言。不过张先生所反对者，是

① Richard Hudson. 2004. Why education needs linguistics (and vice versa). Journal of Linguistics. Cambridge: Mar Vol. 40, Iss. 1.

② K. Perera. 2001. Education and Language: Overview. Rajend Mesthrie (ed.). Coneise EncycloPedia of sociolinguistics. Elsevier Seienee Ltd.

③ John Edwards. 1990. Language in education. *In*: Howard Giles & W. Peter Robinson. Handbook of Language and Social Psychology (ed.). John Wiley & Sons Ltd.

把语言学课程只是当做工具课程的观点，从实质上看，这依然是语言学意义上的语言与教育关系的探讨。值得重视的是，张先生对语言从本体论视域的重视。他认为“语言不只是德育、智育、美育、体育的承载者，语言教育有其独特的生命意义”[①]，只是这种语言本体论的理解依然局限于“语言教育”的层面内，具有一定狭隘性。

李政涛先生在《教育研究中的四种语言学取向——兼论通向语言的教育学之路》一文中，从语言的四个不同层面的理解出发，指出了语言带给教育研究的四种意义，也就是教育研究的四种语言学取向，即知识论的语言取向、技术论的语言取向、艺术论的语言取向和存在论的语言取向，并提出了当前教育研究应秉持存在论的语言学取向，以使我们的目光转向教育存在和生命的基本问题。正如论者所言：“面对语言问题，教育学立场下的教育研究是以人的发展为指向的，它关注的核心是人在语言中的生命成长，探索和描绘生命与语言的双向建构的过程。”[②] 李政涛先生的文章，指明了语言的四个理解层次，并提出了要从语言本体论进行教育研究，尤其是提出要从“教育学立场”看语言问题，已经露出了从语言本体论视域“观看”教育的端倪，这对本书的写作具有巨大的启发意义。问题在于，李先生将语言仅仅局限于“教育研究领域”进行探讨，没有将语言本体论的思想从“教育学”的意义上来进行理解。

刘铁芳先生的《语言与教育》一文，详细考察了语言与教育的几个层面问题，涉及语言与教育的关系、语言与教育的走向、语言与教育的时代困境以及汉民族语言教育的历史使命等内容。从整体上看，刘先生的论述，统摄了语言学和语言哲学对语言的理解，以此来阐述语言与教育的关系，其实质已经是以语言本体论视域在“看”教育，具有巨大的积极意义。不过，刘先生的落脚点却放在了汉民族语言教育层面，可以看出，其所论者仍未能彻底跳出语言学的窠臼。

谢登斌先生的《语言学取向的教育研究》[③] 一文，从教育研究的视域论述了语言学取向研究的相关问题，内容涉及教育研究缘何出现语言学取向、语言学取向的教育研究的特质、语言学取向的教育研究范式、对语言学取向的教育研究的评价与反思等方面。此文虽是标明为“语言学取向”，但在其具体行文中，对语言的理解却并不局限于语言学的范围内，而是涉及语言哲学的理解，尤其是所涉及的三种重要的教育研究范式，即解释学、现象学和符号学的范式，论者把其归为语言学取向的研究范式，似有不妥，严格而言应是语言哲学的取向。

---

① 张楚廷．2006．教育哲学．北京：教育科学出版社，105．

② 李政涛．2006．教育研究中的四种语言学取向——兼论通向语言的教育学之路．教育研究与实验，(6)：5．

③ 谢登斌．2005．语言学取向的教育研究．华东师范大学学报（教科版），(4)：24-31．

不过，从此文可看出的是，如若仅局限于语言学或语言哲学的语言视域中，对教育与语言关系的理解难以彻底完成。这无形中启示我们需将语言从本体论的理解来观看教育，方能统摄语言学与语言哲学的分歧。

刘良华先生在《“语言转向”中的教育学立场》一文中，认为“语言转向”从传统的工具论转向了本体论，因此要求教育学关注语言的本体意义，“教育学关注语言的本体意义是必要的，但是关注语言在教育中的意义并不一定要像海德格尔罢黜日常语言和科学语言的权力”①。以此为基础，刘先生认为教育学要完成自己的使命，不但要重视语言本体论意义，而且还要关注让儿童在语言中做事。刘先生的理解对本书具有重要的启发意义，即教育学关注语言本体论并不是说就要远离教育语言实践，也不是说就要放弃语言工具论。但其不足之处在于，刘先生的语言本体论理解仅仅停留于语言哲学的层面上，没有从教育学的意义来理解。

此外，另有学者从交际民族志学的意义对语言进行了研究②，以交际民族志学中的“语言能力”概念为基础，从语言能力的掌握视角论证了教育离不开语言，以及教育史上关于语言能力掌握教育的几种语言教育形式。此观点将教育的语言基础定位于语言人类学对语言的理解，具有一定启示意义。不过，就此论述而言，从广义上讲，依然属于在语言学的范畴内兜圈子，依然是从语言学的意义上的语言“看”教育。

从以上论述总体来看，它们对语言的理解已经触及了语言本体论层面，问题在于，这些论述大都将这种理解仅仅局限于某个领域内，如语言教育、教育研究等，或者偶有提到语言本体论的理解，但只是停留在语言学意义或语言哲学意义上，而没有触及教育学意义上的理解，故其意义终归是有限。

四、问题的推进：教育“语言转向”的使命

> 语言能让某种东西“显露出来”（entbirgen）和涌现出来，而这种东西自此才有存在。③
>
> ——伽达默尔

依伽达默尔所言，不得不进行一个追问，即语言的如何理解问题。因为语

① 刘良华．2001．“语言转向”中的教育学立场．集美大学学报，（1）：12．

② 王涛．2007．追寻教育的语言基础——一种交际民族志学视野．华南师范大学硕士论文．

③ ［德］伽达默尔．2007．真理与方法（上卷）．洪汉鼎译．北京：商务印书馆，517．

言的不同解读，决定了“显露”和“涌现”出来的“东西”不同，也就最终决定了此“东西”存在状况之不同。教育“语言转向”的使命，其前提是对语言的考察和认识，正是以此为基础，本书从教育学立场提出了对语言的理解，从而也就明晰了要完成的教育使命。

（一）语言的词源学考量

海德格尔指出：“如果我们觉得存在只还是一个空洞的词并且只还有一种摇晃的含义，那么我们必须来试一下，至少还把此一套关涉中所剩残余完全摸清楚。因此我们首先问：①‘存在’——按照此词的字形看来——究竟是什么样的一个词？②关于此词的原始含义的语言的知识告诉我们什么？”① 语言这个词似乎并不像“存在”那样是一个“空洞的词”，但其具有“摇晃的含义”却也是事实，不过这都不重要，重要的是海德格尔向“存在”提出的两个问题对我们探讨“语言”同样具有意义。

追溯“语言”的词源学意义，并不仅仅是对词的字面形态和语音形态进行研究，其真正目的是要把蕴含在词的语法中的含义的方向性差别揭示出来，这正如海德格尔所言“至少还把此一套关涉中所剩残余完全摸清楚”，以此为根基立足瞭望，一条通往语言的光明大道就逐渐浮现于眼前。

1. 汉语语境中的“语言”意义

与现代汉语中“语言”或“言语”作为一个词不同，古之时“语”和“言”是有区别的。甲骨文中“言”的写法见下图“言 1”和“言 2”，或其上加一横画，写法见下图“言 3”。

言1　言2　言3

从字形上看（见上图“言 1”），“言”字下面部分是口的形状，上面是在口腔中进出活动的舌头，表示人张口摇舌正在说话的意思。有的在口舌之间增添一横，表示舌头的摇动（见上图“言 2”）。有的在上面又增加一横，表示语言

① ［德］海德格尔．1996．海德格尔选集（上册）．孙周兴等译．上海：上海三联书店，491.

(见上图言 3)。总的来看，“言”字像是舌头前伸讲话的样子。[①]

郑樵《通志》云：“言，从二，从舌。二，古文上字。自舌上而出者，言也”。董莲池先生在《说文解字考证》中云：“言”字是在“舌”之上部加一横画而造出一字。[②] 于省吾先生在《甲骨文字释林》一书“释言”中有论：言与音初本同名，后世以用各有当，遂分化为二。周代古文字言与音之互作常见（详吴大澂《说文古籀补三·三》，罗振玉增考中五九），先秦典籍亦有“言”“音”通用者，例如：《墨子·非乐上》之“黄言孔章”，即“簧音孔章”。《吕览·顺说》之“而（读如）言之与響”，即“如音之于響”。言与音的通用，从言、音二字的小篆体亦可见一斑（参见下面“音”与“言”的小篆字形），小篆“音”是在“言”中加一横，表示所发之音。

音　　言

而“音”字，《说文解字》有云：“音，声也。生于心，有节于外。谓之音。”言与器官舌相关，言、音通用，音为声且生于心，故言以舌出声，与心相关，表达内心，源由内心。

可见，言并不只停留于外在的可见的人之身体器官上，言从字源上就已经表明其与人之心有着密切关系，甚至心才是言之根源，如汉之杨雄《法言·问神》所谓“言，心声也”，而“心者，五藏六府之大主也，精神之所舍也”（《内经》语）。故，既然言由心出，言就是由发端于自我内心和灵魂的事。从而，“言”就成为直抒心声，宣情达意之谓。《释名·释言语》：“言，宣也，宣彼此之意也。”《庄子·外物》：“言者所以在意，得意而忘言。”《左转·襄公二十七年》：“志以发言，言以出信，信以立志，参以定之。”《左传·昭公九年》：“气以实志，志以定言，言以出令。”《国语·周语下》：“气在口为言。”言与意、志、气关系密切，而意、志、气皆关涉人的精神、思想和灵魂。

---

① 亦有学者认为“言”字字形如倒置的铃形，(古代酋长聚众时先摇铃，而后发言)。下面口字形状是铃体，上面辛字形状是铃舌。因为众人（特别是部落里的奴隶）的生死全在酋长一张口，所以又将“舌”写作“辛”(给奴隶和罪人行刑的尖刀)。金文和小篆都是口出尖刀（辛）的形状。隶书用平直的笔画取代了篆书的圆弧笔画，成为今文。(详见熊国英．2006. 图释古汉字．济南：齐鲁书社，251）此处对“言”字字形的考释，可看出“言”与权威的关系，将权威视为言之源，且“言”字充满了暴力，为后世以言杀人作了注解。另，郭沫若先生在《甲骨文字研究》中认为：“（言的甲骨文像以口吹箫），《尔雅》云：‘大箫谓之言。’按：此当为言之本义”，“其转化为言说之言者，盖引申之义也”。此论有其道理，不过一般而论，持言与舌关涉者，更为多数学者所赞同。

② 董莲池．2004. 说文解字考正．北京：作家出版社，88.

另者，“言”与个体之“我”同，《尔雅·释诂上》云：“言，我也。”《诗·小雅·彤弓》云：“彤弓弨兮，受言藏之。”《毛诗故训传》：“言，我也。”《诗·郑风·女曰鸡鸣》云：“弋言加之，与子宜之。”郑玄笺：“言，我也。”《庄子·山木》云：“回曰：敢问无受天损易。仲尼曰：饥渴寒暑，穷桎不行，天地之行也，运物之泄也，言与之偕逝之谓也。”陆德明释文：“言，我也。”既然“言”为“我”，言就等同于自己，言与自身同一，与人之生命同在，无言即无我，我之个体生命就不存在。

又《说文解字》释解“言”曰“直言曰言，论难曰语”，将“言”和“语”直接区分。将“言”“语”并提，除了“凡言之属皆从言”的因由之外，“言”和“语”最为相近且难以区分之意溢于言表。单就“言”而言，“直言曰言”，徐锴《繫传》云：“凡言者谓直言，无所指引借譬也。”直接的讲说就叫“言”，即说，说话，是自己陈述、自抒己见。《礼记·杂记下》云“三年之丧，言而不语，对而不答”，注“言，言己事也，为人说为语”，“言己事”者，就是直抒心声，宣情达意之谓，故言之后可不带宾语，以表示说或说话。《论语·学而》云“与朋友交，言而有信”，《孟子·梁惠王上》云“王笑而不言”。倘“言”之后带宾语，就不能带指人的宾语，而只能带指事的宾语，如要必须表明话是向谁说的，听话的对象通常是用介词介绍进来，不作为宾语出现。《论语·先进》云“盍各言尔志”，《汉书·苏武传》云“汉求武等，匈奴诡言武死”。“尔志”、“武死”都是所言之事，不涉及听话的对象。《庄子·外物》云“吾安得夫妄言之人而与之言哉”，《战国策·燕策》云“嘉为先言于秦王”，谈话的对象是用“与”、“于”引进的。

由上可知，“言”之初始，形于舌，而源于心，言与人之内在精神、思想、魂灵相关联。且又进一步，“言”与“我”同，等同于人之生命存在。这是其一。其二，言为自言，说或说话。而自言就是说真正属于“我”的事，就是由发端于自我内心和灵魂的事，就是与我的志、气、意相关的事。从这个意义上看，上之言之二种理解，又贯而通之。可统而进行如下归结：言与人之心关系密切，言之根在于心，而“心者，形之君也，而神明之主也”（《荀子·解蔽篇》），故言与人之生命相联系。从而，“言”字是初始开显出来的，就是言与人之生命、魂灵的一体性，体现出本体性理解，而非工具之用。

语字的钟鼎文写法如“语 1”（为中山鼎文字），《说文解字》中的写法如“语 2”，语在《说文解字》中被归于“言部”：“语，论也。从言吾声。鱼举切。”《说文解字》释“言”又有“直言曰言，论难曰语”之谓。论、论难者，谈论，议论，辩论之意。《诗·大雅·公刘》云：“于时言言，于时语语。”《毛诗故训传》云：“直言曰言，论难曰语。”《论语·乡党》云：“食不语，寝不言。”朱熹注曰：“答述

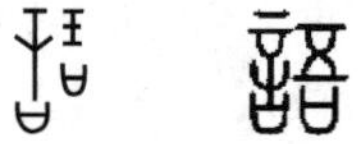

语1　　语2

曰语，自言曰言。”《周礼·春官·大司乐》：“以乐语教国子兴道、讽诵、言语”，注“发端曰言，答述曰语。”《礼记·杂计》云：“三年之丧，言而不语。”《注》：“言，自言己事也。语，为人论說也。”《史记·秦始皇本纪》云：“有敢偶语《诗》《书》者弃市。”“语”都强调与人谈论，告诉别人。王凤阳先生在《古辞辨》一书中指出：“‘语’与‘晤’同源，相见曰‘晤’，对谈曰‘语’。”[①]很强调“语”的对象的存在。

正因为“语”对谈话对象的强调，所以对象经常作为“语”的宾语出现。《史记·魏公子列传》云：“夫人具以语平原君”；《汉书·苏武传》云：“张胜闻之，恐前语发，以状语武。”“语平原君”、“ 语武”，似乎“语”的对象在句子中比“语”的内容更重要。类似的还有，《论语·阳货》云：“居，吾语女。”《三国志·方使传》云：“若引其许，若至，语人。”干宝《搜神记》云：“夫语妻曰：‘为王作剑，三年乃成……往必杀我。’”这里“语”的理解有“告诉，使知道”的含义。

还有《左转·隐公元年》云“公语之故，且告之悔”，倘“语”同时表达所告知的内容，其后可跟双宾语，一指人，一指事，“语之故”，“之”代替颖考叔，“故”为事。又《史记·项羽本纪》云：“沛公今事急，亡去不义，不可不语。”宾语承前省略，“语”后之“沛公”省略。“语”后有时也不带宾语，不过，此类句子中之“语”，其对象虽未公开出现，但却隐含其中。《史记·陈涉世家》云“旦日，卒中往往语，皆指目陈胜”，“语”之主语为戍卒，是多数，“语”自然有“交谈”的意思。《论语·述而》云：“子不语怪、力、乱、神。”“语”泛指与人谈论，其对象无法列举，“语”亦有“谈论”的意思。

此外，“语”又有和“言”相通之理解。《广雅·释古四》云：“语，言也。”用言解释语，且《释名·释言语》云：“语，叙也，叙己所欲说也。”叙己所欲说则有自言之意，语与言相通尔。

总之，从对“言”和“语”的词源学考察来看，“言”强调自言，有着向自身之内关联的倾向，从而与人心、人之生命联系起来，具有本体论意义。“语”强调对象，有着向自身之外的倾向，朝向于言说对象，从而与沟通、交往等联系起来，具有工具论和媒介的意义。从这个意义上讲，“言”和“语”的词源已经开显出来了后世对语言的本体论和工具论理解。

就“语”和“言”的结合而言，古代又有两种方式，即“语言”和“言语”，

---

① 王凤阳.1993.古辞辨.长春：吉林文史出版社，754.

这两者的理解基本等同，不像后世西方语言学家索绪尔那样将“语言”和“言语”进行泾渭分明的解读。而且在中国古代对结合的“语言”和“言语”的解释，往往并不作整体理解，依旧是采取“语”为何、“言”为何这种相区别的方式进行。

2. 西方语境中的“语言”意义

西方语境中对“语言”的理解，要从对西方思想的最早源头古希腊的拷问开始。那么，在古希腊语中，语言的真正的最初形式又是什么呢？这需要从古希腊语中“语言”的指称词说起。

语言的指称词就是指代“语言”的词，在古希腊最早产生的能够表示或指称语言全部意义的词是“逻各斯”（λσγοζ/logos），即是说在古希腊语中，“语言”最早是用“逻各斯”来指代的。不过，逻各斯一词在古希腊语中有众多意涵，不仅有最为基本的两个所指，即“词语”（wort）和“理性”（vemunft），而且尚有诸如“讲述”（erzahlung）、“学问”（lehre）、“慎思”（uberlegung）、“计算”（rechnung）等方面含义。但逻各斯作为“言说”（sprechen）的基本含义则是一个重要的基本事实，这可以从西方学者格思里（Guthrie）就公元前5世纪以前有关逻各斯含义的归纳中窥见一斑①：

（1）叙述（story 或 narrative，早期常指 deceptive talk），任何说出的话，如故事、介绍、演讲等。非常突出的一点是，logos 一词常在与事实相对立的意义上被使用。

（2）由“介绍”这一含义而引申出“值得一提”的意思，进而也就有“名誉”(fame）的意思。

（3）思虑，思前想后，在心中自言自语。在此意义上，有意见，思想含义，对立于一般的感知。

（4）从所讲或所写的发展为原因、理性或论证。悲剧中常有“她根据 logos 才送祭品去的”，或者“由于什么 logos 你竟然不开口”这样的问句。在阿里斯托芬与苏格拉底那里，logos 则明确指“表达出来的（说出的）理由”。

（5）名副其实的东西，事实真相。例如，“符合 logos 的国王（a king in the true logos）意指名副其实的国王”。

（6）尺度，标准（measure）。例如说“这些人尚未达到60岁的 logos”。

---

① 格思里关于 logos 的归纳，在我国不同学者的著作中有不同表达，这里参照以下诸书进行归纳：汪子嵩．1988．希腊哲学史（第一卷）．北京：人民出版社，455；叶秀山．1992．前苏格拉底哲学研究．上海：上海三联书店，104，105；吕祥．1992．希腊哲学中的知识问题及其困境．长沙：湖南教育出版社，22，23.

(7) 比例，对应，关系 (correspondence，proportion，relation)。在柏拉图和亚里士多德那里，逻各斯经常指严格的数学上的比例，亚里士多德所说的公元前5世纪的毕达格拉斯学派，也是在这种含义下使用逻各斯这个词的。

(8) 一般原则或规则。格思里认为，这种含义的逻各斯要在公元前4世纪前后才开始出现，比如亚里士多德《伦理学》中所说的"正确的逻各斯"，而在公元前5世纪，这种含义尚未出现；公元前五世纪的哲学家，只是在留基伯(Leucippus) 和德漠克里特 (Democritus) 那里才出现接近于"一般规律"的意义。

(9) 理性的力量 (the faculty of reason)。这种意义是到公元前4世纪的作家中才成为通常的用法的，许多作者提出人之所以不同于动物，是由于人拥有 logos。

(10) 定义，公式。这是表明事物的本质的，亚里士多德经常使用逻各斯的这种含义。这种含义在公元前4世纪是相当普遍的，但在公元前5世纪还不多见。

(11) 可指共同达成的见解，表示"一致同意"，英语无对应意义。

上述11条中，(1)(2)(3) 与语言有关，后面几条多是与理性有关，虽然从词条数量上看，似乎与语言相关者并不多，但这并不妨碍语言是逻各斯的基本含义。值得注意的是第 (4) 条，这条明确指出"从所讲或所写的发展为原因、理性或论证"，讲、写的都与语言相关，而后面的"原因、理性、论证"竟是从语言发展而来。即是说，语言和言是理性产生的基础。这一点，后世的德国宗教哲学家哈曼 (J. G. Hamann) 就曾说过理性即是言说，即是逻各斯。故从这个意义上说，语言才是逻各斯的本源，逻各斯就是语言，这是其一。另者，既然逻各斯本然地与思想、理性和原则等相连，那么，逻各斯或语言的含义也就先天地与人的思维和精神具有统一性。

在古希腊，逻各斯最早作为一个概念提出，出现在赫拉克利特(Heraclitus) 的著作中，在赫拉克利特看来，逻各斯是这样一种形象：

逻各斯虽然像我所说的那样常在，但人们在听到它以前，或是第一次听到它的时候，却总是不能理解它。万物都是按照这个逻各斯产生的，虽然我已经根据事物的本性将它们加以区别，解释了它们是如何发生的，而且人们也经常遇到像我所说明的那些话语和事实，但是他们却像从来没有遇到过它 (逻各斯) 一样。至于另外一些人对他们醒来以后做了些什么也不知道，就像是他们梦中所做的事已经忘记了一样。①

可以看出，赫拉克利特最早提出的逻各斯是万物产生之源，却又至显至易、常在而不被理解，处于日用而不知之状态。从对逻各斯的理解来看，赫拉克利

① 汪子嵩. 1988. 希腊哲学史（第一卷）. 北京：人民出版社，455.

特强调的是逻各斯的本体意义。

当然，后世人们对赫拉克利特的“逻各斯”究竟作何理解，产生了众多不同的探讨，但逻各斯总还是有“语言”之意，赵敦化先生在《西方哲学通史》中说道：“内在的本原即赫拉克利特所说的‘逻各斯’。这个词的原意是“话语”，赫拉克利特用它专门表示‘说出的道理’，并且认为正确的道理表达了真实的原则。就逻各斯是人所认识的道理而言，它可被理解为‘理性’、‘理由’等；就逻各斯是世界的本原而言，它又可被理解为‘原则’、‘规律’、‘道’等。”① 既然如此，我们就有理由把逻各斯作为语言的理解对照赫拉克利特的论述进行关照，从而会发现，在逻各斯提出之始，从语言的指称词出现之始，语言就与理性、规律、道等同一，这是从本体论意义上来解读的，即是说，语言是作为本体意义来理解而非工具意义的理解。

赫拉克利特之后，在古希腊，亚里士多德又提出了关于逻各斯的经典论说。亚氏指出：“人是逻各斯的动物。”把人的本质与存在和逻各斯联系起来，这样，人在本质上就是一种作为言说而存在的动物。

对于亚里士多德的上述言说，我国学者洪涛先生有过精彩的阐明：“所谓‘人是逻各斯的动物’，就是说‘人的本质是作为言说者而存在’，逻各斯的本义是对真言的‘说’。这里，我们必须放弃今天把说理解为外在于现实行为的看法，本源的‘说’就是人的本质活动，它起自符合祭仪的行为。海德格尔指出，在希腊的深层传统中，说出一个事物（即使其本质展现）与把它带到时间中（即行为的展开）二者是‘纠结’在一起的。这就是本真的逻各斯的含义。‘说’，不仅是说出一个词，而是使词的本质展现在历史中。因此，这种‘说’，在与今日的一般地‘说’相区别的意义上，是一种生命的本质活动。”② 洪涛先生的阐解，使亚氏的逻各斯所蕴含的真义开显出来，在亚氏这里，语言已经被理解为与人的生命存在、与人的生命本质活动相互纠结，可以说是对赫拉克利特关于逻各斯本体理解的进一步发展和阐发。

其实，后世的思想者们亦对古希腊的“逻各斯”一词进行过不少考释，这些考释基本一致的意见是，将逻各斯看作“言说”与“思想”的统一体。西塞罗（Cicero）曾说过：“‘逻各斯’这个希腊词既有理性（ratio）的意思，又有言说（oratio）的意思。”③ 伽达默尔也曾指出，虽然逻各斯一词被经常译为“理性”或“思想”，但“语言”却是其最初和主要的意思。如此，人是“理性的动

① 赵敦华．1996. 西方哲学通史（第一卷）．北京：北京大学出版社，15

② 洪涛．1998. 逻各斯与空间．上海：上海人民出版社，14.

③ Arthur Schopenhauer. 1974. On the Fourfold Root of the Principle of Sufficient Reason. E. f. J. Payne trans. Illinois：Open Court，163，164.

物”，也就等于说人是“语言的动物”。语言学家斯蒂芬·乌尔曼亦指出，“逻各斯”作为一个对哲学思想产生了重大影响的词，它“具有两个主要的意思，一个相当于拉丁文 oratio，即词或内在思想借以获得表达的东西，另一个相当于拉丁文 ratio，即内在的思想本身”。[①] 也就是说，逻各斯既意味着思想（denken）又意味着言说（sprechen）。可以看出，逻各斯是以思想与言说融成一体的不可分割的统一体。

总的来看，作为语言指称词的逻各斯，是与人的思想、灵魂、生命等有着不可分割的联系，逻各斯所开显出来的古希腊对语言的原初理解，是一种本体论的语言解读，语言不是一种仅供使用的工具，它天然地和人的内在思想、人的生命本质浑然一体。

语言的英语词为 language，其原意为“舌头”，language 原作 langage，这一形式借自法语，language 中的字母 u 是 13 世纪时和法语词 language（语言）相联系而加上的。从来源上言，language 和法语 langue 一样，都是源于意为“舌头”的拉丁词 lingua。此外，亦有几个词也出于此源，如 lingo（隐语，行话）、linguistics（语言学）、lingua franca（混合语）等。特别值得注意的是，英语中的单词 tongue 有两个基本的含义，即舌和语言，而有趣的是，这个词的来源也与拉丁词 lingua 有关。另者，在文艺复兴时期，被称作 the three tongue 的三大古典语言，即希伯来语、希腊语和拉丁语中，被用来表示“舌头”的词也可以用来表示“语言”。看来，在英语中语言来源于舌头，语言和舌头是等同的，这与中国词源的“言”字有着惊人的相似。

就英语 language 的解释来看，韦氏在线词典的几条解释值得注意[②]：

(1) audible, articulate, meaningful sound as produced by the action of the vocal organs. 由发音器官的活动所产生的可听见的、表达清晰的、有意义的声音。

(2) a systematic means of communicating ideas or feelings by the use of conventionalized signs, sounds, gestures, or marks having understood meanings. 通过运用习惯的具有被理解意义的标记、声音、姿态进行交流感情和思想的系统方法。

(3) the suggestion by objects, actions, or conditions of associated ideas or feelings 由物体、行动或与思想和情感相关的条件所产生的提示。

无论是把语言看作“声音”、“方法”或“提示”，其都强调了语言的意义性

---

① Stephen Ullman. 1964. Semantics: An Introduction to the Science of Meaning. New York: Bames & Noble, 173.

② http://www.merriam-webster.com/dictionary/language.

或与人的感情、思想的相关性。有趣的是，tongue 在《剑桥国际英语词典》中的一条解释[①]：a person's way of expressing their ideas and feelings. 一种人们表达自己思想和感情的方式。这与 language 的解释极其相似。可以看出语言总是与人的思想和感性不可分割。

至此，从关于语言的词源考释来看，无论中西都把语言与人的内在思想感情联系起来，与人的生命存在联系起来，甚至把语言看作与人的思想感情和生命融为一体而不可分割的存在。这带给我们的是巨大的启发意义，即语言从其源头的理解来看，就已经具有巨大的教育意义。因为教育从根本上说就是关于人的一种活动，而语言竟如此的与人的生命和内在本质相关，这或许已经在昭示我们：教育或许与语言也有着不可分割的联系，甚或教育与语言本身就是融为一体的存在。

（二）追问一个问题：何谓语言？

什么是语言？S. 彼德·科德尔先生认为：“语言是非常复杂的东西，现在还没有人能够在一个完全协调的和全面的理论范围内把它解释得清楚。”[②] 确如所言，语言是一个非常复杂的东西，不同的人有不同的看法和观点。这一点，我国学者徐通锵先生在《语言学是什么》一书中将其比作盲人摸象：“千百年来，人们曾给语言下过各种各样的定义，每一个定义只涉及语言的一个侧面，犹如瞎子只摸到大象的某一部分就说大象像什么一样。”[③]事实上，瑞维茨（G. Révész）在《语言之起源与史前史》一书中，就一些著名的语言学家和思想家关于语言的定义，择其要者列举出了十七种不同的理解[④]；此外，波兰学者沙夫（A. Schaff）在《语义学引论》[⑤]一书中，苏联语言学家兹维金采夫（B. A. Звегинцев）在《普通语言学纲要》[⑥] 一书中，也列举出了众多著名语言学家和思想家关于语言的定义。我国学者杨茂勋在《普通语言学》一书中则列举出了 44 种之多的语言理解。[⑦] 综合上述各位语言学者关于语言的理解，概有以下八种主要观点[⑧]：

---

① 普洛克特编. 1997. 剑桥国际英语词典. 上海：上海外语教育出版社，1534.

② S. 彼德·科德尔. 1992. 语言是什么？成都师专学报（文科版），(2)：61.

③ 徐通锵. 2007. 语言学是什么. 北京：北京大学出版社，5.

④ G. Révész. 1956. The Origins and Prehistory of Language. London：Longmans，Green，126，127.

⑤ [波兰] 沙夫. 1979. 语义学引论. 罗兰、周易译. 北京：商务印书馆，311-312.

⑥ [苏联] 兹维金采夫. 1981. 普通语言学纲要. 伍铁平等译. 北京：商务印书馆，22，23.

⑦ 杨茂勋. 1993. 普通语言学. 厦门：厦门大学出版社，346-350.

⑧ 以下所引诸位语言学家和思想家关于语言的理解，都是来自上述几本书，故不再对引文来源作一一注明。

第一，传递论的语言观。强调语言的传递功能。加德纳认为："作为一个初步的说法，让我们把言语表述为在人和人之间应用清晰的声音符号来传递他们的愿望和对事物的看法。"叶斯柏森认为："语言是以传达思想和感情为目的的人类活动。"传递的对象是人的思想、感情和观点等。语言的传递功能是语言的一个重要功能，从传递来理解语言，确实能为我们更好地把握语言提供很好的视角。但传递并不是语言所特有的，人们的思想、感情传递方式很多，比如眼神、微笑等，因此将传递作为对语言的解释，并不能将语言与其他事物区别开来，甚至会遮蔽对语言的整体和全面的认识。

第二，交际论的语言观。有几种不同的理解，一是将交际看作语言的本质，如舒哈持就认为："语言的本质就在于交际。"二是将语言看作交际的工具，如博果洛迪茨基认为"语言是交流思想的工具"；皮耳斯贝里、米德尔认为"语言是思想（包括观念和感情）交际的一种手段或工具"。三是将语言看作交际的方法，如萨正尔认为："语言是人类独有的、用任意创造出来的符号体系进行交流思想、感情和愿望的非本能的方法。"四是将语言看作一个体系，交际是这个体系的功能。如卡尔纳普（R. Carnarp）认为："一种语言，例如英语，就是一种活动的体系，或者更恰当地说，是一种习惯（即对某些活动的倾向）的体系，这种体系主要是用来达到成员之间的交际和调整活动的目的"；沙夫也认为："我们把有声语言定义为由这样一些语词符号所构成的一个体系，这些语词符号是用来在主观认识反映客观实在的过程中表述思想，并且用来社会地交流这些关于实在的思想，同样也用来交流有关感情的、美感的、意志的等经验。"交际论者从语言的交际功能出发，对语言进行解读，并从不同的层面进行理解，将语言看作交际本身、交际工具、交际方法等，各自都具有自己的道理，也使我们从交际的视域对语言的理解更加深刻。不过，无论把语言看作何种层面的交际，语言终归不是交际，不能和交际等同，交际自有交际的属性，语言自有语言的属性，两者虽然有共同的部分，但并不意味着可以以一种替代另一种。因此，不能把语言的交际功能过分夸大，更不能将其等同于语言。

第三，表达论语言观。这种观点都将语言与表达联系起来，将语言看作是一种表达，但其具体观点又有不同。

其一，声音表达论。将语言理解为是声音，这声音是一种表达。如福尔土纳托夫认为："语言由词构成，而词是用作符号的一些语音，代表我们的思维，表达我们的思想和感情"；施莱赫尔认为："语言是思想的有声表达，它通过声音表现出思维的过程"；施坦塔尔认为："语言……是对意识到的内部的、心理的和精神的运动、状态和关系的有声表达"；克罗齐认为："语言是由器官发出来的，数目有限的，为表达目的而组织起来的声音"；弗勒布斯认为："语言是这样一个有次序的语言序列，说话者应用这些语词来表达他的思想，并且想使听话者懂得这些语词。”

其二，生物表达论。将语言看做是人和动物都具备的东西，这种为了表达的东西就是语言。例如，迪持里奇认为：“语言是能够至少为另外一个个体所理解的那种个别人和动物的表达能力的总和。”艾斯勒认为：“语言是具有灵魂的生物关于经验的表达。”

其三，符号表达论。将语言看做是表达的一种符号。例如，亚里士多德认为：“语言表达是心灵印象的符号，而文字则是语言的符号。不是人人同有一种文字，语言亦复如此。但是，这些符号产生之初所反映的心灵印象却对所有人都是相同的；这如同事物对所有人也都是相同的，至于人们对事物的印象则是对事物反映的结果。”阿尔诺、朗斯洛认为：“说话是用符号来表达自己的思想，这些符号是人们为此目的而发明的。人们发现这些符号中最有用的是声音（sound）和嗓音（vocal）。但是这些声音是瞬息即逝的，所以要发明其他的符号来使声音得以长期保存并成为可见的形象；这些符号就是文字。”索绪尔认为“语言是表达思想的符号体系……是言语能力的社会产物，是社会集体为了个人实现这一能力而获得的必要条件的总和”，“语言是形式而不是实体”。

其四，工具表达论。例如，莱布尼茨认为：“语言是表达思想的工具。”乔姆斯基认为：“语言的基本性质是，为了表达无限多的思想和对范围无限的新情况做出恰当反应而提供手段。”

表达论语言观的理解涉及内容较多，其实几种表达论语言观的理解在其他诸种语言观中都存在，只不过这种观点更强调“表达”。只是语言用什么指代进行表达不同，或是声音、符号等，或是将语言直接看作表达的工具，这些都不重要，重要的是语言确实具有表达功能，而且可以说表达是语言非常重要的一个功能。但表达仅仅是语言的一种使用功能，语言本身的存在就仅仅成为一种工具化的理解，其本体论意蕴丧失殆尽。更为不可接受的是，表达论语言观将表达泛化，将动物的表达与人的表达混同，认为动物和人同有语言。

第四，声音论语言观。这种观点认为语言就是发出的声音，将声音与语言等同。如马尔提认为：“语言是任何有意发出的作为一种心理状态的符号的那些声音”；梭伯尔认为：“我们所谓有声语言，就是这样一种声音集合，人们为了同环境建立交通而应用这些声音，或者为清楚地知道自己的思想而在心灵重视这些声音”；帕默尔认为：“语言就是发出语音，用以影响其他人的行为；反过来，语言就是听话者对这些声音的解释，由此可以明白说话者的心里想些什么。”语言与声音的关系在上文中关于语言词源学的考察中已有表明，声音确实是原初先民们对语言的一种认识，但语言绝不仅仅止于声音，用声音表示语言，语言的丰富性将因此被遮蔽。

第五，符号论语言观。或认为语言是任意性的符号，如勒曼认为："语言是一种任意性的符号体系，社会集团靠它进行联系。"或认为语言是约定的符号，如埃宾豪斯认为："语言是约定俗成的符号。这些符号可以在任何时候任意复制出来。"或认为是符号的结构，如凯固茨认为："语言是符号结构，藉它可以表现某些有思想的、有对象的内容。"叶尔姆斯列夫认为："语言是……纯关系的结构……是不依赖于实际表现的形式或公式。"此外，莫里斯从符号学意义上对语言进行解读，他认为："在完全符号学意义下的语言，是任何的主观间的符号媒介物集合，这种符号媒介物集合的用法，决定于语形的、语义的和语用的规则。"语言自然也可以从符号的视域来进行理解，但将语言等同于符号，将语言的独有性质抹杀。事实上，符号性只是语言的一种性质而已，不宜将语言的符号性进行过分夸大。

第六，社会论语言观。这种观点强调语言的社会性，如梅耶认为："语言毫无疑问是社会现象。"房德里耶斯认为："语言在社会中形成。当人们感到有彼此交际的需要时，语言就产生了……语言作为社会现象，只能当人脑发达到足以运用语言的时候才能产生。"也有从语言的阶级性出发进行理解，如马尔认为："话音，就像美术及一般艺术一样，是上层建筑的社会价值。""阶级以外的语言直到现在未曾有过，自有声语言发生时起语言就是阶级的，这就是占有了那个时代的所有生产工具（包括魔术生产在内）的那个阶级的语言!""没有一种语言不是阶级的，因此，也没有一种思维不是阶级的。"语言是社会现象，就意味着语言是在人类社会中产生，也就意味着语言是人类特有的东西。但仅仅强调语言的社会性有些片面，而强调语言的阶级性，又有将语言意识形态化的危险，这虽然是一种观看语言的方式，但其偏颇之处过于明显。

第七，人类论语言观。这种语言观强调的是语言的属人性，主要是从人与动物的区别上理解语言。如霍克持认为："语言是人类特有的最宝贵的财富"，"语言是一个复杂的习惯体系。"格里松认为："语言是人类行为最重要、最有特性的形式之一。"布龙菲尔德认为："语言的功能很大。使人类区别于其他动物。"从人与动物的区别来理解语言，避免了将语言和动物的本能相混同的状况，对我们认识语言有着巨大而深刻的意义。但这种理解观并没有对语言进行实质性的说明，只是指出了和动物的区别，为语言的探讨划清了界限。

第八，思维论语言观。这种语言观强调了语言与人的思维、人的精神的关联性。例如，黑格尔认为："语言是真正意义下的理论理智行为，因为语言就是理论理智的行为的外部表现"；洪保特认为："语言是构成思想的工具。理智活动（它完全是精神的、是纯内心的，而且是无踪无迹地进行着的）通过语音物质化，使之能为人们所感知。思维活动和语言因而是不可分割的统一体”；厄德曼认为：“语言不是一种关于观念的交际，而是一种思维，一种陈述出的或者表述出的思维。语言是一种工具，而且事实上是我们人所独有的思维工具”；约德尔认为：“语词的语言是人的这样一种能力，人通过以有限数量的因素为基础的那些互相联系的语调和声音，使人的全部知觉和概念定形在这种自然语调的物质中，从而使这个心理过程对于别人在它的最小的细节上都是清楚而可以理解的”；波铁布尼亚认为：“语言是……思想的形式，而且除了语言以外，不可能有别的形式”；福斯勒认为：“语言是精神的外现……”将语言与人的思维联系起来理解，是加深对语言本质理解的很重要的方面。不过，以上关于语言与思维的理解，触及的仅仅是问题的表层，仅仅将语言看作思维的工具，还没有从思维的本体层面论及语言。

上述关于语言理解的八种分类，涉及众多语言学家和思想家们关于语言的不同理解，这些不同理解，正如沙夫所言：“他们每一个人都能够给出，并且常常给出他自己关于语言的局部的定义。这些局部的定义，往往都是恰当而且正确的。然而，马里欧·佩（Mario Pei）说得对：正是因为所有这些局部的定义都是恰当而且正确的，语言作为一种现象，就比每一个这样的定义所包含的内容还要更多一些。”[①] 这可说正是上述种种对语言理解的优势和不足的一个很简要的说明。事实上，上述关于语言众说纷纭的理解，为我们提供了丰厚的进一步解读的基础，成为我们进一步前进的反思对象。不过总体而论，上述关于语言的理解存在着以下方面的局限性：

第一，上述关于语言的理解，表面上种类繁多，视角万千，其实从更深的层面上看，也只是两种不同的重要理解视角，即从语言的属性和语言的功能来理解语言。前三个理解，即传递论、交际论和表达论语言观，是从语言功能的角度来理解的，只不过各自强调的是语言的不同功能而已；后面几种理解，大体上可以归为属性论的理解，从语言所具有的属性上来理解语言。这两种理解的长处也就是它们各自的短处，即没有从综合的角度对语言进行比较全面的理解。

第二，上述种种关于语言的理解，虽然有不少谈到了语言和人的关系，但对人而言，多是工具论意义上的语言，即便承认语言是人的特性等，那也仅是和动物区别意义上而论的。未能将语言从本体意义上与人的存在，人的生存发展联系起来，语言与人的生命存在的价值和意义，没有得到真正的理解和认识。

第三，最为重要的是，语言的教育学理解的空场，没有从教育学的视域来

① ［波兰］沙夫．1979．语义学引论．罗兰、周易译．北京：商务印书馆，310，311．

理解语言，语言的理解仅仅停留在语言学和哲学等其他学科视域中。

由此，我们对“何谓语言”追问的结果，并没有得到一个想要的答案，与我们的想象恰恰相反，追问结果向我们展现的只是一堆问题和不足。不过这些问题和不足却正是我们向前攀爬的动力和基础。

（三）语言的教育学立场及其教育使命

列维-斯特劳斯曾言：“谁要讨论人，谁就要讨论语言。”[①] 教育必须讨论人，教育也就必须讨论语言，问题是何种意义上的语言。上文中我们已经详细考察了语言的词源学意涵，本应给出一个本书对语言的理解，却未能给出；上文中我们也曾考察了众多语言学家和思想家关于语言的种种理解，并以后来者的目光指出其不足之处，总该给出一个本书对语言的理解，却仍未能给出。因此，这里已经到了我们以前文的考察为基础，给出一个本书关于语言的解读的时候了。在给出这种解读之前，我们还尚需清楚，我们对语言的解读要持有的形而上层面的立场，即是说，我们理解的语言，在形而上的层面看，是何种意义上的语言。

那么，对语言形而上的理解到底存在着哪些层面的意义？有论者指出了语言理解的四种取向[②]：一是知识论的语言取向，将语言看作为一种结构与功能式的实体，强调对语言进行研究，这种研究的结果对教育的应用意义，主要是语文教育、外语教育等语言教育上的应用。这种语言的理解往往以某种具体的民族语言为对象进行研究，这种具体民族语言意义上的理解，不是我们这里所谓形而上意义的语言层面。二是技术论的语言取向，其实就是分析哲学所坚持的语言理解，是教育生活和理论中的语言现象问题。三是艺术论的语言取向，其实质是技术的艺术化，仍未能逃出技术论的窠臼。四是本体论的语言取向，将语言从存在以及人的生命存在意义上理解，尤其是教育学意义上进行理解，这为我们下面提出自己关于语言的理解具有重要意义。这四种关于语言取向的理解指出了语言理解的不同方向，具有积极意义，不过这与我们所讨论的语言理解的层次，尚有一定差距。

我国著名教育家王逢贤先生曾指出[③]，语言有三个层面的理解。一是工具论意义上的理解。将语言理解为一种纯粹的工具，一种交流、沟通、思维等的工

---

① 俞建章，叶舒宪.1988.符号：语言与艺术.上海：上海人民出版社，1.

② 李政涛.2006.教育研究中的四种语言学取向——兼论通向语言的教育学之路.教育研究与实验，(6)：1-5.

③ 在一次与王先生的讨论中，先生指出了这三种理解，为本书对语言的理解打下了坚实的基础。上述理解是本人在事后总结王先生观点的基础上进行的阐述。

具。二是媒介论意义上的理解。将语言理解为一种纯粹的符号，也可说是符号论意义上的理解。语言是一种符号系统，这符号只是符号，其本身并无任何意义，意义在于符号所指代的事物上，语言符号只是充当一种媒介，发挥媒介的功能。三是本体论意义上的理解。语言与文化、与人的生命存在密切相连。以王先生的理解为基础，本书认为，从实质上言，对语言的理解就两个层面，即工具论和本体论。媒介论虽然有坚持语言中性论的立场，但媒介在使用的意义上已经很难和工具相区分，故可将媒介论归于工具论。那么，本书所理解的语言又是何种意义上的语言呢？

本书对语言是从本体论层面进行理解和解读的，这是因为，工具论的理解太过狭隘，对语言的理解不够深入和彻底，其弊端也较多。而且，工具论语言的理解是人们对语言最初的认识，在认识论意义上，也不如本体论深刻和通透。

就语言本体论理解而言，海德格尔和伽达默尔首当其要，海德格尔将语言与存在联结起来，提出了“语言是存在的家”的观点，“语言就是存在之家，就是为存在所居有、并且由存在来贯通和安排的存在之家”①。语言凝聚了存在，语言就是存在的根本，离开了语言，存在的确定性也就没有了根据。伽达默尔更进一步，他指出“能被理解的存在就是语言”，存在只是在语言中的存在。海德格尔和伽达默尔将语言与存在关联，赋予了语言本体论意义，这使人们对语言的理解大大加深。不过，两位思想巨擘对语言的理解仅仅是哲学意义上，虽然这种意义上的理解必然会给教育带来巨大启发，但终究是有限的。

本书对语言的理解与海德格尔和伽达默尔不同，这是一种教育学意义上的语言本体论理解。这里需要说明的是，上文曾提到李政涛先生在其论文《教育研究中的四种语言学取向——兼论通向语言的教育学之路》中，已经谈到了语言本体论的理解，并已经提到了教育学意义上语言本体理解的问题。在该文中，李先生指出，从教育学来理解语言本体意义，就意味着将语言与人联系起来，从语言内在地与人的生命相契合的意义上解读。这也正是本书所力主的观点。不过李先生理解的不足之处在于，在关于语言本体论与工具论的关系上，采取的是一边倒的本体论取向，语言工具论的意义却被抛弃了，而这正是本书所要克服的。

其实，提出语言教育学意义上的本体论解读，也是针对以往教育与语言关系的讨论中，仅仅从教育内容或教育手段意义上理解语言的弊端而言的。要突破以往的不足，必须从人的存在和发展，人的生命本性的高度来理解语言。但是，将语言提高到本体论层面理解，尚需解决一个重要问题，即如何处理其与

① ［德］海德格尔．2000．路标．孙周兴译．北京：商务印书馆，392．

工具论的关系，工具论意义的语言是否意味着被全盘抛弃？这是一个非常棘手又必须解决的问题，而解决这个问题，首要者就是对工具论的看法。这就需要澄清两个观念，即“工具论”与“工具化”，工具论并不等于工具化，工具化是将语言仅仅看作工具使用，仅仅以工具来定义语言，而否定语言其他方面的丰富内涵；而工具论则是对语言的一种正常功能的客观陈述，当把这一种功能当做语言的全部时，就走向了工具化。故语言本体论理解并不能抛弃工具论，从相反的方面看，倘若语言本体论完全以本体来定义语言，就会走上另一种“本体化”的谬误，这种谬误并不比“工具化”的谬误有任何优越。

语言的工具论存在既然是一个客观事实，问题是如何才能避免其走向工具化，亦是说，如何才能保证工具论的正当性，这就需要和本体论联系起来，即与本体论关联的工具论，这也正是我们所提出语言本体论之解读的重要内涵之一。

事实上，“语言本然就具有形而下性和形而上性，这是两个不同的层面，在形而下的层面，语言具有工具性；在形而上的层面，语言具有本体性。语言的工具性和本体性都是语言的本质，两者是本然的统一体，不能将其割裂”①。工具论语言观从形而下的层面强调了语言的功利性，本体论语言观从形而上的层面说明了语言的精神性。因此，我们所理解的语言，从形而上的层面看，就是以本体论统摄工具论的语言观。

至此，该给出一个教育学本体论意义上的语言理解了。本书认为，语言是人存在与发展的一种根本方式，它以沟通、交流、表达等方式关联人的思想、感情和灵魂，开显人的生命、自由和本质，是人的全面自由发展的直接现实。

本书对语言的理解具有以下特点：

首先，兼顾了语言的功能和属性两个层面。在功能层面强调的是其沟通、交流、表达等功能；在属性方面，强调的是其属人性，属人的生命性和发展性。这就避免了以往理解中大多从功能或属性一方面解读的弊端。

其次，将语言定位于人之存在与发展的一种根本方式，从而将语言提高到人本体的地位。语言是人存在与发展的根本方式，而不是其他无关紧要的方式，也不是一种重要方式，而是根本方式，“根本”强调了语言与人须臾不可分离的状态。

再次，语言是以沟通、交流、表达等方式与人的思想、感情和灵魂相关联，这种关联直指人的内在方面，它不是一种独立于人的纯粹客观存在，它的存在

① 谢延龙，杨春芳．2008．通向语言之途的教育——论教育的语言转向．全球教育展望，（8）：28，29．

仅且作为与人的内在精神关联才有可能。

最后，语言是人的生命、自由及本质的开显，是人的全面自由发展的直接现实。这意味着，语言不是一个实体存在，也不是一种抽象存在，而是一种在人的生存发展中不断“显身”的存在，只有在人的存在与发展过程中它才会出场，在人的全面自由发展不断实现中成为一种直接现实。

那么，这种本体论意义上的语言承担何种教育使命呢？这也正是本书所致力的方向和目标。使命首先意味着我们要达到的目的，顺而意味着实现这目的所要面对的基本问题，再之就是为这些问题找寻合理的解答。

本书之研究，首先是对教育学意义中语言的丰富内涵进行展示，并就教育学的方式增进对语言本身的理解。然后，以语言为契机重新思考教育学的基本问题，为教育学提供一种新的知识增量；从语言出发，去重新解读和理解教育中的相关重大问题，以便为清除这些方面存在的教育病寻找可能的出路；同时对教育中关切教育主体儿童的语言问题进行初步探查。

实现上述使命面对的基本问题主要有以下方面：

语言与教育是怎样一种存在关系？

教育与语言有何历史关联性？其未来走向又如何？

语言的教育学本体价值为何？

教育理论重大问题的语言关联为何？

教育生活中儿童语言权问题怎样？

第二章

教育的语言性格

我把遥远的奇迹或梦想/带到我的疆域边缘/期待着远古女神降临/在她的渊源深处发现名称——/我于是把它掌握，严密而结实/穿越整个边界，万物欣荣生辉……/一度幸运的漫游，我达到她的领地/带着一颗宝石，它丰富而细腻/她久久地掂量，然后向我昭示：/如此，在渊源深处一无所有/那宝石因此逸离我的双手/我的疆域再没有把宝石赢获……/我于是哀伤地学会了弃绝：/词语破碎处，无物可存在[①]

——格奥尔格

当“语言”从教育中被唤醒，当教育思忖语言之时，似乎仅凭经验知觉，就能获得一个看似不证自明似的“公理”性认识，即教育离不开语言，教育时刻处于语言的包围之中，离开语言教育一刻也不能存在。然而，事情并非如此简单，凭借感官所获得的那种想象性的肤浅知觉结论，无论如何都很难能成为真正的公理。

教育与语言关系的经验知觉之见，实际上就是思考教育与语言之时，首先要面对的第一个追问就是存在论追问，即我们首先必须回答教育与语言究竟是一种什么样的存在方式。在存在论层面，我们又必须对教育与语言到底是一种什么样的存在关系进行论证。毕竟，“拥有真的信念并不是一件很艰难的事情，真正的困难在于我们究竟应该如何来充分地说明我们的信念为什么是真的。这就是说，对于我们所拥有的意见或信念，我们必须能够做到‘持之有故，言之成理’，所谓‘故’，所谓‘理’就是说我们的真的信念或意见要有其他的信念或意见或别的什么东西作为其支撑或基础”[②]，只有论证的力量才能保证所获得的认识具有足够的存在理由和说服力。事实上，这种论证正如康德在讨论“纯粹理性”和“实践理性”一般，康德并未纠缠于“纯粹理性”和“实践理性”

---

① ［德］海德格尔．2005. 在通向语言的途中．孙周兴译．北京：商务印书馆，215，216.

② 胡军．2006. 知识论．北京：北京大学出版社，109.

的存在事实问题，而是着重探讨二者如何可能的问题。我们这里所要做的，就是对教育与语言是何种存在作如何可能的论证。

如果说存在论解决的是教育与语言之所以是何的存在问题，那么，进而需要回答的问题就是，这种存在在人类历史上不同时期的具体状况为何，这其实是对存在的另一种补充性确证。不过，问题却已经从本体论跃入认识论层面，认识论所要回答的是“是怎样”的问题。通过对人类历史实践中语言与教育的历时形态进行考察，我们就能得到语言与教育在人类历史实践中是怎样的一个基本认识。并且也能从这已有的认识画卷中，去窥测其未来的发展走向。

一、语言：教育的最后家园

词语是任何存在者的存在之居所所在。因此，以下命题是真：语言是存在栖居之所。[①]

——海德格尔

当“语言是教育的最后家园”成为一个需要论证的命题时，就需要在展开论证之前，首先对与此命题论证相关的基本方面作一些解读。首先，对于此命题，我们所要做的，正如海德格尔所言：“如若我们一任自己沉入这个命题所指示的深渊中，那我们就没有沦于空洞。我们落到一个高度，其威严开启一种深度。”[②] 我们所瞄准的正是这个命题的“深渊”，所要达到的正是“一个高度”，并希望能“开启一种深度”。其次，则是命题中“最后”之理解，此中之“最后”并非时间上而言，乃是空间上之表述，其所表明者乃“最可靠、最能安身立命”之意，即语言是教育的最基本存在状态，语言是教育最可靠的依赖之所，它是教育的存在状态，也是教育寄居的场所，正如蜗牛背上的壳，语言也是教育背上的壳，语言是教育最温暖、最适合的居所。再次，是论证语言与教育最后家园关系的切入点问题，即语言能成为教育的最后家园，其依凭者为何的问题，笔者认为这切入点有二，一是人，二是文化。不独是因为语言与教育都与这两者有关，更重要的是，这种有关是一种关联性的有关，而非各自孤立地与人和文化有关，而这种关联性的有关将在我们的具体论述中得以展开。

---

① Heiddegger M. 1982. The Nature of Language. In：Heiddegger M. On the Way to Language. Trans. Peter D：Hertz. New York：Harper & Rew，p. 63.

② ［德］海德格尔 . 2005. 在通向语言的途中 . 孙周兴译 . 北京：商务印书馆，4.

（一）人·语言·教育

语言与教育存在关系的论证，最重要的就是二者都与人的存在密切关联，人是一种语言存在物，教育从根本上说就是为了人的实现。从而，教育便先天地与语言有着不解之缘，这种“缘分”正是“上天”默默之中的一种宿命式的安排。

1. 人是语言的存在物

人的本质归属于语言，人的本质就是语言。“人按照其本质倒的确要被交给语言——人是‘语言的’。‘语言的’一词用在这里表示：已经从语言的说中产生了。那如此产生出来的东西，人，就已经被语言带入语言自身。也正因此，人一直被托付给语言的本质；寂静的轰鸣……只有归属于寂静的轰鸣，凡人才能够以其本质的方式用声音说话。”① 思想巨擘海德格尔如是说。伽达默尔也指出：“语言最初的人类性，就意味着人类在世的基本语言特性。”② 赫尔德也曾说：“语言是人的本质所在，人之成其为人，就是因为他的语言。”③ 我国有学者也指出：“语言就是人，人就是语言。”④ 语言是人的直接存在方式，人与语言不可须臾分离，人从一诞生就被抛于语言的海洋之中。

人之所以为人之最紧要者，首在于人与动物有着本质不同，这本质之不同正是人之为人的最本质的东西。卡西尔认为，人与动物的本质区别就在于人是符号的动物，而语言与人类的其他符号系统相比，无疑是最重要的符号系统，在这个意义上，语言就是人的本质。语言作为人与动物相区别意义上的本质，在海德格尔那里也得到了阐明，海德格尔说道：“人们认为，人天生就有语言。人们坚信，与植物和动物相区别，人乃是会说话的生命体。这话不光是指，人在具有其他能力的同时也还有说话的能力。这话的意思是说，唯语言才使人能够成为那样一个作为人而存在的生命体。作为说话者，人才是人。”正是在这个意义上，海德格尔才得出这样的结论：“语言是最切近于人之本质的。”⑤

语言成为人的本质，不但从人与动物的本质区别上可见一斑，而且从更深层的意义上说，还在于语言就是生命活动和精神活动本身。洪堡特认为，人的本质就在于人的精神力量，“使人真正成其为人的精神力量，便是有关人的本质

---

① 转引自：申小龙．2003．语言学纲要．上海：复旦大学出版社，1．

② Hans-Georg. Gadamer. 1986. Wahrheit und Methode. J. C. B. Mohr (Paul Siebeek) Tubingen，460．

③ ［德］赫尔德．1998．论语言的起源．姚小平译．北京：商务印书馆，21．

④ 李洪儒．2007．意见命题意向谓词与命题的搭配．外语学刊，(4)：11．

⑤ ［德］海德格尔．2005．在通向语言的途中．孙周兴译．北京：商务印书馆，1．

的简明定义”[①]，而语言正是一种有目的的精神活动，且是能够成为人之本质的精神活动，“倘若我们从发生学的角度观察语言，即把语言看成具有确定目的的精神活动，那么很明显，语言或多或少是能够达到这一目的的”[②]。语言的生命状态本身就是人的直接实现，直接存在方式。刘大櫆在《论文偶记》中有言：“盖音节者，神气之迹也；字句者，音节之矩也；神气不可见，于音节见之；音节无可準，以字句準之。”[③] 以此来看，音节就是神气的流露，而神气正是生命的表征，是语言的生命展现。刘勰《文心雕龙·夸饰》中也曾提到：“谈欢则字与笑并，论戚则声与泣偕。”笑与泣正是个体的生命情感表达，它们通过“并”与“偕”与人的语言（字、声）关联，所表示的正是语言与人的生命状态的息息相关。

不唯人的本质是语言，人也生活在语言中，任何人从其出生的那一刻起，就无法摆脱被抛于语言之网的命运。卡西尔在《语言与神话》中指出：“语言从我们生命伊始，意识初来，就围绕着我们，它与我们智力发展的每一步紧依为伴。语言犹如我们思想和感情、知觉和概念得以生存的精神空气。在此之外，我们就不能呼吸。”[④] 我们无时无刻不与语言遭遇、照面，语言也无休止地造访我们，震动我们，改变我们，人就生活在语言所编织之网中，人不得不生活在语言所编织之网中。哥本哈根学派著名代表人物叶尔姆斯列夫在《语言理论导论》中，对人须臾不可离开语言之状进行了精彩卓越的描述：

语言不可与人分割开来，它伴随着人的一切活动。语言是人们用来构造思想、感情、情绪、抱负、意志和行为的工具，是用来影响别人和受别人影响的工具，是人类社会的最根本、最深刻的基础。同时，语言又是每个人的最根本的、不可缺少的维持者，是寂寞中的安慰；在十分苦恼时，诗人和思想家是用独白来解决思维矛盾的。在我们有意识之前，语言就已经在耳边回荡，准备环抱我们最初思想的嫩芽，并将伴随我们的一生。不论是日常最简单的活动，还是崇高的事业，或者私人生活，人们一分一秒也离不开语言。是语言赋予我们记忆，我们又借助于记忆而得到温暖和力量。然而，语言不是外来的伴侣，语言深深地存在于人脑之中，它是个人和家族继承下来的记忆，是有提醒和警告作用的清醒的心智。而且，语言是个人性格的明显标志，不论是何种性格；它又是家庭和民族的标记，是人类的崇高特权。语言与性格、家庭、民族、人类、

---

① ［德］洪堡特 . 1999. 论人类语言结构的差异及其对人类精神发展的影响 . 姚小平译 . 北京：商务印书馆，31.

② ［德］洪堡特 . 1999. 论人类语言结构的差异及其对人类精神发展的影响 . 姚小平译 . 北京：商务印书馆，24.

③ 刘大櫆 . 1998. 论文偶记 . 北京：人民文学出版社，6.

④ ［德］恩斯特·卡西尔 . 1988. 语言与神话 . 于晓等译 . 上海：上海三联书店，127.

生活之联系如此紧密，我们甚至有时怀疑语言是这一切的反映，或者是这一切的集合，是这一切的种源。①

人生活在世界上，其实就是人生活在语言中，世界通过语言而为人所拥有，人拥有语言，人也就拥有了世界。人通过语言而拥有世界，因为世界的一切通过语言的命名而具有意义，世界正是在语言中才得以向人开显。

语言表达了人与世界的一切关系，人永远是以语言的方式拥有世界，世界只有进入语言之中才成为世界，语言也只有通过世界在语言之中才能得到表现。卡西尔深刻地指出："在这个人类世界中，言语的能力占据了中心的地位。因此，要理解宇宙的'意义'，我们就必须理解言语的意义。"② 伽达默尔也指出："以语言作为基础，并在语言中得以表现的是，人拥有世界。世界就是对于人而存在的世界，而不是对于其他生物而存在的世界，尽管它们也存在于世界之中。但世界对于人的这个存在却是通过语言而表述的。"③ 正是在语言中，人才得以在世界上有意义地存在；正是在语言中，人才真正拥有世界；正是在语言中，人才被引领到世界。"谁拥有语言，谁就'拥有'世界"。我们所能有的世界即是语言的界限，语言之外，世界无存，因为世界的独立存在虽然是毫无疑问的事实，但世界必须且只能通过语言而向人呈现，世界必须进入语言才能真正成为属于人的世界。

人是生活中的人，而生活生生不息，不断变化，于是，人也不可能静止，人必然是历史的。语言向人开启了世界，人也必通过语言去拥有历史，"语言开启了'世界'，开启了人和世界万事万物的存在关系，这种关系的总体的发生便构成历史。语言中蕴藏着世界的意义，也蕴藏着历史的价值与意义，历史保存并活在语言中。语言不仅使人'有'了世界，也使人'有'了历史。我们生活在语言中，也生活在历史中"④。语言蕴含着历史的深邃与厚重，历史通过语言而传承并将其意义和价值呈现给人，人拥有语言而拥有其历史。

人无时无刻不生活在语言中；人的本质就是语言，人在语言中使自我开显；人拥有语言，从而人拥有世界和历史。于是，我们不得不说，人就是一种语言存在物。

2. 人：教育作为语言存在之本

教育是人为的培养人的，人是教育存在的根基，教育的一切秘密都在于人，

---

① 刘润清.1997.西方语言学流派.北京：外语教学与研究出版社，154.

② [德] 恩斯特·卡西尔.1985.人论.甘阳译.上海：上海译文出版社，143.

③ [德] 伽达默尔.2007.真理与方法（上卷）.洪汉鼎译.北京：商务印书馆，597，598.

④ 刘铁芳.2001.语言与教育.河北师范大学学报（教育科学版），(2)：19.

教育一刻也离不开人。人是一种语言存在物，人的根基在语言，没有语言人便无根，人便“不是”人，狼孩拥有人的躯体，但没有人的语言，而只能是“狼”。因此，人贯通了语言与教育，人成为语言与教育贯通之根本。既然人是一种语言的存在物，从而教育也只能是一种语言存在，正是人使教育成为语言存在立论成立的根本。

人生活在语言中，教育是人为的存在，从而教育也在语言中存在，教育时刻处于语言的包围中，这是教育的基本事实，是教育成为教育的起点和最终归宿。教育必然地在语言世界中展开，“任何教育都发生在语言中，没有语言就没有教育。语言之所及即教育之所及，语言的界限即教育的界限，语言之外无教育（不言之教同样离不开语言，只是语言表达在不言中）”①。教育的发生以语言为依托，失去依托的教育自然就无法存在，正如乌龟和龟壳，在龟壳离开乌龟的时候，也就是乌龟失去生命的时候。语言的世界即人的世界，人的语言存在决定人的其他一切存在必为语言存在，决定人的其他一切活动必然无法摆脱语言的纠葛。教育培养人只能在语言中实现，教育是一个语言的世界，人在这个世界中交往，人在这个世界中被改造、锻炼、抟塑，教育使人亲近语言，感受语言，领略语言，人与语言的不断亲近过程，就是教育不断引领人走向人的过程。

教育是培养人的，是实现人的本质的一种活动。当人的本质归属于语言，语言成为人的本质之时，就意味着教育就是实现人的语言，就是让人成为一个“有语言的人”。人无语言吗？不，人所无者，人所要实现者，是那蕴含着全人类丰富智慧成果的语言，从这个意义上说，语言是无限的。进而，再从这个意义上说，人的一生，就是把自己有限的生命不断投入到无限的语言获得中的一生。教育，从其产生的那一刻起，就先天地承担起了人在通向这无限语言之途的使命，教育就是为人的语言实现而存在，就是为了使人成为有语言的人。

教育的过程就是把个体带入语言中的过程，让人类的语言逐渐成为个人的语言。通过教育的导引，个体逐渐进入原本陌生的人类语言世界之中，语言不断地成为“我”的语言世界，人就在这通过教育不断地化人类语言为“我”的语言的过程中不断成人。人的本质并不仅仅意味着获得和实现，人的本质最重要者还在于人的创造，教育也不仅仅只是使人获得语言，教育的重要使命还在于使人成为语言的创造者，使人通过语言而为语言，使语言更加丰富。在人类语言与“我”接触之时，教育不是被动地、客观地、“毫不动情”地使“我”与语言接触，在教育带“我”进入语言世界之时，这语言就成为教育的语言，从而又成为“我”的语言。于是，这语言世界就具有了教育的品质，具有了“我”

---

① 刘铁芳．2001．语言与教育．河北师范大学学报（教育科学版），(2)：20.

的品质。教育在引人进入语言之时，已经在创造语言，丰富语言，“我”在获得语言之时，也在创造语言，丰富语言。总之，我们在创造语言，语言也创造了我们，在语言中我们学会了怎样去创造新的语言，而这个过程就是教育的过程。

人拥有语言，人便拥有了世界，问题是，人何以拥有语言？正是教育将语言世界开显给人，正是教育将语言世界那无限的丰富性展现给人，人通过教育拥有语言从而拥有世界。每个人从一出生就处于语言世界的包围之中，每个人都在语言世界内看语言，听这个语言世界，体验这个语言世界，但大多数人常常对语言世界看而不见、听而不闻。因为，语言世界并不是一个自明的、彰显自我的世界，人们所看、所听、所体验之语言世界只是这个具有无限丰富性世界的表面的很小的一部分。只有教育，才能让语言世界这个世世代代人类所建立的蕴含着人类的全部精神创造的丰富的世界，能为人所看、为人所体验、为人所理解。

正是教育，人才能真正进入语言世界、拥有语言世界，教育必然地在人与语言世界的关系中展开，并经由教育进一步拓展人与语言的关系，把语言世界那活泼、丰富和富于意义的内涵展现给人、传递给人，改善人的品质，充实人的内涵，实现人的价值。教育不但使人拥有语言世界，教育亦使人在拥有语言世界的同时，进而使人在语言中开显自我，使自我的价值和意义得以实现，正如有学者所言：“人在何种程度上领略到语言中的价值和意义，便能在何种程度上启发人生的意义，实现人生的精神构架，这同样意味着个体享受到了何种程度的教育。语言不仅是教育的手段，而且它本身就是教育，语言就是教育的目的。”①

总之，完满的语言世界、完满的人生、完满的教育相统一，语言的意义、人的意义、教育的意义相统一。这就是语言，这就是教育，这就是人。

（二）文化·语言·教育

美国著名文化人类学家 L. A. 怀特指出：“全部文化或文明都依赖于符号。正是符号的能力使文化得以产生，也正是对符号的运用使文化延续成为可能。没有符号就不可能有文化，人也只能是一种动物，而不是人类。②”怀特将符号看做是文化产生、文化存续的根本，从存在的意义上表明了符号和文化的关系，确为真知灼见。而从广义上讲，所有符号都可以称为语言符号，即所有的符号都可说成是某种语言符号；从狭义上讲，语言亦是所有符号中最重要者。故依

① 刘铁芳．2001．语言与教育．河北师范大学学报（教育科学版），(2)：20.

② ［美］L. A. 怀特．1988．文化的科学——人类与文明研究．沈原等译．济南：山东人民出版社，33.

怀特所论，则语言之于文化也可谓关联密切。与此同时，教育与文化也存在着密切关系。这就为我们论证语言和教育关系开辟了另一条重要的路径。

1. 语言与文化

语言与文化并不是对等的并列关系，语言比文化更初始，文化是在语言基础上产生的。这是因为语言的根本属性植根于人的本性之中，人是语言的动物，人区别于其他动物的根本特点就在于人有语言，正是语言才使人类的祖先得以摆脱动物界。而文化是人创造出来的，没有语言即不存在真正意义上的人，又何来文化？从正面讲，正是语言给人类带来了文化，“语言，又给人类带来了文化。语言把人和人联系起来组成社会。语言把人类的过去和现在连接起来，把现在和将来连接起来。你降生人间，就有一套话语体系等着你，包围着你。你需要它，离不开它。语言体系一面是一套复杂的语音，另一面是庞大的意义群。这里有过去的传说，也有先辈的创业功绩，这里留下了英雄的崇高美德，也沾染了小人的懦弱和羞耻，这里既印证着创见和智慧，也充满着偏见和愚昧。这就是文化”[①]。从反面讲，没有语言，人类社会的一切文化现象将不可想象，怀特在《文化的科学》一书中对此有过精彩的描述：

没有音节清晰的语言，我们就不会有人类的社会组织。我们可能有家庭，但这种组织形式不是人所特有的，家庭本身并不专属于人类。没有语言，我们就不会有乱伦禁制，就没有规定族内婚与族外婚，多偶婚制与单偶婚制的各种规范。没有语言，我们又怎能限制交表婚、禁止平表婚呢？没有语言，禁止同时占有众多配偶而允许续娶与再婚的规范，又怎么能够存在呢？

没有语言，我们就不会有政治、经济、宗教和军事组织；没有礼仪和道德规范；没有法律；没有科学、神学和文学；除了猿猴水平的嬉戏外，不会有游戏和音乐。没有音节清晰的语言，礼仪和礼仪用品就毫无意义。实际上，没有音节清晰的语言，这就差不多等于丧失了使用工具的能力，我们就将像现在在高等类人猿中发现的情况那样，只是偶然地和无意义地动用工具；因为，正是音节清晰的语言，才使类人猿那种偶然动用工具的活动，转变为人类之具有进步性和累加性的使用工具的活动。[②]

由此可看出，没有语言的后果将是多么可怕：没有语言人类的整个文明就将不复存在，甚至人类自身也会一直停留在类人猿的状态中。因此，语言可称

① 张宝亚．1993. 语言文化论．昆明：云南大学出版社，9.

② ［美］L. A. 怀特．1988. 文化的科学——人类与文明研究．沈原等译．济南：山东人民出版社，33，34.

为文化的“母胎”，正是语言孕育了诸如逻辑、历史、文学、宗教、科学、哲学等人类的各种文化。

文化以语言为基础，这是语言和文化关系的第一要义。语言不但带来了文化，语言本身就是一种文化，这是语言和文化关系的第二要义。何谓文化？其定义千万种，此处不具体作论，但从较为概括的一般意义上讲，可将文化看做是人类对世界的认识和感受的积累，而语言则凝聚着人类的这种认识和感受，也就是说，人类文化发展的全部成果，几乎都凝聚在语言之中，从这个意义上说，语言本身就是文化，这是其一。

其二，从文化的特性来讲，习得性是其最根本的特性，而语言符合这个特性，即语言是习得的，而非人之本能和遗传。正如萨丕尔所说：“走路是一种机体的、本能性的功能（当然它不是一种本能）；言语是一种非本能性的、获得的、‘文化的’功能。”[①] 的确如此，语言不是人天生的，狼孩没有语言能力就证明了这一点。语言是人在劳动活动中形成和完善的，人需要通过学习才能掌握语言。故可说语言是一种文化。

其三，从语言自身来讲，语言是人类的重要文明成果，是人类在进化过程中的创造物，是人类精神活动的产物，是人类的一种精神文化，如马林诺夫斯基所言：“语言是文化整体的一部分，但它并不是一个工具体系，而是一套发音的风俗及精神文化的一部分。”[②]总之，人创造了语言，语言也造就了人，使人有了文化，所以说，语言本身就是文化。

当语言本身就是一种文化之时，语言也就成了文化的一个部分，但语言又不是普普通通的一种文化部分，语言是文化的一个最基本、最本质的部分。申小龙先生说过：“语言是文化的重要组成部分，在这个意义上，它是文化大系统内一个子系统，然而这个子系统又有其特殊性，即它在结构上清晰地表达出文化上的定点，它提供了决定说话者概念世界的分类系统，一句话，它是该文化系统的一种典型形式，它对整体的文化系统能够产生决定性的影响，它包容文化的一切，涵盖文化的一切。”[③] 确如所言，语言确实是“包容”、“涵盖”一切文化的文化部分，它具有对文化的包容一切的涵盖力，语言的这种无可替代的文化涵盖力，使它起着统一和整合文化各个领域的作用，这也如有学者所指出：“语言事实上是族群的另一种文化，甚至是一种可以在某种程度上、概率上解释更多文化的‘元文化’。”[④] 由此，我们不得不说，语言不仅是文化总体的一个组

① ［美］爱德华·萨丕尔．1985．语言论．陆卓元译．北京：商务印书馆，4.
② ［英］马林诺夫斯基．1987．文化论．费孝通译．北京：中国民间文艺出版社，7.
③ 申小龙．1993．文化语言学．南昌：江西教育出版社，203.
④ 史有为．1999．语言中的人和意义——语言的起点思考．语文研究，(2)：2

成部分，而且是文化总体中最基础、最核心的部分。

语言不但本身就是文化，且具有文化的性质和文化的价值。文化的发展具有历史的连续性，这种连续性是通过语言而得以保存并维系，即语言承载文化，语言传承文化。语言之所以是文化发展和传承的必由之路，是由语言对社会和个人的作用所决定的，我国有学者深刻地指出了这一点："一方面，没有语言，人际交往无从沟通心灵的奥秘，与自然抗争无从形成清晰的思想，群体结社无从制定细密的条例，组织管理无从颁布周全的法令，祈祷诅咒与神话传说无从表现与绵延，交易形式也不会变得今天这样的精致和巧妙。另一方面，从个体发生来看，语言又是一个人在社会和文化中成熟的标志。"[①] 另外，语言能够传承文化，是因为语言能够将人类文化的所有积累加以有效保存，即使在历史长河中有些文化的某些部分消失了，通过语言，人们仍然可以加以恢复，正如有学者所指出："人类的信仰及世界观，生产经验及文化知识，从上一代传到下一代，世世代代得以相传，这是因为有语言。语言通过周密的符号系统把人类的知识储存起来，并从古到今进行传播。即使在无文字的社会里，口头语言仍然是文化传播的工具。可以设想，如果没有语言，我们今天的历史将是一片空白，甚至连时间、空间观念都没有。"[②] 可以说，文化的发展与其说是以已有的文化成果为基础，毋宁是以内含着丰富文化成果的已有语言为起点。

语言文化价值的另一个重要方面就是语言能够型塑一定时期的思想文化。"语言如水银泻地般的文化渗透力还使它在文化的历史发展中获得一种特定历史层面的心智氛围（the mental atmosphere），从而成为特定时代特定社会人类思想的典型标志。"[③] 不同时期，语言有不同的风格和气质，这种不同的语言风格和气质正是当时人类文化的重要标志。

2. 文化：教育作为语言存在之源

教育与文化有两个层面的关联，一是本体论层面，即把教育本身看做是文化；二是价值论层面，强调教育对文化有哪些作用。教育与文化的这两个层面的关联，正是论证教育与语言关系的一个重要来源。

教育本身就是文化，教育就是一种文化活动。德国教育哲学家包尔生（Friedrich Paulsen）和文化教育学派的主要代表人物斯普朗格（Edward Spranger）都持这种观点。田培林先生在《教育与文化》一文中对两人的观点有

① 申小龙．1993．文化语言学．南昌：江西教育出版社，204．

② 高长江．1992．文化语言学．沈阳：辽宁教育出版社，15．

③ 申小龙．1993．文化语言学．南昌：江西教育出版社，205．

过精彩的述说如下[①]：

德国的教育哲学家、柏林大学教授包尔生在他的遗著《教育学》一书中讲到文化的本质时候，他认为人类的任务是要把上一代所有的优良文化产业“传播”到下一代，这种“传播”（uebertragung）就是文化。包尔生这样主张，后来又经由他的若干成名的学生，加以阐述，于是“教育即高度文化”这样主张。才更得到了很稳固的理论基础。

斯普兰格（一般译为斯普朗格）认为教育乃是一种文化活动(kulturtaetigkeit)。这汇总文化活动的开始便是正在成长、发展中的个人心灵与优良文化的“客观文化”（即代表文化的课程）能适当接触，把客观文化安置在个人心灵中间，使其能够发展成为“主观文化”（那个人所具有创造欲与创造能），因此，就有的那些固定的、已经成形的客观文化才能转变而成为一种新的、生动的、创造的主观文化。有了这样的主观文化，才能使道德的“文化理想”逐渐地接近现实。这样由客观文化进入个人的心灵，形成一些主观文化，再由这样主观文化，去追求文化理想的现实。这样的“文化活动”，就是教育。

可见，在包尔生眼里，所谓的“传播”就是教育，在他看来，不仅传播的内容是文化，传播文化的“传播”本身即教育就是文化。而斯普朗格的教育就是文化的观点，其实质是认为教育是以文化来培养人的文化的活动，那么，教育就必然是一种文化活动，这是从教育活动的文化性上来说明教育是文化的。

我国学者金生鈜先生在《教育与文化力》一文中也曾指出：“教育是文化得以传播、继承、整合、积累和发展的生命机制。教育通过对个体的社会化和文化化，培养受教育者内在的精神和实践能力，教育的形式、内容以及培养目标都是文化的，教育所赋予个体的人力是文化的能力，挖掘的潜能是文化与个体融合下的文化的能量，从而教育所培养的‘人力’乃是文化力，教育在社会发展中的作用乃是文化力的重要组成部分。”[②] 可以看出，金先生不仅认为教育的各个方面都与文化相关，尤其是认为教育培养人就是培养人的文化力，这就比较全面深刻地表达了教育是一种文化的观点。

其实，教育本身确实是文化的一部分，是一种文化，是一种真实的文化实体或类型。教育总是在一定文化环境中的教育，教育是这种文化的产物，教育的每一个环节都打上了深深的文化烙印。而且，教育的目的是要培养有文化的

① 田培林．［2009-08-12］．教育与文化．http：//blog.163.com/ybxldh@126/blog/static/6924273120085294181 6739/.

② 金生鈜．1996．．教育与文化力．学术研究，（5）：23.

人；教育的逻辑起点是文化，教育的本质也应当从文化角度理解[①]；“教育的任务在于传递文化、体验文化价值，并培养能创造文化价值的人格”[②]。既然如此，在教育是一种文化的意义上来看，语言就对教育起着决定性作用。

因为此前我们讲过，一方面，语言是比文化更原始的东西，文化的产生是以语言为基础，另一方面，语言亦是文化，且是文化中最基本、最核心的东西。于是，就前者而论，既然文化以语言为基础，那么教育作为一种文化，教育也必然以语言为基础，教育的产生也无法摆脱语言的前提性存在，从这个意义上看，可以毫不夸张地说，没有语言就没有教育；就后者而论，既然语言是教育中最基本、最核心的部分，当教育亦是语言的时候，教育就只能是文化中相对较为“边缘”性的文化，那么，教育这个“边缘”文化就必然会受到最基本、最核心的文化即语言的制约，从这个意义上讲，教育的存在与发展状况必然受到语言相关状况的制约。

教育不仅是一种文化，教育还具有文化功能，即在价值论层面，教育还具有相当的文化价值。对于教育的文化功能，肖川先生在《论教育与文化》一文中比较全面介绍了教育的四种重要文化功能[③]：其一，传递-保存文化的功能。教育是人类传递文化的专门机构，教育将人类文化内化为个体的精神财富，从而也就保存了文化。其二，传播交流-丰富文化的功能。教育是传播、交流文化的重要手段和途径，通过对文化的传播和交流，也就同时丰富了文化。其三，选择-净化文化的功能。教育不可能把人类的全部文化知识都传递给受教育者，教育内容的确定过程就是选择文化的过程，同时也是去粗存精、去坏存良的净化文化过程。其四，创造-更新文化的功能。教育传递文化的过程实质上是一个文化增殖、文化再生产的过程。

肖川先生的见解确实深刻而周全，问题是，教育如何实现自己的这些功能？就是通过语言。因为语言承载着文化，语言保存着文化，教育要实现自我的文化功能，就必须与文化的载体语言打交道；而且语言本身即是一种最基本、最核心的文化，教育发挥自己的文化功能，就必然包含着对语言这种极其重要文化本身发挥功能。可以说，没有语言，教育就无从与文化接触，教育的文化功能就无从谈起，“巧妇难为无米之炊”，教育的文化功能必须要从语言中才能开显出来。而且，更进一步而言，甚至教育这种文化自身离开语言就成为无源之水、无本之木而难以存在。

---

① 毕诚．1987．试论教育与文化．黑龙江高教研究，(3)：16-19.

② 邹进．1992．现代德国文化教育学．太原：山西教育出版社，66.

③ 肖川．1991．论教育与文化．教育理论与实践，(1)：5-7.

(三) 教育诗意地栖居在语言中

荷尔德林有诗曰："如果生活纯属劳累，人还能举目仰望说：我也甘于存在？是的！只要善良，这种纯真，尚与人心同在，人就不无欣喜用神性度量自身。神莫测而不可知？神如苍天昭然显明？我宁愿信奉后者。神本是人之尺度。充满劳绩，然而人诗意地，栖居在这片大地上。"① 当荷尔德林的诗句被海德格尔用来阐解人之存在状态之时，"人之栖居"就成了海氏思想天空中颤抖不已的主旋律，正是荷尔德林诗句的启示，使海德格尔在存在的深度上开显出一个人之栖居的自由境域。对本研究而言，荷尔德林诗句带来的深刻启示将是"教育诗意地栖居在语言中"，自然，这种论断是以前述关于语言与教育论证基础上的进一步深化。

"教育诗意地栖居在语言中"，这一论断所描述者，乃是教育的存在状态或方式，即教育是一种语言存在，这种存在是以"诗意地栖居"的方式存在着。那么，栖居为何？教育何以是栖居在语言中？又何以是"诗意"地栖居呢？

"栖居"一词，按照海德格尔的说法，其本源意义是指"持留、逗留"②，就是说，栖居作为一个日常理解的概念，展现的是一种"普遍的"逗留现象，正如海德格尔所言："栖居始终已经是一种在物那里的逗留。"③ 然而，我们此处所言"教育栖居在语言中"之"栖居"，并非是这种日常意义上的逗留，即是说，栖居不是对一个空间位置的占有，不是对住所的占用，这种日常意义上的理解恰恰遮蔽了栖居的本质。

当然，随着技术化时代的到来，栖居亦被日益理解为一种技术性的栖居，然而，技术性的栖居却使教育在本质上沦落为一个像居住面积或环境的专题性问题，从而使栖居转化成一个似乎只是"临时性"的问题，它遮蔽了教育栖居那真正切己的本质。因此，栖居不能理解为一种普遍的逗留现象，不能理解为一种技术性的栖居，而是教育之为教育的存在本身，即语言就是教育存在本身，而不是教育仅仅存在于语言中，"普遍逗留"于语言中。海德格尔说："栖居，即置身在平静中，意味着在自由和保护中持守在平静里，这种自由让一切守身在其本性之中。栖居的根本特征就是这种让……自由和保护……它贯透整个栖居领域。"④正如海德格尔所言，教育栖居在语言中，即置身在平静中，持守在

---

① [德] 海德格尔．1996．海德格尔选集（上册）．孙周兴译．上海：上海三联书店，469，470.

② [德] 海德格尔．1996．海德格尔选集（下册）．孙周兴译．上海：上海三联书店，1190.

③ [德] 海德格尔．1996．海德格尔选集（下册）．孙周兴译．上海：上海三联书店，1194.

④ [德] Heidegger. 1975. Poetry，Language，Thought. Trans. Hofstadter A. New York：Harper & Row，149.

平静中，这平静是教育之为教育的一种切己的“自由”状态，平静（friede）一词意为自由，即 frye。而“自由让一切守身在其本性之中”，教育就守身在其语言本性之中。同时，栖居还是一种保护，这里的保护不是消极意义上的不伤害所保护的东西，而是积极意义上的发生在事先任某物存在于其本质的时候，即教育存在于其语言本质的栖居状态还意味着，这种状态时刻受到栖居的保护而不使教育脱离其本质。

进一步的问题是，为何教育的栖居竟是“诗意的”？栖居的“诗意”，用海德格尔的话说：“这并不意味着：诗意只是栖居的装饰品和附加物。栖居的诗意也不仅意味着：诗意以某种方式出现在所有的栖居中。”① 在这里，诗意不能作一种浅显的解读，诗意是说，教育在语言中的一种状态，这种状态不是幻想般地在语言的上空飞翔，不是离弃语言，超出语言之上，恰恰相反，诗意这种状态正不断地把教育带向语言，使教育归属于语言。

栖居的“诗意”也不是一种偶尔的栖居之态，而是一种总是如此的诗意栖居，一种永恒的持久存在状态，一种本真的存在状态，是教育作为语言存在这种在本质上得到理解的栖居的“诗意”，“诗意”就意味着教育栖居于语言的一种本己状态。总之，只有诗意才使教育的栖居成为栖居，只有在栖居中，教育才能体悟到作为一种语言存在的诗意。

二、假想与论证：教育语言起源论

> 教育起源问题，无疑是一个既久远又玄妙的问题。
> 教育的起源问题，是一个重大的教育理论问题。②
>
> ——胡德海

教育起源问题既重大，又久远和玄妙，这就决定了这个问题既是一个谈教育就绕不过去而不得不探讨的问题，又是一个要想探讨出一点成果来又极其艰难的问题。由于作为一个事实事件的教育起源，已经消逝在人类历史的时空中，而成为一种再也无法亲感亲见的过去。由此，后人们的任何一种关于教育起源的观点和看法，在某种意义上说，就只能是一种假想。又由于这种假想是一种人文社会科学的假想，其不同于自然科学的假想，因而在一定意义上讲就具有一种无法进行经验的证实性。既然进行经验的证实存在着巨大困难，那么借助逻辑的论证就成为对此问题考察的一种有效手段，即任何关于教育起源的假想，

---

① ［德］海德格尔．1996．海德格尔选集（上册）．孙周兴译．上海：上海三联书店，465．
② 胡德海．1998．教育学原理．兰州：甘肃教育出版社，174．

必须经由严格的逻辑论证作保证，才能使这种假想成为真正理论假说存在的合理性。

（一）回溯：教育起源观及其缕析

罗素指出："历史使人意识到：人类事物中没有定论；不存在静态的完美和将被我们得到的最高的智慧。"[①] 正如罗素所言，学术研究的历史尤其是教育起源研究的历史也告诉我们，教育起源这个"人类事物"是"没有定论"的，从消极意义上讲，这给我们对此问题进行进一步的探讨提供了信心和力量；从积极意义上讲，前人研究的成果恰恰是我们不断向"最高智慧"迈进的那牛顿所谓的"巨人的肩膀"。

1. 三种经典教育起源观

就学术史上教育起源问题的研究来看，存在着三种具有较高公认性且经常被各种教育著作引用介绍的经典观点，即生物起源论、心理起源论和劳动起源论。

其一，教育的生物起源说。这种观点由法国社会学家、哲学家利托尔诺（Charles Lefourneau）所倡导，体现在其著作《各种人种的教育演化》中。主要观点可表述为：在人类产生之前的动物界就已存在教育，老动物对小动物的爱护照顾就是一种教育；生物生存竞争的本能是教育起源和存在的基础，老动物把"知识"、"技能"传授给小动物，完全出自"自然和自发"的本能。利托尔诺的观点被英国教育学家沛西·能（Percy Nunn）继承并进一步阐发。沛西·能在其著作《教育原理》中指出，"教育从它的起源来说，是一个生物学的过程，不仅一切人类社会有教育，不管这个社会如何原始，甚至在高等动物中也有低级形式的教育。我之所以把教育称之为生物学的过程，意思就是说，教育是与种族需要相应的种族生活天生的，而不是获得的表现形式；教育既无待周密的考虑使它产生，也无需科学予以指导，它是扎根于本能的不可避免的行为"，"生物的冲动是教育的主要动力"[②]。可以看出，对生物本能的强调是沛西·能教育起源观的核心。

谈到教育生物起源说，学术界对此几乎是一片否定之声，而沿生物起源说观点继续深化研究的探讨也很难见到。之所以会有如此之状况，盖因人们普遍认为，生物起源说"不可理喻"地否认了人与动物的区别，"生物起源论，只见

---

① ［英］彼得·沃森.2006.20世纪思想史.朱进东等译.上海：上海译文出版社，扉页.

② ［英］沛西·能.1992.教育原理.王承绪等译.北京：人民教育出版社，38.

动物世界，不辨与人类社会性质的区别，只见教育的形式，不见人类教育质的飞跃，可谓蔽于天而不知人。教育是人类社会特有的现象，动物界是没有教育的”[①]。生物起源论确实是一种极端的将教育理解“动物化”的观点，这种观点的最大问题是，仅仅从“教育”出发（只是对教育作了人与动物无区别的最宽泛的理解），而没有考虑到“人”的问题在教育起源中的作用。

其二，教育的心理起源说。美国学者孟禄（Paul Monroe）是这种观点的代表者。孟禄对生物起源说进行了批判，认为生物起源说的最不可取之处就在于，它没有揭示人的心理和动物心理的本质区别，并提出了教育起源于儿童对成人无意识模仿的观点。教育的心理起源论也遭到了人们的批判，这种批判集中在以下方面：过分夸大了模仿在教育中的地位和作用，否定了教育的目的性和意识性；起源于心理，只见内因不见外因；这种观点虽然想把人之心理与动物心理区别开来，但其只关注人之无意识方面，并没有把人与动物的心理进行本质区别。

不过，心理起源论却给我们带来如下方面有益启示：第一，教育起源是人的问题而不是动物的问题，因此对教育的理解只能在人类社会而不能放在动物界；第二，既然教育只能是人的教育，那么教育起源问题就无法避免探讨“人”，这个起源总是和人紧密相关，或者在人之外，或者在人之内，总是与人有关，这就避免了生物起源论只从“教育”出发，而不谈“人”的问题的弊端；第三，心理起源说强调了教育中人的一方，即受教育者的地位，是从受教者（受教育者学习）的角度探讨教育起源问题。

以此为基础，我们认为，心理起源论除了前文所述的普遍性弊端外，尚有以下方面不足：首先，这种学说虽然关注了人，却仅仅关注了人的无意识方面，事实上就是只看到了人的本能方面，这实际是一种纯粹的仅看到人的动物性一面的理解。当然，人性之最基本、基础者就是动物性，探讨教育起源问题，从人之动物性开始是有其合理性的。然而，人之为人就在于人是从事有意识的能动活动，这就决定了从人之动物性来探讨教育起源问题存在着不可避免的必然缺陷。其次，心理起源论仅仅从受教育者“学习”的角度来探问教育起源，就置教育者的“教”于不顾，一个没有“教”的教育是不能称其为教育的。

其三，教育的劳动起源说。前苏联教育学者主要持这种观点，他们论证的主要依据是恩格斯的著述《家庭、私有制和国家的起源》与《劳动在从猿到人转变过程中的作用》中的主要观点。其中，最主要论据就是恩格斯的“劳动创造了人本身”这个论断，劳动起源论就是以此为前提进行逻辑推理的结果。此

---

① 胡德海．1998．教育学原理．兰州：甘肃教育出版社，177．

观点自20世纪50年代介绍到我国后，也成为我国教育理论界所广泛认同的主流教育起源观。

劳动起源论的主要观点为：人类为了生存和发展，就必须从事生产劳动获得生活资料，并把在劳动中获得的知识和经验传授给下一代，教育就是这样起源的；教育产生于生产劳动是以人类语言为条件的，在生产劳动中，语言和教育同时产生；教育是人类社会特有的现象，是一种有意识、有目的的活动。

对于教育劳动起源说，有学者总结出了以下几点质疑①：第一，劳动是教育起源的主要和决定性的条件，但只是外因。对于教育的起源来说，重要的是要找到其内在的演化根据。第二，没有正确理解恩格斯“劳动创造了人本身”这一命题。就命题本身而言，缺少科学依据，而且和进化论的思想相违背。第三，在逻辑上没有区分教育和劳动概念之间的不同。劳动主要是人和自然界之间的物质交换过程，侧重指向生产过程；教育主要是指向人的自然状态的改变，尤其是个体内在心理结构和经验水平的变化，在很多情况下从属于劳动过程。二者并不必然地联系在一起，即使劳动可能和教育是同一过程，指的也是不同的方面。这三点质疑具有一定代表性，当然关于劳动起源说的不足，并不止于这三个方面，很多学者都提出了质疑，这是一个需要进一步探讨的问题，此处不论。

不过无论如何，劳动起源论无疑给我们带来了巨大的启示：一方面，这个观点从人出发探讨教育的起源问题，而且把人的产生与教育起源问题联系起来，即研究教育起源必先研究人之出现，抓住了问题的要害。而且，完全从人与动物区别的意义上探讨教育起源，为教育起源问题的探讨指明了方向；另一方面，尤为重要的是，这个观点初步强调了语言与教育起源问题的关联，认为语言与教育同时产生，这具有极其重要的意义，可以说是教育语言起源论的最初萌芽。只是这一观点并没有进一步深入思考语言与教育同时产生意味着什么，为何语言会与教育同时产生等问题。

总之，三种经典的教育起源论虽然都遭到了后来研究者的质疑，但正是这三种经典教育起源论为后人进行教育起源的探讨打下了坚实的基础，这种基础不仅仅是建立在三种起源论的不足之上，更重要的是这三种经典起源论带来的巨大启发意义。在某种意义上，我们甚至可以说，这三种经典起源论已经包含了此后形形色色的教育起源观的最初的萌芽。

---

① 李醒东.2007.教育起源研究的方法论问题探析.教育评论，(3)：3，4.

2. 其他种种教育起源观

随着人们对教育起源问题认识的不断深入，在三种经典教育起源说的基础上，涌现出了各种各样的教育起源观，人们对教育起源问题的认识得到了进一步的深化，有学者用图表的方式对各种教育起源观及其主要观点进行了如下表所示的总结①。

论　说	主　要　观　点
劳动起源论 劳动的智化论	教育起源于劳动 教育起源于有智慧的劳动
前身论	人类教育起源于古猿的教育
需要论 生产劳动的需要论 社会生产和生活的需要论 社会生活和人类自身发展的需要论	教育起源于生产劳动的需要 教育起源于社会生产和生活的需要 教育参与社会生活的需要和人类自身身心发展的需要
人生发展论	教育起源于以劳动为核心的人生发展
社会化影响论	教育起源于产生了语言后人类对年幼一代所施加的社会化影响
超生物经验的传递和交流论	教育起源于人类在劳动过程中形成的超生物经验的传递和交流
交往起源论	教育的形态起源于人与人之间的交往
文化起源活动论	文化活动产生教育
知识传授起源论 知识授受起源论	知识传授是教育的最初形态 知识授受是教育的最初形态
前提-条件论	类人猿传递经验的活动是教育起源的“前提”，生活需要、语言等是其“条件”
军事训练论	教育起源于军事训练

分析以上诸种观点，我们至少可以得到以下方面认识，这给进行教育起源论的探讨提供了有益的启发：

第一，值得注意的是，在上述各种观点中，有两处提到了语言在教育起源中的作用问题，即“社会化影响论”和“前提-条件论”。这两种观点都把语言看做是教育得以产生的一个重要条件。这说明，在教育起源的研究中，尽管语言只是作为教育产生的条件之一进入到了人们的视野，但至少已经在提醒人们，要关注语言在教育起源中的重要性。

第二，上述各种教育起源论的探讨都具有相当的模糊性，并未具体指明教育起源于何种具体的“事物”，如交往、知识传授、需要、发展等。仅仅从概念

① 郑金洲．2000．教育通论．上海：华东师范大学出版社，49，50.

上说，这些提法本身就具有很大的模糊性，因为你只需在这些概念前加上一个限制性定语，就能论证出一种新的教育起源观。比如需要论，就有“生产劳动的需要论”、“社会生产和生活的需要论”、“社会生活和人类自身发展的需要论”等至少三种。当然还可以论证出更多的教育需要论起源。显然，这些教育起源论提法存在的模糊性，是难以令人信服的。

第三，上述各种教育起源论至少能够给我们带来这样一个启发性的推测，即倘若上述各种教育起源论都是从一个侧面对教育起源问题进行了探讨，那么，就必然存在一个在某种程度上能够反映至少是这些各个侧面的一个“总体”的起源性东西，这个东西或许就是教育的真正的起源。

第四，从上述各种教育起源论的分析中，可以得出一个最基本的观点，即若探讨教育起源论问题，就无法绕开以下两方面的探讨：一是关于教育的理解，涉及的是如何理解教育进而进行教育起源的探讨，这是决定教育起源看法的一个根本点，毕竟对教育的理解不同，这种理解下的“教育”起源自然就不同；二是关于人类起源的探讨，即在人的何时或何种情况下（不是具体的时间）产生了教育。这实际上是对教育是人的特有现象的一个规定，所涉及的问题关键是，何时或何种情况下教育才是属人的，才是脱离开动物的那种本能式的“传授”。

（二）论证：教育语言起源之可能

本书提出教育起源于语言的观点，是一种假想，这种假想实质上只是一种可能性的存在。因此，教育起源于语言只能是一种可能。对这种可能进行论证，只是保证这件可能的事情从某个视角来看在逻辑上是真的，而且即使在逻辑上是真的，也并不能保证一件发生在很久远历史中的事情就真的如历史上曾经发生过的那样真实，但这种论证至少能使我们对教育起源问题的认识会加深，或许这才是探索教育起源问题的真正目的所在。

教育起源与语言的关联并非如“教育起源于语言”这样一个命题那样令人感到新鲜，已有的很多关于教育起源问题的探讨中，都已把语言作为一个重要的方面提了出来。从这个角度来看，“教育起源于语言”命题的提出，也不是什么空穴来风的惊人之举，而不过是以前人的研究为基础进行更深入认识的结果。于是，在我们对“教育起源于语言”命题进行论证之前，将前人对这个问题的思考进行一番简要的探讨就成为一种必要。

首先，我们看看一些对教育起源于语言相关的论说：

进行教育需要语言。缺乏语言，首先就缺乏了教育的媒介，无法传达意思，使进行教育成为不可能的事。其次，人们依赖第二信号系统使积累经验成为可能，当第二信号系统尚未形成时，积累经验已经不可能，传递经验就更谈不到了。上面已经指出人类开始制造工具以前，语言还没有产生；既无语言就不能有教育；[①] 如果没有教育，一个人便不会说话。语言不是天生的。有人以为语言不需要教育，儿童自然而然地通过无意识的模仿便会说话。这是与事实不符的。当然，在语言的学习中，模仿是很重要的因素，但这种模仿并不是无意识的。语言更不是自然而然地就会的。人们往往忽视了父母及在幼儿周围的人们对幼儿的语言发展所起的作用。如果不给幼儿适当的诱导、示范和其他的必要条件，并形成一种环境使儿童感觉到非说话不可，幼儿的语言发展是不可能的。儿童语言发展的好坏和这种教育工作的好坏是有密切关系的。"野生"的孩子们之所以没有语言正是因为他们没有这种教育机会。[②]

语言同样是一个主要推动力，它亦促进着人类的产生，推动着人类社会的形成和发展。人类的生存方式需要储存和传递信息。语言依存于人类生存方式，离开了这种生存方式，语言既无产生的需要，也无产生的可能。人类生存方式亦不可能没有语言，缺少它就不能实现人与人之间的联系。语言是人类作为交往手段和思想工具而起作用的符号系统，言语是用语言来进行的交际过程。言语、词是意识的存在形式，和意识密不可分。人类意识从一开始就是社会的产物。意识和语言一样，只是由于需要才产生的 。[③]

与此同时，伴随劳动产生的语言，可使经验积累和传递借助于第二信号系统去完成。语言使进行教育的另一个基本条件也已具备，故进行教育成为可能了。[④]

缺乏语言，就缺乏了教育的媒介，无法传达意思，使进行教育成为不可能的事情。另外，人们借助于第二信号系统使积累经验成为可能，当第二信号系统尚未形成时，积累经验是不可能的，传递经验就更谈不上了。[⑤]

其实在教育起源问题上，教育与语言关联的论述不止于上述论者之论说，这里只不过是以一瞥之眼光以达窥斑知豹之目的而已。事实上，在众多已有的相关论述中，语言只是作为教育起源的众多条件之一。这些把语言作为教育起源条件的论述集中在两个方面，一是中介条件作用，二是经验积累作用。

除了上述相关论说之外，有一种观点值得注意并需要进行详细的分析，即"教育起源于人类始祖的原始母语传承"[⑥] 的观点。这种观点就笔者目力所及而言，可说是比较明确提出教育语言起源说的观点。此观点在具体的论证上，首

---

① 陈振东 . 1959. 对教育起源的探索 . 西北师大学报（社会科学版），(5)：122.
② 陈振东 . 1959. 对教育起源的探索 . 西北师大学报（社会科学版），(5)：134.
③ 厉以贤 . 1981. 关于"教育起源于劳动"问题 . 北京师范大学学报（社会科学版），(4)：76.
④ 柳海民 . 2000. 教育原理 . 长春：东北师范大学出版社，45.
⑤ 郑金洲 . 2000. 教育通论 . 上海：华东师范大学出版社，45.
⑥ 齐梅 . 2007. 教育学原理学科科学化问题研究 . 北京：中国社会科学出版社，292.

先提出一个关于教育的理解，即认为教育是人类社会珍贵知识文化传承的活动。然后指出语言是人类首先创造出来而又必须且可能传承的知识。结论就是，教育起源于原始语言的传承①，并将其进一步具体化为“教育起源于人类始祖的原始母语传承”。

就此种观点而言，其最大的积极意义在于明确指出了教育起源于语言的观点，这也是本书所极力坚持并认可的观点。另外，此观点另一个值得注意的方面是，认为“是语言把人类和其他物种真正区分了开来”②。这也是本书所认同的。另外，该观点的论证采用了不少考古学和人类史前史的研究成果作为论据，具有借鉴意义。不过，此观点的论述亦存在一些问题需要说明：

其一，将教育定义为人类社会珍贵知识文化传承的活动的观点过于狭隘。这事实上只是教育本质功能性定义的其中一个而已。我们知道，教育本质的理解就目前来看有众多不同的合理解释，教育功能也不只限于传承功能，仅仅从一个狭隘的角度对教育进行理解，进而以此为前提进行推论和论证，其所得结果必然不能让人信服。

其二，将语言仅仅理解为一种可以传承的知识，过于片面。语言当然可以作为一种“知识”来理解，但语言却绝对不仅仅只是一种知识，语言也可以是手段、媒介等，语言也承载着情感、意志等非知识因素。事实上，这里将语言理解为知识的观点，有迎合此观点论述前提的关于教育的理解之嫌，这种迎合式论证的实质是以作为前提的对教育理解来框定对语言的理解，其论证自然是说服力有限。

其三，将语言看做是人类“最先创造出来”又是“必须且可能传承的知识”，这就涉及了“知识”的理解问题。即必须首先明了何为知识，才能确定何为最先的知识，以及何为必须且可能传承的最先的知识，这样，问题就涉及语言是不是最先的知识，这就将问题引向了复杂化。

其四，就其最后观点来看，认为教育起源于人类始祖的原始母语传承。这里面涉及的核心关键词“原始母语”，在该论者看来是指这样的一种状况：“儿童天生具有学说任何语言的潜能，但是一旦习得了一种语言后，再学别的语言就困难了。这恰恰说明人类具有共同的原始母语。”③ 可见，“原始母语”在该论者看来是指一种说语言的潜能，或者应是人类具有的一种先验的语言能力。既然如此，这种能力似乎和前面将语言看作知识相矛盾。当然，如果论者将“原

---

① 齐梅．2007．教育学原理学科科学化问题研究．北京：中国社会科学出版社，291．

② 齐梅．2007．教育学原理学科科学化问题研究．北京：中国社会科学出版社，288．

③ 齐梅．2007．教育学原理学科科学化问题研究．北京：中国社会科学出版社，293，294．

始母语”理解为一种普遍意义上的语言，那么还不如直接说“教育起源于语言”更为直接，这里将语言具体化的措施无疑是有画蛇添足之嫌，反而削弱了观点的可信度。

以上述关于教育起源与语言关系的已有研究为基础，本书提出“教育起源于语言”的可能性观点，以下对此观点进行论证。

首要面对的是一个方法论问题，即从方法论上看如何去解决教育起源于语言的问题。首先面临的是一个对“教育起源命题”的理解问题，即要明了这个命题所指的含义，这是我们对此问题进行探讨的一个最基本的前提。其次，要有一个对“教育”理解的问题，即“教育”应如何去理解，毕竟我们探讨的是教育的起源，而不是其他东西的起源，这就决定了你所理解的“教育”不同就会有不同的起源说。最后，人类产生问题，这决定了教育是人类社会特有的产物，动物界的所有类似于人类的所谓“教育”都不是教育起源问题所探讨的教育。而且，从已有的教育起源问题的探讨中已经比较公认的观点来看，人类产生与教育起源是同时的。

首先，对“教育起源”命题的理解问题。对研究对象的理解不同，就会有不同的研究结果。就以往关于教育起源问题的研究来看，之所以存在观点上的分歧，追根究底都可说与对此命题的理解不同有着重要关系。有的将教育起源问题看作起源的动力机制，有的则看做是起源的条件，还有的看做是起源的形态等不一而足。那么我们将持什么样的理解呢？叶澜先生在谈到教育起源问题时曾说：“‘起源’不同于‘产生’和‘出现’，要说明某事物的产生与出现，只需阐明该事物存在的必要性和可能性，并说明这种必要和可能在什么时间、地点范围内存在即可。‘起源’则要说明该事物由何而生，从何演化出来。显然，要探明这一点，有必要对该事物产生的必要性和可能性进行分析，但又不能停留于此，应该进一步找出教育从中脱胎的事物，或称为教育的原型。”① 叶先生的观点也道出了我们进行探讨的前提性理解。一方面，“找出教育从中脱胎的事物”这一表述表明，教育起源不能存在模糊性很大的表达，必须明确指出导致教育起源的事物到底为何。本书提出教育起源于语言的观点正符合这一点，因为语言是一种非常清晰的事物，不存在概念上的模糊性，语言完全可以作为教育起源的表达。另一方面，要对“该事物产生的必要性和可能性进行分析”，即是说教育起源于语言是必要的和可能的，这一点将在以下的论述中进行阐明。

其次，对教育的理解问题。教育起源问题必须从某种对教育的理解出发进行探讨，问题是从教育的何种角度出发进行探讨，毕竟不同的教育理解从根本

① 叶澜. 1991. 新编教育学教程. 上海：华东师范大学出版社，31.

上决定着教育起源的具体观点问题，因此，对教育的理解可以说是教育起源问题探讨的逻辑起点问题。

从以往关于教育起源问题的探讨来看，多是从对教育的本质和功能的认识出发，进而论证某种教育起源观。就教育本质的认识而言，譬如教育是某种知识传授、教育是某种文化知识传递、教育是某某交往、教育是某某的传递和交流等。这种教育本质定义式的界定，往往在界定的同时就已经指明了教育所能起源的东西，而且往往在论证了教育本质的同时，教育起源问题的论证从某种意义上也已经完成。即在教育本质的定义中已经包含了所要论证的教育起源的观点，其实质是将教育起源与教育本质等同，陷入了循环论证的泥沼。而且，更为重要的是，本质总是后来发生的，是不能用来说明教育起源的。

就教育功能的认识而言，存在着多将教育的某种功能解释为教育的起源，譬如教育具有使个体社会化的功能，对应的就是教育起源于个体的社会需要；教育具有使社会文化传承与发展的功能，对应的就是教育起源于社会文化传承与发展的需要等。这种教育功能式的教育起源论，正是一种如郑也夫先生所谓的历史决定论的目的论，即用事物的功效说明事物产生的原因，以其反功能解释事物被取代的原因。郑也夫先生用了一个例子形象地说明了这种思维的不合理[①]：正像无意间形成的一条小路，便利是人们选择它的原因，而当这条小路成为了这一地带唯一的大道时，人们竟误以为是路决定了人的方向。因此，从某种意义上说，以前关于教育起源的探讨，在对教育理解切入的视角上存在着一定的问题。

因此，本书对教育起源的探讨需要跳出教育本质论和功能论理解的旧圈子，从另外一个新的对教育的理解视角来探讨教育起源问题，这就是从教育的简单构成要素的角度来探究教育起源问题，故这个理解视角可以说成是教育简单要素构成论。

之所以采用这个视角，一是因为正如陈桂生先生所言，“分析‘教育的简单要素’，是从理论上考察教育问题的起点”[②]，教育起源问题当然是一个教育问题，且需要从理论上考察，那么分析教育的简单要素就不可避免。二是因为进行这种视角的考量，符合从教育本身出发去找寻教育起源而不是从外部去找寻的原则，因为教育的构成要素当然是属于教育自身的。三是因为已有论者或从教者出发，或从学者（学习）出发来探讨教育的起源问题，这已经触及了教育

① 孙彩平.2003.教育起源于人的道德——一种新的伦理视角.江苏教育学院学报（社会科学版），(2)：28.

② 陈桂生.1993.教育原理.上海：华东师范大学出版社，3.

的要素问题，已经开始从教育构成要素的角度来探讨教育起源问题了，这说明从教育要素探讨教育起源问题确实是一条可行之路。此外，要从教育成立的简单要素出发去追问教育起源问题，还是基于这样的一种假设，即认为教育之所以能出现，必是构成教育的各个简单要素都已经具备，且这些简单要素本身就已经具有使自己起源的可能与必要。

要进行教育简单要素论的教育起源探究，最重要的问题是，何为教育的简单要素？即首先要弄清楚教育的简单要素有哪些。然而，教育的简单构成要素问题却并不是如同想象中那么容易的一个简单问题，它是一个在教育史上引起无数教育思想家不断讨论的十分复杂的问题。陈桂生先生在其《教育原理》一书中用了相当篇幅对教育史上已有的比较重要的教育简单要素划分的观点进行了介绍分析[①]，以此为基础，同时采用马克思分析劳动过程简单要素的方法论提出了自己关于教育简单要素的观点："其简单要素当包括：教育者的有目的活动、教育对象（受教育者）、作为教育者与教育对象联系中介的'教育资料'。"[②]陈桂生先生关于教育简单要素的基本划分是本书所赞同的。

不过，陈先生认为"教育资料"应包括如下五方面，即教育媒介、教育材料、教育手段、教育组织形式与活动方式、教育场地与设备。[③] 本书认为过于复杂，还不能作为探讨教育起源的教育简单要素。作为教育起源意义上的教育简单要素，应是教育成立的最为简单的要素构成，是教育之能够成为教育所应具备的最为基本的要素。本书认为，除了教育者、教育对象之外，只要具有教育媒介和教育材料（内容），教育就可成立，这是一种具有逻辑抽象意义上的教育简单要素。至于其他方面，如手段、组织形式与活动方式、场地与设备等要素，实质上是教育的具体限定性因素，它们规定的是某种情形中的具体教育，不是具有普遍抽象意义上的教育简单要素。本书认为，探讨教育起源并不是要找出最初的那个非常具体的"教育"是一种什么存在，它在什么场所、采取什么手段、以什么方式组织等，而且我们也不可能找出这样一种最初的教育具体形态。因此，从这个意义上讲，教育起源意义上的教育简单要素是一种从逻辑上讲，教育能够成为教育的最基本要素，这是一种具有普遍性意义的教育。因此，教育的简单要素应是教育者、受教育者、教育媒介和教育材料。教育的简单要素

---

① 陈桂生先生在《教育原理》一书中对近代以来一些教育思想家关于教育要素问题的探讨进行了详细的考明，这包括卢梭、裴斯泰洛齐、赫尔巴特、格雷戈、纳托尔普、迪尔凯姆、德国文化教育学派等的观点，还有《中国教育辞典》以及南京师范大学《教育学》中的观点，具体见：陈桂生．1993. 教育原理．上海：华东师范大学出版社，4-8.

② 陈桂生．1993. 教育原理．上海：华东师范大学出版社，10.

③ 陈桂生．1993. 教育原理．上海：华东师范大学出版社，36.

是我们探讨教育起源问题时对教育的前提性理解。

有了对教育以及教育简单要素方式的理解，我们就可以展开“教育起源于语言”的论证了。因为只要证明了如下两点，我们就能证明教育起源于语言，这两点如下：

其一，我们必须证明，教育的简单构成各要素或者是由于语言而实现，或者就是语言本身。要实现这个目的，首先要证明的就是教育者和受教育者产生于语言，这实际上涉及的是一个人类产生的问题，因为最早的教育者和受教育者都是人类，而不是动物，动物界是不存在教育的；除此之外，还要证明的就是教育媒介和教育材料产生于语言或者就是语言。

其二，还要证明的是，语言不但创造了教育成立的最基本条件，即语言“造成”了教育简单要素的各个部分，而且还要说明语言能够成为使教育起源的必然性，即语言能够使这些要素组合成为教育。因为，语言仅仅能使教育的简单要素产生出来并不意味着教育就一定产生，还需要说明的是，正是语言使这些教育简单要素必然走向结合而成为教育。

关于教育者和受教育者产生于语言的问题，实际上就是一个人类产生的问题，“可以肯定教育起源与人类的起源是同时同地的；而且，你怎样定义了人类，同时也就怎样定义了教育起源”①。从这个意义上说，证明这个问题就是说明人类起源问题，即人类起源于什么的问题。

问题是，人类起源于什么是一个十分复杂和困难的问题，不同的学科诸如考古人类学、考古学、遗传学等，对此问题提出了各种各样的假设，而这些不同学科关于人类起源的探讨都有其特定的涵义和条件，在此不作过多论述。我们这里仅就传统上与教育起源探讨联系较多的哲学角度来考察这一问题。

关于传统上与教育起源密切相关的人类起源说就是马克思主义的劳动起源说，即人起源于劳动（顺而就得出语言起源于劳动的学说）。得出人起源于劳动的说法，最根本的依据是恩格斯在《劳动在从猿到人转变过程中的作用》一文中所提到的“劳动创造了人本身”这句话。由于恩格斯的这篇文章对人类起源的探讨是如此重要，以至于我们有必要对此文进行一次通读。结果发现，事情并不如想象的那样简单，而且更令我们吃惊的是，恩格斯这篇文章实际上揭示的却是这样一个人类起源的结论，即人起源于语言！为什么会得出如此结论呢？让我们仔细阅读和分析一下恩格斯的《劳动在从猿到人转变过程中的作用》（以下简称《劳动》）一文，真相就会大白。

恩格斯在《劳动》中首先提出了劳动对人类的重要性，他说：“它是整个人

① 齐梅.2007.教育学原理学科科学化问题研究.北京：中国社会科学出版社，292.

类生活的第一个基本条件，而且达到这样的程度，以致我们在某种意义上不得不说：劳动创造了人本身。”[①] 恩格斯既然得出了“劳动创造了人本身”这个论断，他为什么不直接说人就产生于劳动呢？恩格斯之所以没有这么说，是因为人的直接产生并不是劳动，就是说，进行劳动的并不是真正意义上的人，只是在劳动中，某个事物的出现才标志着真正的人出现了，而这个事物可能就是人类起源的事物，那么这个事物是什么呢？

恩格斯在《劳动》一文中第一个提到的是直立行走。恩格斯指出，直立行走“完成了从猿转变到人的具有决定意义的一步”[①]，但是，在恩格斯看来，直立行走并不是劳动的结果，而是古猿受环境影响的结果。而且，在恩格斯看来，古猿能直立行走并不是真正意义上的人，只是向人转变具有决定意义的一步而已。而在恩格斯看来，真正作为劳动形成的第一个人体器官是手，“手不仅是劳动的器官，它还是劳动的产物”[②]。但是手的形成也并不意味着真正意义上的人的出现，它只是一种外在肢体的变化，当然这种变化会引起整个人的身体的各个器官的变化，但在恩格斯看来，手的形成绝不是人形成的标志。

在手之后，恩格斯提到的是发音器官的形成，恩格斯指出：“这些正在形成中的人，已经到了彼此间有些什么非说不可的地步了。需要产生了自己的器官：猿类不发达的喉头，由于音调的抑扬顿挫的不断加多，缓慢地然而肯定地得到改造，而口部的器官也逐渐学会了发出一个个清晰的音节。”[③] 这里恩格斯明确指出的是“这些正在形成中的人”，已经表明发音器官的逐渐形成并不意味着人的产生，所以只有发音器官或者发音器官的出现，也不是人产生的标志。事实上，动物界如鹦鹉能够学会人的语言，就说明鹦鹉至少具备能够发出人的声音的器官，但鹦鹉却依然是动物。至于恩格斯在上述论述之后接着说的，“语言是从劳动中并和劳动一起产生出来的，这是唯一正确的解释”[③]，这说明是劳动为人的语言出现准备了发音器官这样的物质基础（鹦鹉的发音器官不是劳动的产物，但人的发音器官却是劳动的产物）。

在说明了发音器官的形成之后，恩格斯在《劳动》一文中继续写道：“首先是劳动，然后是语言和劳动一起，成了两个最主要的推动力，在它们的影响下，猿的脑髓就逐渐地变成人的脑髓。”[④] 恩格斯这句话也经常被引用，不过人们惯常的理解并没有特别注意到语言与人脑形成的重大意义。这里需要追问的是，为什么恩格斯在这里特别提出了语言和劳动与人脑出现的关系？劳动还是那个

---

① ［德］恩格斯．1972．马克思，恩格斯．马克思恩格斯选集（第三卷）．北京：人民出版社，508.
② ［德］恩格斯．1972．马克思，恩格斯．马克思恩格斯选集（第三卷）．北京：人民出版社，509.
③ ［德］恩格斯．1972．马克思，恩格斯．马克思恩格斯选集（第三卷）．北京：人民出版社，511.
④ ［德］恩格斯．1972．马克思，恩格斯．马克思恩格斯选集（第三卷）．北京：人民出版社，512.

劳动，劳动直接改变的是人的肢体方面的变化，而在人脑的变化上却指出了语言所起的不可替代的关键性作用。这说明，除了那个一直都在人的形成中普遍起作用的“劳动”之外，语言才是人脑形成的真正最为直接的原因。

恩格斯的这个论述具有重大的意义，因为人脑的形成意味着真正的人的意识和抽象思维能力的出现，而人脑的形成、人的意识的出现则意味着人的出现、人的起源。有意识才能称其为真正的人，托马塞罗（Tomasello）在谈到这一点时曾经指出：“在其自然栖息地中，人类以外的其他灵长目动物：①不会为自己的同类指出或以手势示意它们注意外界的东西；②不会将东西举高了给同类看；③不会费工夫把同类带到某处，以便让它们观察那里的东西；④不会积极地把东西端出来提供给同类；⑤不会有意地教给同类一些东西。在我看来，其他灵长目动物不做以上那些事情，是因为它们不懂自己同类是有意识的，其心理状态会受到外界的影响。”① 托马塞罗将“有意识”归结为人类和其他灵长类动物有以上区别的原因，确实是真知灼见。因为这“有意识”只能是人脑而不可能是其他任何动物大脑的机能，只能是人“有意识”而其他任何动物都不具备这一点。

对于语言与人的意识的关系，马克思比恩格斯说得更为清楚，他在《德意志意识形态》一文中明确指出：“意识并非一开始就是‘纯粹的’意识。‘精神’一开始就很倒霉，注定要受到物质的‘纠缠’，物质在这里表现为振动着的空气层、声音，简言之，即语言。语言和意识具有同样长久的历史；语言是一种实践的、既为别人存在因而也为我自己存在的、现实的意识。”② 在这里，马克思明确地指出，“语言和意识具有同样长久的历史”，语言本身就是一种意识。由此我们可以认为，正是语言出现之时，真正的人类才产生，美国人类学家怀特指出：“正是语言符号才使我们的类人猿祖先变为人并成为人类。”③ 我国亦有学者指出：“语言是人创造的，又是与人同时诞生的。当人创造了语言，人才真正成其为人。”④ 从这个意义上我们不难得出，人类起源于语言。顺而推知，作为教育者和受教者的人正是语言的产物，可以说，语言为教育的成立提供了教育者和受教育者这两种“人”的要素。

接下来需要论证的是，教育成立的另外两个简单要素与语言的关系，也就是要证明教育媒介和教育材料产生于语言或者就是语言。就教育媒介而言，语言具

---

① M. Tomasello，2000. Two Hypotheses about Primate Cognition. In：C. Heyes and L. Huber（eds.）. The Evolution of Cognition. Cambridge，Mass.：The MIT Press，170.

② ［德］马克思，恩格斯．1972. 马克思恩格斯选集（第一卷）．北京：人民出版社，34，35.

③ ［美］L. A. 怀特．1988. 文化的科学——人类与文明的研究．曹锦清等译．杭州：浙江人民出版社，21.

④ 马大康．2005. 诗性语言研究．北京：中国社会科学出版社，16.

有交流、沟通和传递的最基本功能，问题是有没有一个比语言更早的具有和语言这个功能相同的事物来充当媒介呢？答案是否定的，因为我们上文已经论述了，只有且只能是语言出现才标志着人类的产生，而语言先天地就具有交流、沟通和传递的功能。因此只能且只有语言，才是第一个人类具有交流、沟通和传递功能的事物，我国有论者曾得出“语言是人类的独有特征和首要创造物”①的结论，既然是“首要创造物”，也就决定了语言第一个充当教育媒介的必然性。

就教育材料而言，涉及的是教育内容的问题，这包括三个层面的问题，其一是指语言本身就是教育内容，语言是由一套具有自己独特的语法系统、词汇以及发音等构成的体系，这个体系本身就构成了一个独立的知识系统。而且，语言作为整个文化系统的核心部分，完全是且必须是人类传递和保存下去的对象，因此也必然是教育的材料构成。其实，在现实的学校制度化教育中，世界上还没有哪一个国家不进行自己的语言教育。由于语言是人类产生的标志，因此更进一步的推论就是，语言且只能是语言，才是人类的第一个教育材料，即作为人类第一个学习的对象就是语言。

其二是指作为教育材料的其他各种知识的产生也离不开语言，即语言是其他教育内容生产的必不可少的手段。卡西尔在《人文科学的逻辑》一书中曾说过这样的话：“尽管语言无法以其自身的手段产生科学知识，甚至也无法触及科学知识，但是，语言却是通往科学知识之途的必经阶段，语言是对事物知识得以生成和不断增长的唯一中介。命名行为是不可或缺的首要步骤和条件，而科学的独特工作就是建立在这种明确限定行为之上。”② 卡西尔把语言看做是知识生成和增长的“唯一中介”，对语言在新知识创造中的作用给予了充分肯定。事实上，卡西尔关于语言在知识生产中作用的结论，并无丝毫夸张，因为你很难想象一种没有语言的知识生成是什么样子。

其三，语言作为一种载体，它是教育资料的第一个载体。教育资料必须以一定的形式存在，它离不开一定的承载物，而语言作为人类的第一个创造物，也是人类的第一个教育资料载体。而且，语言作为一种载体，它所承载的不仅仅是知识，而且还承载着思想，承载着文化，承载着情感，语言作为教育资料的载体，能够充分保证教育资料的丰富性存在。因此在这个意义上可以说，语言天然地是一种充当教育资料的最佳载体。

至此，我们已经完成了教育的简单要素（即教育者、受教者、教育媒介和教育资料）与语言关系的探讨。可以看出，教育简单要素的各个构成方面的出

① 齐梅. 2007. 教育学原理学科科学化问题研究. 北京：中国社会科学出版社，286.
② ［德］恩斯特·卡西尔. 2004. 人文科学的逻辑. 沉晖等译. 北京：中国人民大学出版社，53.

现，要么是以语言为标志，要么就是语言本身，要么生成于语言或其生成离不开语言。总之一句话，教育的简单要素起源于语言。

语言“创造了”教育的简单要素，但这只是提供了教育起源的可能性，教育要起源，还需要说明语言使教育起源的必然性。这就要求我们必须说明，语言能够使这些要素组合成为教育。这个问题实际上是个教育起源的需要问题或者动力问题，即教育要成为现实是因为某种需要在起作用。从教育简单要素到教育现实的实现，可能有多种需要，但语言是这些需要的第一种，且其他需要都要通过语言来实现，这样才能说明教育由要素进而转化为教育现实是语言在起作用，也才能最终证明教育起源于语言。

教育从要素到实现，从根本上说是由于人类的生存和发展的需要使然，因为人类要生存和发展就必须将积累的各种知识经验传递下去。但是“人类的生存和发展需要”正如“劳动”对人类一切事物起源的普遍性一样，它可以说成是任何人类社会事物如艺术、宗教等产生的动因，因此它不能作为教育产生的最直接动因的那种需要。

使教育由要素到教育实现的那种需要是一种直接动因的需要，这种需要的产生只能是语言。因为在语言出现、人类产生之时，人类就必须将自己的语言教给下一代，而下一代也必须且必然要学会使自己成为人的语言，才能不断地进一步地掌握、传递人类积累的知识经验并创造新的知识。从这个意义上可以说，“教语言的需要”是使教育的各个要素形成互动，并使教育得以成为现实的人类所面对的第一种需要（当然这并不是制度化的教育，制度化的教育是以后的事情）。事实上，语言作为人类的一种根本的存在方式，本身就是人之所以为人的第一种需要，人类必须学会这种使自己存在的方式，这是人类能够成其为自己的一种宿命式的需要。因此，可以说正是语言使教育的产生具有了必然性。

语言造就了教育的各个简单要素，使教育产生具有了可能；语言又是使教育各个简单要素实现为教育的第一个动因，最终完成了教育的实现。至此，我们完全有理由说，教育起源于语言。事实上，对于教育起源于语言的观点，我国教育学界前辈陈桂生先生在其《教育原理》一书中已经有了这样明确的表达：“在各种文化成分中，唯有作为人体延伸的语言——符号文化堪与物质生产中作为人体延伸的工具——机器体系相比，因而这种文化对教育活动的发生与发展最有决定意义。这种影响表现：语言符号的发生——非形式化教育的发生；文字符号的产生——形式化教育（特别是学校）的发生与发展。”[①] 陈先生不但明确指出了非形式化教育的发生与语言的发生同步，而且还特别提到了形式化教

① 陈桂生．1993．教育原理．上海：华东师范大学出版社，36.

育的发生与文字的产生同步，真正可谓灼见真知，只是陈先生对此未作详细论述，但正是陈先生的真知灼见给本书带来了巨大的启示，并坚定了本书对教育起源于语言观点进行论述的信念。

三、语言与教育走向的历史之链

> 过去的事情让它过去，不再是我们的事情了。如果过去的事情全都过去，一切完了，那么，对待过去只有一个合理的态度。让死亡埋葬它们的死者吧。但是，关于过去的知识是了解现在的钥匙。历史叙述过去，但是这个过去乃是现在的历史。[①]
>
> ——杜威

观看和考量一个人类社会事物过去的历史轨迹，其重要目的诚如列宁所说过的，是为了“正确处理这个问题”、“用科学眼光观察这个问题”[②]。自然，历史属于过去，但也属于今天，更是为了今天和明天，正如杜威所言，“这个过去乃是现在的历史”，过去正是现在的过去，现在是过去的延续存在以及即将到来的未来的过去。考察语言与教育关系的历史轨迹，其必然性和必要性也如列宁和杜威所论。

既然教育是一种语言存在，那么语言的状况如何将无疑会造成相应的教育如何之状况。纵观整个人类历史，用逻辑的目光去观看语言走过的历程，就会发现，在不同历史时期展现出的是不同特点的语言。首先“映入眼帘”的是具有淡淡文化乡愁意味的诗性语言，然后是充满工具理性的科学语言。这种划分没有严格的时间界限，大体上在近代自然科学出现之前，是诗性语言的存在为主流；近代自然科学兴起之后，科学语言取代诗性语言成为时代的强音。当然，这并不是说诗性语言时代就绝对没有科学语言的存在，也不是说科学语言的出现就意味着诗性语言的绝迹，这只是从相对意义而非绝对意义上对不同时代语言特质的强调，即强调的是不同时代占主导或主流地位的语言整体特质。

语言特质的转变必然影响到那个栖居于其中的教育状况的改变。诗性语言时代的教育充满了人文气息，教育的人文意蕴成为主导；科学语言时代的教育弥漫着科学精神，教育的科学意味大行其道。诗性语言和科学语言并不矛盾，

---

① [美] 杜威. 1990. 民主主义与教育. 王承绪译. 北京：人民教育出版社，227.

② 列宁曾经这样说过：“为了解决社会科学问题，为了真正获得正确处理这个问题的本领域不致纠缠在许多细节或各种争执意见上面，为了用科学眼光观察这个问题，最可靠、最必须、最重要的就是不要忘记基本的历史联系，要看某种现象在历史上怎样产生、在发展中经过哪些主要阶段，并根据它的这种发展去考察它现在是怎样的。”（参见《列宁全集》29 卷，340 页）

它们是语言特质的一体两面，语言的未来发展是充满诗性和科学的，是两者在更高层面的一种结合，教育也要走出科学语言宰制下的工具理性之弊，实现科学与人文的结合。

（一）文化乡愁：诗性语言与教育的人文意蕴

1. 诗性语言：古代语言的“品质”

诗性语言是与语言的诗性紧密联系的，但语言的诗性并不能等同于诗性语言。对于语言的诗性，张世英先生作了言简意赅的说明，张先生指出：“语言都有从说出来的东西暗示未说出来的东西的特点，这个特点就叫做语言的诗性，这就是说，语言一般皆有诗性。”[①] 可以看出，语言的诗性意味着语言所蕴含的丰富性，语言所包含的未说出来的东西越是丰富，语言的诗性便越是浓厚。诗性语言所指者，即有这样一部分语言，其所展现出的是语言的诗性特质。当一个时代的语言从整体上看，其诗性特质即语言的诗性处于主导状态下，即在一定的时代，绝大部分语言展现出的是语言的诗性，我们就可以将这个时代的语言概称为诗性语言。

需要指出的是，马大康先生在《诗性语言研究》一书中提出的对“诗性语言”的理解，他认为“人与语言的关系是多维度的，诗性语言则是人与语言处于诗意关系中的语言”。[②] 可以看出，马先生所理解的“诗性语言”并不是从语言本身的特质上来说的，而是从人与语言的关系的视角进行理解的，就是说诗性是一种关系的诗性，语言有没有诗性不取决于语言本身，而是取决于外在关系如何，这种理解与本书所论之“诗性语言”大相径庭。

就语言的整个发展史来看，在近代科学语言出现之前的整个古代，语言可以说就是一种诗性语言。古代的语言之所以是诗性语言，并非是出于偶然，它是对人类原初语言产生之时“天然”具有的诗性品质的承续和展开。事实上，语言从起源之始就具有“与生俱来”的诗性品质，我国有学者指出了这一点：“语言的最初产生都是人类诗性创造的产物，并因此而赋予人类最初的语言以诗性的品格。人类语言‘与生俱有’的这种诗性品格，在后世各民族语言的发展过程中始终或隐或现地存在着。”[③] 对于语言起源就具有的这种诗性品质，维柯从人类智慧和思维入手探索语言的起源时指出，语言的起源与原始人的诗性思维是同一的，原初的语言就是诗性语言。维柯写道：

---

① 张世英．2000．语言的诗性与诗的语言．中国人民大学学报，（1）：36．

② 马大康．2005．诗性语言研究．北京：中国社会科学出版社，16．

③ 张杰．2009．语言起源与语言的诗性．长江学术，（2）：68．

我们发现各种语言和文字的起源都有一个原则：原始的诸异教民族，由于一种已经证实过的本性上的必然，都是些用诗性文字（poetic characters）来说话的诗人。这个发现就是打开科学的万能钥匙，它几乎花费了我的全部文学生涯的坚持不懈的钻研，因为凭我们开化人的本性，我们近代人简直无法想象到，而且要费大力才能懂得这些原始人所具有的诗的本性。我们所说的'诗性'文字已被发现是某些想象的类型（imaginative genera），大部分是由他们的想象形成的生物、天神或英雄的形象，原始人类把同类中一切物种或特殊事例都转化成想象的类型，恰恰就像人的时代的一些寓言故事一样……这些想象的类型（寓言故事实质上就是些想象的类型）都是凭一些最活跃的想象而形成的。在推理能力最薄弱的人们那里我们才发现真正的诗性的词句。这种词句必须表达最强烈的热情，所以浑身具有崇高的风格，可引起惊奇感。[①]

维柯的上述论述展现出一系列与原始人类诗性思维相关的核心关键词，即"原始人所具有的诗的本性"、"想象"、"想象的类型"。这昭示的正是，维柯认为原始初民最初具有的建立在想象思维基础上的智慧形式，即"诗性的智慧"。在维柯看来，所谓诗性智慧就是指，原始人类凭借想象虚构来实现的对世界的认识和创造。由于原始人类所面对的，是一个他们还没有足够的推理能力进行抽象地理解和解释的充满惊奇的世界，他们认识周围世界所依凭的只是想象力。维柯认为，人类语言源出之时的诗性品质与原始人类想象思维的两个特征密不可分，即"以己度物"的隐喻和"想象性的类概念"。

就"以己度物"而言，原初人类刚刚摆脱野兽般的自由状态，这使他们总是以自己的感觉和情欲作为标准去衡量一切事物，"人心由于它的不确定性，每逢它堕入无知中，它就会对它所不认识的一切，把自己当做衡量宇宙的标准"[②]。这种"以己度物"的原初思维决定了原初语言首先是以隐喻的方式构成。维柯指出，原始语言最有魅力之处，就在于它从原始思维"以己度物"的心理中获得的隐喻性质，而这恰恰是诗性语言的词源所在。

就"想象性的类概念"而言，它也是构成诗性语言的源泉。维柯指出："人类心灵按本性就喜爱一致性"[③]，又由于原初人类还没有能力形成对事物的可理解的类概念，他们就"制造出某些范例或理想的画像（ideal portraits），于是把同类中一切和这些范例相似的个别具体人物都归纳到这种范例上去"[④]，这就是

① ［意］维柯．1986．新科学．朱光潜译．北京：人民文学出版社，28，29．

② ［意］维柯．1986．新科学．朱光潜译．北京：人民文学出版社，97．

③ ［意］维柯．1986．新科学．朱光潜译．北京：人民文学出版社，102．

④ ［意］维柯．1986．新科学．朱光潜译．北京：人民文学出版社，103．

想象的类概念，即用想象把自己的经验进行形象化的分类，把凡属于同一类的各种经验都归到范例或图像上。例如“勇敢”一类的东西就都可归于“阿喀琉斯”，“机智”一类的东西则可归于“奥德修斯”等，“即把各种不同的人物、事迹或事物总括在一个相当于一般概念的一个具体形象里去的表达方式”①。由于这种“类概念”完全是“想象”的产物，是一种形象的表达，它在根本意义上是诗的构成方式，这种方式下的语言就是诗性语言。

由维柯所论可以看出，诗性是人类语言的原初品格，人类语言从起源之始就理所当然地被赋予了诗性的品格，蕴含着诗性的智慧，饱含着诗化的深厚基因，闪烁着诗性的光彩。不过，维柯所论诗性语言，是建立在原始的朴素想象思维基础之上的，那是一种最为原初的诗性语言，人类不可能只停留在原始的想象思维之下，也不会停留在具有相当原始性质的诗性语言之上。

虽然如此，人类原初的诗性语言在整个人类的古代社会却得到了承继和展开，人类古代社会的语言依然是一种诗性语言，只是这诗性语言已不是原始诗性语言的简单面目，它是一种更成熟、更高形态的诗性语言。那么，古代社会诗性语言有何特质，就显得十分重要，因为古代社会的教育正是与这种语言特质相适应的教育，也正是古代语言的诗性品质，成就了古代社会区别于近现代社会教育的特质。

在人类摆脱原始状态进入古代社会之后，人类语言中那原初的诗性基因得到了完全展开，在近代科学语言出现之前，诗性语言几乎宰制了整个古代社会，诗性语言在古代社会得到了空前发展。不过从语言的整体发展史来看，古代诗性语言最典型的体现是中国古代语言，而近现代科学语言的最典型体现则是西方语言。因为随着人类进入古代社会，人类的语言也逐渐走向了概念化和逻辑化，而这种概念化和逻辑化的语言在西方体现得更为明显，在中国则并不明显，中国古代语言的发展甚至是走向了一条非逻辑化的方向，也就是说中国古代语言是一种典型的诗性语言。

当然，西方古代的概念化和逻辑化的语言，并不意味着西方古代就是科学语言。因为，一方面，西方古代语言的概念化、逻辑化只是一种外在的、经验的“自我意识”，还未真正进入到对“思想”反思的“自我意识”，其距离真正的思辨理性相去甚远，“诚然，希腊哲人们非常重视思辨，亚里士多德甚至把这种最高的思维方式看做是只有神配享有的至福，但实际上，对整个古希腊哲学来说，理论思维、概念推理在哲学反思中还没上升到主导地位”②。另一方面，

① ［意］维柯．1986．新科学．朱光潜译．北京：人民文学出版社，104.

② 苗力田．1989．古希腊哲学．北京：中国人民大学出版社，9.

语言的逻辑化、概念化并不意味着就是科学语言，虽然逻辑化和概念化是科学语言特征的体现，但是语言的认识功能，尤其是现代科学意义上对自然界的认识功能没有出现，西方的这种强调概念化和逻辑化语言的认识功能，多局限于人文社会科学领域，可以说这只是一种人文主义式的语言认识功能。从这个意义上看，西方古代语言虽然强调概念化和逻辑化，但是从本质上言，也是充满人文色彩的诗性语言品质。

由是，西方古代语言虽然也具有诗性语言品质，但却不够典型，而中国古代语言的诗性品质则极具典型，这是中西方语言学学者基本公认的事实。故这里就以中国古代诗性语言来说明古代诗性语言所呈现出的基本诗性特质。中国古代社会的诗性语言所呈现的最大特质，就是具有人文品质的丰厚内涵，主要体现在以下方面：

其一，约旨性。这是指用尽量少的语言表达尽量多的内涵，语言要含蓄不露，要言少意深，要具有较大的暗示的未说出的空间，正如《容斋随笔》中所言“语少意足，有无穷之味”，要以有限的言辞展示出无限的言外之意。

其二，不确定性。这是说对语言中的概念表述充满了模糊性，不强调对概念进行固定的、具体的界说，如老子《道德经》所说，“道可道，非常道；名可名，非常名。无名，天地之始；有名，万物之母”（第一章），“道隐无名”（第四十一章）。庄子《齐物论》中也说“夫道未始有封，言未始有常”，“是亦彼也，彼亦是也……是亦一无穷，非亦一无穷”，以及“夫言非吹也，言者有言，其所言者特未定也”。可以看出，古代人不愿意对概念或名词进行具体的解释和规定，不愿意将概念讲得太死、太确定，使其获得固定的概念内涵。

其三，隐喻性。这是强调语言以隐含而非表面的方式暗示某种意义，中国古代语言主要并不是为了对宇宙和自然作科学的解答和认识，而是想通过语言来表达对宇宙和人生的体悟，而隐喻恰恰能唤起人们对意义体悟的直觉。有学者甚至认为，中国古代语言是语言的非逻辑本性的体现，而这种非逻辑本性就是隐喻的表达方式。①

其四，弱规范性。这是说语言表述遵循的是一种“无法之法”的所谓的“非逻辑化规则”，逻辑推理形式在语言表述中运用较少，而更多的是借助于一种诗意的和审美的隐喻、象征、寓言等形式，其宗旨是为了使主体人的主观意向和意境得以实现，而并非为了从事于某种客体对象的语义上的陈述和论证。这种弱规范性能够最大限度地张扬语言的开放意义。

其五，创造性。诗性语言具有很强的创造力，能把科学所无法推出的理论、

① 吴疆．1993．反语言学，还是超语言学？——与邓晓芒先生商榷．中州学刊，(3)：59.

无法造出的事物给讲出来、造出来。诗性语言带有很大的空想成分，可以用空想虚构一个想象的世界，在这个现实中不存在的世界里，可以任由思维四处驰骋，自由发挥，进行自由创造。

虽然上述五个方面不能说绝对是古代诗性语言的全部特质，但这几方面却至少是主要和基本的特质，它们已经充分展示了古代语言所具有的诗性意蕴。

事实上，古代语言诗性意蕴的根源，除了原初诗性语言基因的潜在作用外，一个最重要的原因是，古代语言所强调的是与人的灵魂和生命密切的关联，甚至融为一身。它保持了语言本身与人生体验的丰富关系，哪怕是与自然界的关联，也是一种人的精神领会，而并非是对自然界的精确把握和改造，即它强调的是人在精神层面对自然界的体验和领悟。

这种诗性语言不是仅仅以思维为基础，它深深扎根于人的生命、人的魂灵的深层，是以人的辽阔的精神宇宙为根基。这种诗性语言强调的是，对人的精神和生命以及灵魂的贴近，正如有学者所指出："语言的诗意是一辽阔的精神宇宙，但不应是没有根柢的虚无缥渺之境，它本应植根于生命的深处，是深层欲望的升华，是心灵绽放的绚烂之花。只有当精神之境时时得到心灵的滋养，并始终牵扯、撩拨着生命的欲望，那时，当人们遨游于这精神的天宇时，也就同时返回到生命本身，返回灵魂深处，由此获得最深沉的心灵震撼。"①

2. 古代教育的人文意蕴

古代语言的诗性品质构成了古代诗性创造的根基，人们在古代诗性语言中给自身营造出一个充满诗性的存在之家，而这诗性语言和诗性之家所散发出的，是充满着浓郁乡愁气息的古典人文意味，这成为古代教育人文意蕴之人文性的基础与根源。诗性语言酿造出的是充溢着人文气息的诗性世界，教育处于这诗性世界之中，教育时刻与诗性语言纠缠在一起，这诗性语言和诗性世界造就的是散发着人文意蕴的教育。

1）人的存在与发展

伽达默尔曾指出，语言既是我们的世界经验，又是我们的世界存在。归根结底，语言是人存在的中心。诗性语言引导人对世界进行诗性的体验和领悟，这诗性的体验和领悟转而就成为人自己的世界和自身的存在状态。

一方面，人在诗性语言的引导下"观"世界而获得发展，不过，人观世界之"观"的活动有二，一是世界成为"观"的对象，从而构成关于世界的思想，

① 马大康．2005．重返大地的努力——诗性语言研究．温州师范学院学报（哲学社会科学版），（4）：4.

人在“观”中获得了知识和意义；二是思考人如何“观”世界，即关注的是人同被人“观”的世界是什么样的关系，是对人与世界关系的一种理解和协调，人在“观”中形成了世界观。

人在诗性语言中观世界，诗性语言的诗意引领，将使人自由展开自身的想象，从而对世界进行更为丰富的领略。诗性语言开显给人的是活生生的“事”和“物”，人就是在这充满诗意的与世界的联系中，拓展自我，丰富自我，成就自我的诗意的人生发展，“不学诗，无以言”，学“诗”之“思”，学“诗”之“言”，在这诗意的人生发展中，实现着人与人、人与自然的和谐关系，实现着对宇宙的现实本质与人的生命价值的终极追求，并在求真、向善与崇美的追求中实现着古典的诗意的人生。

另一方面，人不仅在教育的导引下于诗性语言中“观”世界，更为重要的是，人在观世界的同时，也在建构自我，这种自我建构是一种与诗性语言相匹配的人文精神的形成过程，教育教给人的是对人的存在的思考，是对人的价值、人的生存意义的关注，是对人类命运、人类痛苦与解脱的思考与探索。正是在这种教育中，人的内心世界得以丰富，人的精神世界得以蕴涵，人的人文智慧和精神气质得以形成。

2）教育理念

诗性语言所滋养出的是一种洋溢着人性之美，弥漫着人文气氛，注重人文精神培养的教育理念。

对于中西古代教育的基本理念，有学者提出了如下具有灼见的观点：“‘爱智慧’作为古希腊‘哲学’的本义实际上成为了其教育的起点和基本的价值取向。以孔子为代表的东方先哲对智慧之爱直接表现为对现实人生智慧之爱，‘仁者爱人’，‘爱人’便成为中国古典人文教育的出发点和基本价值取向。以‘爱人’和‘爱智慧’为起点而展开的中西古典人文教育表现了许多共通或共同的特征与教育精神。”①这爱人与爱智慧所体现的中西方共同的教育精神，就是一种人文教育精神。

在西方，古希腊的教育价值、目标、理想就在于，使人的本质规定和人的和谐发展得以实现，而这种人的本质规定的实现，就意味着成为智慧和道德的完善者。苏格拉底就认为，教育之目的并不在于通过认识自己而达到获得知识，而在于最终成为有智慧、有完善道德的人。古罗马继承了古希腊的人文教育理念，昆体良认为：“我们要造就完美的雄辩家，他必须是一个善良的人，否则就

① 刘铁芳 . 1998. 古典人文教育——教育的走向与现代教育的反思（上）. 教育理论与实践，（4）：5.

不能生存；因此，我们要求雄辩家不仅要有尽善尽美的语言表达能力，而且要有美好的心灵。”[1]中世纪虽然被称为是黑暗的世纪，但“尽管这样，当时人们的思想还不是绝望地淹没在黑暗之中。古代知识的光亮从来也没有泯灭，甚至一些最虔诚的教会著作家也承认古典文学的价值”[2]。作为“古代的光亮”的人文教育传统在中世纪依然闪光，尤其是中世纪出现的大学中所进行的人文教育，成为文艺复兴人文教育的滥觞。

在中国，古代教育的基本理念是以体认人的本性为基点，以人的自我完善为根本追求，其最大特点就是教会人如何做人，如陆九渊所言，“学者所以为学，学为人而已”。[3] 孔子的“仁学”思想，强调的就是如何作为一个人格全面和谐发展的人，“君子无终食之间违仁”（《论语·里仁》），“仁”为核心，还需要以“智”、“勇”为辅，“知、仁、勇三者，天下之达德也”（《中庸》）。将“仁”作为教育所要达到的最完美的人生境界，就要“立人”、“达人”和“爱人”，不仅要成就自己而且也要同时成就他人，成就整个社会的仁德。而要做到这一点，最为重要者，莫过于修身，“修身、齐家、治国、平天下”，修身是一切其他各项活动的始基和根本。然则何以修身？“在明明德，在亲民，在止于至善”。[4] 即是说道德完善才是修身之根本，学校教育就是要达到使人“成德”之目的，这也是我国整个古代社会教育的一以贯之的追求，正如有论者所言，中国古代教育“始终倾心于‘立德’与‘成德’，即引导人走向不断地自我完善和自我超越”[5]。这是一种以求善来塑造理想人格，注重道德完善和道德精神的人文主义教育理念。

3）教育内容

一方面人存在于诗性语言中，诗性语言本身就成为必须学习的内容；另一方面，由于诗性语言与人的精神和生命的贴近，由诗性语言孕育和滋养形成的其他教育内容也只是对人之精神的关注，充满了丰厚的人文精神。

中国古典教育以诗、书、礼、乐、易、春秋为主要内容。《史记·孔子世家》有云：“孔子以诗书礼乐教，弟子盖三千焉，身通六艺者七十有二人。[6]”孔

---

① ［美］E.P. 克伯雷．1991. 外国教育史料．华中师范大学教育系等译．武汉：华中师大出版社，43.

② ［美］爱德华·麦克诺尔·伯恩斯，菲利普·李·拉尔夫．1987. 世界文明史（第一卷）．罗经国等译．北京：商务印书馆，414.

③ 陆九渊．1980. 陆九渊集．北京：中华书局，470.

④ 乌恩溥．1990. 四书译注．长春：吉林文史出版社，2.

⑤ 胡发贵．2007.“立德”与“成德”——论中国古代教育的价值诉求．江苏大学学报（社会科学版），(4)：15.

⑥ 司马迁．2007. 史记·世家．于童蒙编译．北京：中国纺织出版社，275.

子所倡的“六经”教育，成为中国自汉代之后整个古代社会官学和私学的基本教育内容。而对这“六经”，《礼记·经解》曾引孔子语进行了释解：“温柔敦厚，《诗》教也；疏通知远，《书》教也；广博易良，《乐》教也；洁净精微，《易》教也；恭俭庄敬，《礼》教也；属辞比事，《春秋》教也。”“六经”教育内容虽各不相同，但由《礼记》之解释可以看出，这些内容都散发着浓郁的人文气息，体现出深厚的人文情性。而《庄子·天下篇》亦有云：“《诗》以道志，《书》以道事，《礼》以道行，《乐》以道和，《易》以道阴阳，《春秋》以道名分。”不管是“志”、“事”、“行”、“和”，还是“阴阳”、“名分”，都深契于人之性情之中，所实现者是一种完整的人文心性之发展。

最重要的是，中国古典教育对诗教、乐教的强调，更是体现出诗性语言那浓浓的诗情乐意。孔子那句“不学诗，无以言”（《论语·季氏》）之语，不经意间道出了诗与言本为一体的特性。且诗之教化功能异常强大，“诗可以兴，可以观，可以群，可以怨”（《论语·阳货》），由此孔子则提出“兴于诗，立于礼，成于乐”（《论语·泰伯》），诗成为教育之起点，成为其他教育之基础，正是“诗”以其巨大的魅力与精魂，孕育和陶冶了一代又一代中国人的人文性情。乐教使人生艺术化，融艺术于人生，人之精神境界能从乐教中得到根本的提升，荀子有言，“故乐行而志清，礼修而行成，耳目聪明，血气和平，移风易俗，天下皆宁，美善相乐”，“乐之入人也深，其化人也速”，“足以感动人之善心”，故“君子明乐，乃其德也”（《荀子·乐论》）。乐教之于人生之重要可见一斑。

西方古代教育内容是以“七艺”为基础。“七艺”起始于古希腊，亚里士多德将其概括为文法、修辞、辩证法、算术、几何、天文、音乐。“七艺”教育就其实质而言，展现出的是一种人文教育理想。研究算术，不仅仅是为了学会计算，也不仅仅是学会观察、思考数的性质，更为重要的是因为算数“具有一种力量能使我们心思向上”①，“唤起思考的能力，引导心思去面向本质与实在”②，“使心灵本身从变幻的世界趋向真理与实在”①，研究算数“可以改造和变化心灵”③，它“能够使我们的心意畅达”①；学习几何学并不是完全为了达到实用的目的，“在这件事上，凡稍具几何学知识的人不会否认这一科学的性质至少是和数学家所用的可笑的名词显然矛盾的。他们常常说到‘作法’，例如‘开方’、‘应用’、‘加’、‘减’等，仿佛目的是在做些什么”④，而是为了帮助灵魂与真理

---

① ［希腊］柏拉图．1958．柏拉图论教育．郑晓沧译．北京：人民教育出版社，33.
② ［希腊］柏拉图．1958．柏拉图论教育．郑晓沧译．北京：人民教育出版社，31.
③ ［希腊］柏拉图．1958．柏拉图论教育．郑晓沧译．北京：人民教育出版社，32.
④ ［希腊］柏拉图．1958．柏拉图论教育．郑晓沧译．北京：人民教育出版社，35.

更加接近，并激发哲学情绪，其目的是为了解“关于永恒存在的知识”，进而“掌握‘善’的本质的形式”①；学习天文学也不是为了纯粹的观察天象以达到实用的目的，而是为了使“心灵向上”；学习辩证法是为了“最后能用纯理性来掌握‘善’的本性”①。音乐教育是为了获得心灵的美善，使人形成高尚自由的灵魂，因为正如亚里士多德所说，“我们发现最接近真实事物的类似愤怒和优雅的，以及同样一般类似勇气和节制与灵魂的品质的，就是音乐的律动和旋律。事实证明了这一点，因为当我们留神听它们的时候，我们就改变了灵魂”②，音乐的节奏及和声最能深入人心，留下深刻的影响，带来优美的一切，“音乐确能改变灵魂的品质”②。文法和修辞直接关乎语言的运用，语言的完美运用是人性的典型体现，自不待多言。总的来说，西方古典教育内容从其追求来看，是以人性的丰富与圆满作为根本指向，以人性之完美和谐发展为根本鹄的。

4）教育理论文本

教育理论文本的构成就是诗性语言的展现，教育理论家们用诗性的语言展现教育那诗性的气质和境界。值得注意的是，古代教育理论文本的诗性气质所形成的人文气息浓厚的教育表达方式，一直对19世纪赫尔巴特《普通教育学》出版之前的教育理论表达产生了深刻的影响，那古代的人文基因在近代学科教育学出现之前的教育文本中，得到了空前的展现和发扬。从这个意义上讲，虽已经是近代，但它仍属于古代，正如拉康所言：“历史并不是过去。就它被历史化在当下而言，历史才是过去——而正是因为它是在过去度过的，它才被历史化为当下。”③ 由此，本部分之述说并不仅局限于古代，也包括了教育学学科化之前的教育文本。

在中西方，古代第一批经典教育思想论著都采用的是话语言说这一生动活泼的语体，代表者如柏拉图的《理想国》和孔子的《论语》。下面分别节选此两著作之片段，以更形象地展示话语言说式语言的人文之美。首先是《理想国》，其中采用的是对话方式，这是关于体育的一段对话：

格：除了音乐以外，青年人必须进行体育的锻炼，不是吗？

苏：当然。我不相信一个强健的身体因为身体强健即可使心灵美好；反过来说，一个美好的心灵由于它的性能，能使身体臻于它所能达到的程度。你的意见怎样？

格：我也是那么想法。

① ［希腊］柏拉图．1958．柏拉图论教育．郑晓沧译．北京：人民教育出版社，35．

② ［英］博伊德，金．1985．西方教育史．任宝祥等译．北京：人民教育出版社，38．

③ 黄作．2005．不思之说——拉康主体理论研究．北京：人民出版社，44．

苏：所以假如我们给予心灵以足够的训练，让心思去注意摄护身体的细节，对于这件事只是指示一些规矩准绳，不再细述，我们似乎做得对的？

格：完全对。①

孔子的《论语》，则兼及语录和对话的方式，譬如：

子曰："君子不重则不威，学则不固。主忠信。无友不如己者。过则无惮改。"②（《论语·学而篇第一》）

子贡曰："贫而无谄，富而无骄，何如？"子曰："可也，未若贫而乐，富而好礼者也。"子贡曰："《诗》云：'如切如磋，如琢如磨。'其斯之谓与？"子曰："赐也，始可与言《诗》已矣，告诸往而知来者。"③（《论语·学而篇第一》）

可以看出，这种表达教育思想的语言是那么的鲜活、生动、活泼，在文字中作者那栩栩如生的形象跃然纸上，让人不时能感受到作者那充满喜怒哀乐的性情。在柏拉图之后的西方中世纪，以及中国孔子之后的整个古代社会，教育思想语言方式继承了他们的人文主义传统方式。

此后中国古代的教育文本多采用具有很强散文性质的议论语言，像韩愈的《师说》，王安石的《伤仲永》，朱熹关于读书的论述等。下以王守仁论儿童教育的教育思想论述《训蒙大意示教读刘伯颂等》为例，节选一段如下：

古之教者，教以人伦。后世记诵词章之习起，而先王之教亡。今教童子，惟当以孝弟忠信、礼义廉耻为专务；其栽培涵养之方，则宜诱之歌诗，以发其志意；导之习礼，以肃其威仪；讽之读书，以开其知觉。今人往往以歌诗习礼为不切时务，此皆末俗庸鄙之见，乌足以知古人立教之意哉！

大抵童子之情，乐嬉游而惮拘捡，如草木之始萌芽，舒畅之则条达，摧挠之则衰痿。今教童子，必使其趋向鼓舞，中心喜悦，则其进自不能已。譬之时雨春风，霑被卉木，莫不萌动发越，自然日长月化；若冰霜剥落，则生意萧索，日就枯槁矣。④

在西方中世纪的教育理论文本，则广泛采用各种人文性语言的文体。有充满浓厚宗教色彩的自传性散文语言，如奥古斯丁的《忏悔录》，节选其卷一第八章"牙牙学语"一段如下：

可是，当时大人们并没有像不久的将来，在我学习字母时，那样有系统地

---

① ［希腊］柏拉图．1958. 柏拉图论教育．郑晓沧译．北京：人民教育出版社，9.

② 徐志刚．1997. 论语通译．北京：人民文学出版社，4.

③ 徐志刚．1997. 论语通译．北京：人民文学出版社，8.

④ 周国光．1981. 中国古代教育论著选择．贵阳：贵州人民出版社，112.

教我学习。我的天主，我是靠你给我的理智，自己去学的。为表示我的内情，为使人顺从我的意志，我或嗟叹、或作不同的呐喊。我无法使人了解我的意思，又无法使人接受我的意志。我开始明了，也觉得：人家既在一定的字音之下，指点一定的东西；那么，这些字音当就是那些东西的名称。我看对我讲话的人的各种姿势，我懂得他要说的东西。实在，面容的变化，眼睛的顾盼，肢体的动静，声调的高低，不是一种自然的世界语吗？心灵上希求希有、希去希避的情绪，它都能反射出来。这些字音，在各种谈话内听惯之后，我就晓得它们所指的事物。从此，我就鼓起口舌，运用它们来发表我的意见。①

还有散文化语言的论述文章，如16世纪西班牙教育学者维夫斯的《论教育》，节选一段关于学校校址选择的论述文字如下：

首先必须说一下校址，因为这通常是设立学校时首先要考虑的。应该非常注意，空气应有益于健康，使学生不致因害怕疫病而不得不从那儿逃走。所以埃列斯的哲学家阿利克斯努斯在一个有害健康，缺乏很多需要应用的东西的地方教书，他的所有学生都离开了他。事情的确是那样，虽然大家都非常称赞他并且接受他的教导。但是，我也不愿选择一个绿叶青葱或者舒适愉快的地方，这种地方往往会引诱学生去做冒险的举动，除非偶尔他们的注意力集中在讨人喜欢的学问，例如诗歌、音乐和历史上。我认为柏拉图就是为他在雅典郊区的那所学院选择了这样不健康的风土。但是，如果他有意地以不健康为目的，他就很难使我合意于他的计划。②

还有用纯粹的散文语言进行教育思想表达的，如蒙田的《论习惯——一个不易改变的成规》、《论儿童的教育》、《论说谎者》等。下选取其《论儿童的教育》中一段如下：

在别人的身上谴责我自己的错误，我认为和在我自己身上谴责别人的错误（我经常这样做）是同样被许可的。错误应该到处被谴责，使它们无藏身之地。但是我很知道这是一件十分大胆的事，要我总是敢于把自己和被我所偷窃的作家等量齐观，携手并进，而不沉溺于大胆的希望，也许我能蒙蔽法官的眼睛，使偷窃不被察觉。但是，这全是为了我自己应有的好处，也是为了我的发明和力量。我并不激烈地和那些老战士对抗，不和他们进行肉搏的战斗；我只是运用手法、优势和佯攻与他们交锋，如果可以做到，我就使他们吃个败仗。我并

① ［古罗马］奥古斯丁．2000．忏悔录．应枫译．长春：时代文艺出版社，9.
② 吴元训．1989．中世纪教育文选．北京：人民教育出版社，259，260.

不轻率地全力攻击，我只是和他们接触一下，做做样子，但从不狠狠地打。[①]

上述中西教育思想散文化的语言表达，可以说是古代教育理论人文化的重要方面。除此之外，尚有其他充溢着人文情调的语言表达，在西方有一种最为突出的表述教育思想的传统语言方式，即教育小说，这方面比较著名的作品有拉伯雷的《巨人传》，卢梭的《爱弥儿》，裴斯泰洛齐的《林哈德与葛笃德》等。

总之，在中西方古代社会，诗性语言所孕育出的是充满人文意蕴的教育。诗性语言所孕育出的是充盈着浓郁人文气息的世界，锻造的是一段丰厚人文负载的历史，饱含的是人文的价值和意义。教育在将这诗性语言蕴涵的“人文一切”内化为人的人格、气质、修养之时，也给自己烙上了挥之不去的深深的人文印痕。诗性语言本身就是一种充满浪漫气息的人文语言，它所造就的教育思想文本，洋溢着浓郁的生命气息，充满了炽热的人文情感，书写着教育思想家们个性鲜明的浪漫人文情怀，散发着浓浓的人文清香，带给人们的是无限的遐想和具有永恒价值的启示。

（二）工具理性：科学语言与教育的科学意味

海森堡曾说：“在科学知识的增长中，语言也增长了。”[②] 不管海森堡的“语言也增长了”的真实意指是什么，事实上，科学语言确实是随着近代自然科学的发展而逐渐走向“统治”地位的。语言的诗性逐渐消散，语言的科学性渐次增强，科学语言宰制了语言，从而语言所透露出的是一种刻板的工具理性。

1. 科学语言：近代语言的“性格”

什么是科学语言？对这个问题的认识并不是想象中如“科学”一词所具有的真理性那样具有某种一致性的观点，“科学语言指对科学思想、理论、知识等进行表述、加工、交流、记录时，所使用的手段、工具、载体的总称”[③]；“科学语言是科学活动主体在科学认识活动过程中创造、引进并加以使用的、作为科学知识的存在形式出现的语言”[④]；“科学语言是以语词概念为基本砖块，以特定的语法、逻辑和数学规则建构的描述和说明科学理论的符号系统”[⑤]；“科学语言是科学认识主体用以描述、记录科学认识活动所获取的理论性成果的信息载体，

① 吴元训．1989. 中世纪教育文选．北京：人民教育出版社，414.

② ［德］海森堡．1981. 物理学与哲学．范岱年译．北京：商务印书馆，113.

③ 殷杰．2007. 科学语言的形成、特征和意义．自然辩证法研究，（2）：13.

④ 刘志学．1991. 科学语言的意义与指称——兼评西方科学哲学中的意义理论．哲学研究，（11）：69.

⑤ 李醒民．2006. 论科学语言．北京行政学院学报，（2）：78.

它以概念、判断及推理规则等指号形态为存在方式”①；“科学语言是人们依据观测和逻辑推理从而发现世界中的各种特殊事实，并由此而寻找到它们之间的联系及规律的陈述中所使用的语言”②。

上述有关科学语言概念的界定，只是众多科学语言概念理解的一部分，但从这一部分中已看出各种观点存在的差异。不过，在这些差异背后却隐藏着一个共同点，即都把语言作为一种表述和记载科学的工具来看待。因此，这些有关“科学语言”的理解，实际上采取的是把“科学”与“语言”并列看待，并把语言看做是科学使用意义上的语言，在这个意义上的科学语言实质上就是科学自身，即科学用以展现自己的载体，表面上说的是语言，实则说的是科学，这与本书对科学语言的理解大相径庭。关于这一点，本书所赞同的是利科的说法，利科指出：“在谈到科学语言时，我们所谈的不是科学自身，把它当成是谈论科学自身将是很可笑的。”③

本书所理解的科学语言是从语言的科学性上谈的，就语言本身谈语言，不是科学表述和记载工具意义上的语言。本书认为，科学性是语言固有的属性，这种属性只是由于近代自然科学的兴盛而大为彰显。而且这里科学语言是与诗性语言相对而论的，是与语言的诗性相对的语言的科学性。故而，如果说诗性语言意味着语言蕴含的丰富性，那么科学语言就意味着语言内涵的精确性；如果说诗性语言意味着从说出来的东西暗示未说出来的东西，那么科学语言就意味着那说出来的就是这个东西本身。

由此，科学语言所指者，即是说有这样一部分语言，其所展现出的是语言的科学性特质。当一个时代的语言从整体上看其科学性特质即语言的科学性处于主导状态下，即在一定的时代，语言的科学性成为这个时代的主导之时，我们就可以将这个时代的语言概称为科学语言。

科学语言之所以成为近代以来语言的主导并不是偶然的，它与近代自然科学的兴起并逐渐渗透到人类的各个领域，从而自然科学的力量逐渐演变成一种在各个领域具有统治性的科学主义观念有关。

欧洲文艺复兴之后，自然科学获得了长足发展，先是万有引力定律的发现，解析几何、对数以及微积分的发现等；然后是细胞学说的建立，生物进化论的提出，光波理论和电动力学的建立，能量守恒和转化定律的发现等；后来又有狭义相对论的诞生，伦琴射线和 X 射线的发现，量子力学的建立等。自然科学

---

① 张大松．1991．论科学语言的意义域．华中师范大学学报（哲社版），(3)：7．

② 魏博辉．2007．论科学语言与哲学语言的关联与差异．湘潭大学学报（哲学社会科学版），(1)：139．

③ ［法］利科．1989．言语的力量：科学与诗歌．北京：中国社会科学出版社，296．

的发展带来的是令人震惊的巨大生产力，正如马克思在《共产党宣言》中所言："资产阶级在它的不到一百年的阶级统治中所创造的生产力，比过去一切时代创造的全部生产力还要多，还要大。自然力的征服，机器的采用，化学在工业和农业中的应用，轮船的行驶，铁路的通行，电报的使用，整个大陆的开垦，河川的通航，仿佛用法术从地下呼唤出来的大量人口——过去哪一个世纪料想到在社会劳动里蕴藏有这样的生产力呢?"[①] 这巨大的生产力带来的是人们对科学的顶礼膜拜，科学的巨大成就彻底膨胀了人们对科学的欲望。

于是，科学的一切，如科学思想、观念、信念等就成为裁判一切的根据、尺度和标准，科学俨然成为了"一种人生观，一种放之四海而皆准的普遍规则，继而成为一种信仰"[②]。这一点笛卡尔曾有过这样的认识[③]：科学是唯一的知识、永恒的真理。伦理的、美学的和神学的思想都将被科学的进步所排除；科学知识的确定性在于它以主体中的明白清晰的观念为基础；这是知识的阿基米德点；自然科学之所以是客观实在的正确表象，是由于科学方法的应用。它成了一切知识的标准和范例；当一切知识都成为科学知识之日，就是一切人生问题（包括伦理道德问题）都得到解答之时；所以科学是文化中最有价值的部分。

科学的力量是如此之大，以至于其他的任何领域再也无法摆脱其渗透和影响，列宁曾指出了自然科学对社会科学的影响："从自然科学奔向社会科学的强大潮流，不仅在配第时代存在，在马克思时代也是存在的。在二十世纪，这个潮流是同样强大，甚至可说更加强大了。"[④] 事实上，不仅如列宁所言，自然科学奔向了社会科学，它还奔向了语言，"人们就想把科学语言（这里指的是纯粹自然科学本身所使用的语言，本书作者注）的实用规则——如定义、衡量、逻辑-数学的符号体系以及公理化——扩展到整个语言"[⑤]，但自然科学及其语言的精神，确实导致了那潜藏的语言的科学性力量以前所未有的形态展现出来，表现出了非凡的力量，锻造了一个科学语言统治的时代。

科学语言时代是语言科学性彰显的时代，这个时代的语言呈现出以下重要特征：

其一，确定性。科学语言要求语言所代表的意义必须具有相当的确定性，也就是说，科学语言要求语言的表述具有一定的精确性和准确性。对此，休维尔（W. Whewell）曾经这样说过："当我们的知识成为完全精确和纯粹理性之

---

① ［德］马克思．1995. 马克思恩格斯选集．北京：人民出版社，277.

② 林杰．1999. 科学教育与科学主义教育．有色金属高教研究，(6)：16.

③ 江天骥．1996. 科学主义和人本主义的关系问题．哲学研究，(11)：51.

④ ［苏联］列宁．1959. 列宁全集（第20卷）．北京：人民出版社，189.

⑤ ［法］利科 1989. 言语的力量：科学与诗歌．北京：中国社会科学出版社，297.

后，语言的精确性和理性也就会成为我们的要求；模糊、想象、不完整和冗余等诸如此类的东西将会被我们排除掉；每一个术语所传达的应是一种稳定不变和严格限制的意义。这就是科学语言。”① 确实如此，科学语言要求作为最基本语言单位的概念内涵要明确，词语和语句要有明确的内容和意义所指，要可靠、真实和准确。

其二，抽象性。所谓抽象性是说，要求语言要从同类事物和现象中抽取其共同的和主要的方面，除去其现象和次要方面，这实际上是一个概念化的过程。即科学语言表达的是人们的理性认识，可以说是一种理性认识语言，它所要排除的是感性的直觉体验。总之，科学语言表达是对事物和现象的一种抽象概括性认识，它不是情感的直接抒发或流露，也不是思想的直抒或直白，它不同于由感性直观所形成的感受、感触、感情等主观情意倾向的语言。

其三，逻辑性。科学语言要求语言符合逻辑理性要求，对此瑞恰兹曾指出：“在语言的科学用法中，不仅指称必须正确才能获得成功，而且指称相互之间的联系和关系也必须属于我们称之为合乎逻辑的那一类……但是就感情目的而论，逻辑的安排就不是必要的了。”② 科学语言不是富于联想情感态度式的语言，而是逻辑理性通过分析和综合、抽象和具体、归纳和演绎、历史和逻辑等逻辑思维过程而展示出的语言，是具有强大逻辑理性的语言。

其四，思辨性。科学语言不是形象的表达，恰恰相反，它彰显出的是一种思辨性，这一点正如克罗齐所言：“语言有两个要素，音乐的和逻辑的；诗人应使用前者并迫使后者引出个体性的形象来。说实在的，和纯科学相比，正像和个体性的形象相比一样，语言乃是某种无理性的东西。思辨和诗尽管都使用语言，但两者的倾向是对立的：前者企图使语言靠近数学定理，后者却靠近形象。”③科学语言强调的是概念、命题和推理所形成的逻辑思辨，它与强调感觉形象的“图画式”语言大相径庭。

总之，科学语言不是表达科学的语言，即语言不是作为科学载体意义上的语言，它是语言的科学性，是语言固有的属性，语言的这种固有属性自语言产生之时就已经存在，而这种属性在古代体现在科学在古代产生之时本身就是一种语言现象，这正如有学者所指出的那样：“科学在古希腊产生时，一个重要特征在于它是一种语言现象，并以强烈的语言意识为支柱。”④ 当然，古代不是科

① Theodore Savory. 1953. The Language of Science. Lodon：Andre Deutsch，97.

② ［英］艾·阿·瑞恰兹 . 1992. 文学批评原理 . 杨自伍译 . 南昌：百花洲文艺出版社，243，244.

③ ［意］贝尼季托·克罗齐 . 1984. 作为表现的科学和一般语言学的美学的历史 . 王天清译 . 北京：中国社会科学出版社，162.

④ 周昌忠 . 1990. 科学的语言哲学 . 自然辩证法通讯，(2)：1.

学的天下，诗性语言居于统治地位。不过到了近代，随着自然科学的巨大发展，情形发生了巨大变化，语言的科学性被彻底“引爆”，出现了科学语言宰制的状况。科学语言最主要的基本特质，可以概括为确定性、抽象性、逻辑性和思辨性四个方面，这四方面充分展现了语言的科学属性。

2. 教育的科学意味

科学语言的崛起并在教育领域内的渗透引起了教育的变革，教育的人文意蕴随着科学语言时代的到来也被一种充满着科学意味的教育所取代。这体现在以下方面。

1）教育与人的发展

科学语言占主导时代的来临，使人看世界的方式发生了改变，科学语言世界呈现给人的，是不同于诗性语言时代的另一幅图景，人在教育引领下的发展也因科学语言的统治而发生了“翻天覆地”的变化。

科学语言向教育和人开显出来的是一个韦伯所谓的科学式的“世界的祛魅”和“铁笼”般的世界。“世界的祛魅”（the disenchantment of the world）是出自席勒诗句中的一个短语，其原意是指自然的非神性化，在韦伯那里，“世界的祛魅”意味着“把魔力从世界中排除出去”①，“使世界理性化，摈除作为达到拯救的手法的魔力”②。而韦伯之后，“世界的祛魅”则成为一种将价值理性从世界中排除出去的指代：“这个趋势包含了用合理性的东西把合法行为的感情和传统的模式作为社会所不能接受的东西而从生活中加以取代的过程。其结果是，世界失去了原有的风味，与生俱来的慈爱之心，华丽多姿、光荣尊严的传统方式，都被禁止了。理性用手术室中无影灯一样的光线照亮了隐蔽在诗歌、信念和神话之后存在的一切事物。”③ 被科学祛魅了的世界是一个物的世界、一个物的所在，价值和意义已不再与世界相关，世界的诗意开始隐退，教育就是在科学语言祛魅的世界中促进人的发展，这是一个理性化和理智化的世界，这更是一个任何事物都可以“计算”的世界，“只要人们想知道，他任何时候都能够知道；从原则上说，再也没有什么神秘莫测、无法计算的力量在起作用，人们可以通过计算掌握一切。而这就意味着为世界祛魅”。教育就是在科学语言“造就”的这个世界中促进人去了解这个世界、把握这个世界、最终发展和成长为这个世

---

① ［德］马克斯·韦伯．1987．新教伦理与资本主义精神．于晓、陈维纲等译．北京：生活·读书·新知三联书店，79．

② ［德］马克斯·韦伯．1987．新教伦理与资本主义精神．于晓、陈维纲等译．北京：生活·读书·新知三联书店，89．

③ ［英］唐·麦克雷．1988．世界热潮的中心人物．赵立航译．长沙：湖南人民出版社，109．

界所需要的人。教育促进人的如此这般发展，已成为科学语言时代的一种命运，这正如韦伯在《新教伦理与资本主义精神》中所谓的“铁笼”：“对于外在物的关心应当‘像一件轻轻披在圣者肩上的薄外衣，可以随时扔到一边’。可是命运的裁决却使那件轻裘变成了铁笼。”①

在科学语言所营造的铁笼中，人的发展所需要和获得的已不是故园的温馨、诗意的想象，而是对世界的改造和征服世界的力量；人在语言中获得的已不是浪漫的激情、诗性的智慧，而是对世界的准确把握；人在语言中获得的已不是价值理性、信念伦理，而是一种现实的功利。

2）教育理念

科学语言所孕育出的是一种强调理性精神、实用主义的功利性教育理念。科学语言是一种理性化语言，它所孕育出的人类精神生活形式就是理性，从而科学语言统治的时代就必然成为理性精神高扬的时代，再从而这个时代的教育就必然成为一种注重人的理性意识、理性能力和理性观念的充满理性精神的教育。

康德认为，教育就在于教会人们进行理性思考，康德的三大批判尤其是《纯粹理性批判》，就不仅是哲学而更是具有教育的意义，“康德的《纯粹理性批判》对教育影响的核心就是弘扬人的理性精神，要把理性不仅看做是人的认识的最高境界，也要看做是教育的核心目标”②。黑格尔认为，教育就是要培养具有普遍理性的人，“教育是这样一个过程，通过它，反复无常的任性的欲望被理性思维所克服，理性思维成为习惯，由此，个体发现他真正的自由与同一性”③，“教育是把特殊性提高到普遍性。在教育中，情感、需求、欲望全都静而不躁，普遍性的理智控制了整个局面。通过教育，最完满的普遍性就获得了”④。康德和黑格尔之后，费希特、裴斯泰洛齐、赫尔巴特、皮亚杰、巴格莱、布鲁纳等，都从不同的视域对理性主义教育理念进行倡导。理性教育理念颂扬人的理性，推崇人的理性的价值，漠视人的情感和精神价值，认为只有理性才能达到获取所需，达成欲望的目的，故从本质上说，理性主义教育就是一种功利性教育。

科学语言不但孕育出理性精神的教育，科学语言还塑造了实用主义教育精神，因为科学语言所负载的不是价值、历史、意义等形而上的追求，科学语言所寻求的也不是人的心魄的照料，而是世俗、利益和效用等形而下的追求，是一种实用功利的价值理念。

---

① ［德］马克斯·韦伯．2002．新教伦理与资本主义精神．彭强、黄晓京等译．西安：陕西师范大学出版社，175．

② 于伟．2006．现代性与教育．北京：北京师范大学出版社，56．

③ 夏正江．2001．教育理论哲学基础的反思——关于“人”的问题．上海：上海教育出版社，105．

④ 侯成亚等．2000．张颐论黑格尔．成都：四川大学出版社，27，28．

这种实用功利教育理念成为科学语言时代众多教育家的追求，英国的洛克主张教育要注重实际效用，洛克认为："权力和财富，甚至德行本身，其所以被人爱重，也都是因为它们能够增进我们的幸福之故"[①]，并进一步指出："在全部教育上面，大部分的时间与努力应该花在日后在青年人的日常生活里面最有结果、最常利用的事情上面"[②]；斯宾塞坚决反对教育把虚饰的知识放在首位，而强烈要求教育要重视对个人完满生活有益的实用功利性知识的价值，他指出："怎样运用我们的一切能力使对己对人最为有益，怎样去完满地生活？这个即是我们需要学的大事，当然也就是教育中应当教的大事。为我们的完满生活作准备是教育应尽的职责；而评判一门教学科目的唯一合理办法就是看它对这个职责尽到什么程度。"[③]

杜威的实用主义教育更是强调教育对社会个人的有用性，这从杜威对当时美国教育功利性不足的批评中可见一斑，杜威指出："不久以前，学校教育还只能满足一种人的需要，就是那些为知识本身而求知识的人，如教师、学者和研究工作者。用双手做工的人也必须进行训练的思想，现在还是很新颖。在学校中刚刚开始承认掌握生活上物质方面的事物也是知识。不过几年前，学校还把数量最多、全世界都靠着他们供给必需品的一种人忽略了……假如学校要承认各阶级学生的需要，给学生一种训练，保证使他们成为有成就的、有用的公民，那就一定要给他们一种工作，这工作不但可以使他们体格健全，道德完善，对于国家和他们的邻居有正确的态度，而且可以使他们能充分地制驭物质环境，在经济上有独立的能力。对于各种专门职业的准备，向来是关心到的；可是我们看到，对于产业工人的将来，恰恰是忽略了。现代工业因为各种科学发明而日趋复杂，渴望真正成功的工人，必须要有一种普通教育的良好基础，在这个基础上培养他的专门技能。"[④] 总的来说，实用主义教育理念关注科学的实用价值，力倡教育对人和社会幸福的效用，它和理性主义一样是一种功利主义教育。

3）教育内容

科学语言所"编织"的教育内容具有科学性的知识，科学性知识是一种强调理性、真理和功用性的知识，它以自然科学知识为中心，涉及各种对人和社会的发展有用的知识，总之，对科学性知识学习的强调成为科学语言时代教育的根本诉求。

被马克思和恩格斯在《神圣家族》一书中誉为"英国唯物主义和整个现代

---

① ［英］约翰·洛克.1957.教育漫话.傅任敢译.北京：人民教育出版社，127，128

② ［英］约翰·洛克.1957.教育漫话.傅任敢译.北京：人民教育出版社，180.

③ ［英］赫·斯宾塞.1962.教育论.胡毅译.北京：人民教育出版社，7.

④ 张人杰.1989.国外教育社会学基本文选.上海：华东师范大学出版社，172，173.

实验科学的真正始祖”的弗兰西斯·培根推崇科学知识的学习，并发出了“知识就是力量”的时代最强音。培根的呼声在夸美纽斯的教育内容观中得到了初步体现，他排列出了儿童应学习的具体内容：“①自然事物，知道元素的名称——火、风……②属于光学的……③在天文学方面……④在地理学方面……⑤……年代学……⑥历史学的开始……⑦家务……⑧在政治学方面……”[①] 赫尔巴特的主知主义所强调的也是以科学性知识为主要的教育内容，他根据人的六种兴趣提出的教育内容，就是这种主张的反映，即经验的兴趣：自然、地理、物理、化学等科与之相适应；同情的兴趣：古典的和现代的外国语与之相适应；思辨的兴趣：语法、数学、伦理等科与之相适应；社会的兴趣：政治、历史、法律等科与之相适应；审美的兴趣：文学、唱歌、图画等科与之相适应；宗教的兴趣：神学与之相适应。

英国教育家斯宾塞则明确提出科学性知识作为教育内容的重要性，他指出：“什么知识最有价值，一致的答案就是科学。这是从所有各方面得来的结论。为了直接保全自己或是维护生命和健康，最重要的知识是科学。为了那个叫作谋生的间接保全自己，有最大价值的知识是科学。为了正当地完成父母的职责，正确指导的是科学。为了解释过去和现在的国家生活，使每个公民能合理地调节他的行为所必需的不可缺少的钥匙是科学。同样，为了各种艺术的完美创作和最高欣赏所需要的准备也是科学。而为了智慧、道德、宗教训练的目的，最有效的学习还是科学。”[②] 几个“最”字，以绝对的口吻把科学性知识作为教育内容抬高到了无以复加的地位。为此斯宾塞指明了普通学校的教育内容，这包括算数、几何、物理学、化学、机械学、天文学、生物学、地质学和社会学等科目。当然，斯宾塞的科学并非绝对就是自然科学知识，他还主张必须学习文学和美术、绘画、音乐等科目，以满足爱好和情感需要。

布鲁纳以结构主义教育内容思想，阐述了科学性知识学习的重要性，正如我国有学者所言：“布鲁纳的结构原理让我们更直接地看到科学主义在课程上的作用，看到课程结构主义中科学主义的实质性影响。”[③] 在布鲁纳看来，学科结构和知识结构是要学习的核心内容，应当使结构“成为教学的中心”，“不论我们选择什么学科，务必使学生理解该学科的基本结构”[④]。而学科结构所指的就是学科的基本概念、基本原理及其关系，布鲁纳进一步指出：“一门学科的课程应该决定于对能达到的，给那门学科以结构的根本原理的最基本的理解。教专

---

① [捷克] 夸美纽斯.1994.母育学校//任中印.世界教育名著通览.武汉：湖北教育出版社，300.
② [英] 斯宾塞.1995.斯宾塞教育论著选.胡毅，王承绪译.北京：人民教育出版社，91.
③ 张楚廷.2003.课程与教学哲学.北京：人民教育出版社，163.
④ [美] 布鲁纳.1982.教育过程.邵瑞珍译.北京：文化教育出版社，47.

门的课程或技能而没有把它们在知识领域更广博的基本结构中的脉络弄清楚，这在深远的意义上说，是不经济的。”可以看出，布鲁纳的结构本身就是一种科学的表述，而结构课程教育内容的观点从实质上说就是一种科学主义。

总之，科学语言时代，是科学性知识大行其道的时代，虽然对科学性知识成为教育内容的具体主张因人而异，但他们在科学性知识成为教育内容方面是共同的。

4）教育理论文本

科学语言塑造的时代是一切学科都竞相以科学为参照来使自己合理与合法化的时代，教育理论的合理与合法化问题也未能幸免地被提了出来，这就出现了使教育学走向科学化之路的努力。教育学科学化的努力引发了教育理论文本语言的科学化，这种语言的科学化有两种不同的路径：一是理性演绎的科学语言体系，以赫尔巴特为代表；二是归纳性的科学语言体系，以梅伊曼和拉伊为代表。

被誉为“科学教育学的奠基人”的赫尔巴特，是教育学科学化努力的先行者，他的《普通教育学》被认为是教育史上第一部真正具有科学体系的教育学著作。对此，德国教育史学者包尔生指出：“在很长的时期里，人们便把‘赫尔巴特理论’和‘科学教育理论’作为同义词。”① 我国学者陈桂生先生谈到《普通教育学》的科学性时，也认为：“所谓‘普通教育学’，非指‘普通教育’之学，实系‘一般教育学’，具有普遍妥当性（适用性）的教育学，即教育的‘一般规律’之学，也就是所谓‘科学的教育学’，或‘教育科学’。赫尔巴特尝试以‘实践哲学’与心理学为理论基础，构建‘一般教育学’。”② 事实上，赫尔巴特追求教育学科学化是一种超越经验和玄思水平的、借助理性演绎而形成的科学教育知识体系。这是一种以基本的概念和范畴为出发点，并以相关科学为基础，运用理性逻辑的力量而建构的一个理想的教育科学知识系统。赫尔巴特这种以概念分析、严格的逻辑论证和对教育知识系统性为追求的教育学科学化理论体系，所展现出的是一种意义精确、措辞严格、逻辑严密的语言体系，是一种以基本概念的清晰、准确、有意义为根本要求的语言系统。

与赫尔巴特开创的理性逻辑式的教育学科学化路径不同，梅伊曼（Ernst Meumann）和拉伊（August Lay）则主张用纯粹自然科学的方式来使教育学科学化。梅伊曼第一个提出了“实验教育学”的概念，拉伊则出版了第一本《实验教育学》。梅伊曼和拉伊认为，实验教育学才是科学的教育学，拉伊指出：“必须开发实验教育学的研究方法，使教育学能够独立，并借此把教育学确实提

① ［德］弗·包尔生．1986．德国教育史．滕大春等译．北京：人民教育出版社，165．

② 陈桂生．1998．“教育学”辩——“元教育学”的探索．福州：福建教育出版社，56．

高到科学的地位”[①]，拉伊认为，实验教育学是与旧教育学不同的新教育学，“旧教育学把推演出来的结果看做是最终的原理、理论、目的和方法；新教育学则不同，它认为这些结论只是初步的假定或假设，这些假定或假设应受到系统的观察、统计和实验的检验”[②]。可以看出，实验教育学所追求的是用纯粹自然科学的系统的观察、统计和实验等方法来解决教育中的教育和教学问题，这样的教育学才是科学的教育学，那种直观的和依靠理性演绎的教育学则不能称为科学的教育学。以自然科学为参照的实验教育学所用之语言，则是一种更近乎自然科学的语言系统，它虽然也非常注重演绎性语言的概念、判断和推理的严格逻辑性，但它与演绎性语言不同的是，它对以描述、记录语言为基础的归纳性语言更为重视，这里的概念、术语更是一种经验的产物，它不同于演绎性语言的超验性来源，这里更要求语言的真实、精确和价值无涉。

科学语言所型塑的是诗性品质丧失，乡愁气息散尽的充满科学意味的教育。人在科学语言开显出来的“祛魅的世界”形成的“铁笼”中生存发展，教育只能在这个科学的世界中使人发展成为这个科学的世界所需要的人；科学语言时代所秉持的是一种强调理性精神、实用主义的功利性教育理念，这是一种关切人的理性意识、理性能力和理性观念的教育，这还是一种关切人和社会发展的现实功效的教育，这种教育充满了功利性的追求；科学语言时代人所要掌握的是作为科学语言“编织物”的科学知识，这是一种以自然科学知识为中心而涉及各种对人和社会的发展有用的知识；科学语言时代的教育理论追求的是科学化的梦想，或以概念分析和严密逻辑论证为基础的理性演绎语言体系为归旨，或以描述、记录、验证为基础的归纳性科学语言体系为追求，教育学理论的诗化、散文化和小说化的诗意表达已是昨日黄花。

科学语言带来了教育的科学意味，这对教育来说无论如何都是一种符合历史发展的进步，也就是说，教育从诗性意蕴走向科学品质，是人类历史发展的必然从而便具有了历史的进步性。

然而，当科学教育夺取了教育的灵魂，以至于科学教育竟如此的普遍，并彻底取代诗性教育的人文性而成为唯一时，科学教育便走向了工具理性的宰制，于是，教育追求功利和效果的合理性便遭到了扭曲，它成为了支配和控制教育的力量，教育的科学意味成为了教育本身，科学教育奴役了教育，主人成了奴仆，手段成为目的，本不该被问题化的事情成了问题。历史或许就是在问题中不断前进的和进步的，新问题的产生正构成了我们对语言与教育走向未来的基础。

---

① ［德］拉伊．1996．实验教育学．沈剑平，瞿葆奎译．北京：人民教育出版社，13.

② ［德］拉伊．1996．实验教育学．沈剑平，瞿葆奎译．北京：人民教育出版社，14.

（三）超越工具理性与文化乡愁：语言与教育发展取向之探寻

库恩有言："语言是一枚两面硬币，一面向外望着世界，一面向里望着存在于语言的关联结构中的世界映像。"[①] 库恩的语言双面硬币，是说语言本身就关联着的两个方面，即实在世界和科学认识。事实上，在语言的诗性和科学性方面，语言亦如库恩所言，是一个双面硬币，只是这个硬币的两个面分别是诗性和科学性。随着历史车轮的不断前行，语言硬币两面的不可分割性日渐突出，诗性语言和科学语言回到本然的同一已成为不可避免的历史必然。随着语言时代的替换，教育也展现出了人文教育和科学教育融合的趋向。

当科学的发展"引爆了"语言的科学性，从而将科学语言推向了历史舞台之时，科学语言充分显示了其强大的力量和进步性。然而，随着科学在人类一切事物中主宰地位的确立，随着科学成为人类一切事物的普遍原则和至上尺度，科学语言也不可避免地走向了工具理性的宰制。

工具理性一词最初由德国社会学家马克斯·韦伯提出，韦伯认为工具理性是一种强调手段的合适性和有效性而不管目的恰当与否的理性。法兰克福学派著名学者霍克海默在《理性之蚀》一书中也表达了相同的观点：工具理性主要是关心为实现那些被认为是理所当然的或自明的目的之手段的适用性，却不去关心目的本身是否合理的问题。科学语言完全为工具理性所宰制，科学性就成了语言的唯一性，语言就完全与价值、意义相隔离，成为纯粹工具化、精确化、数学化的语言。人在语言中所获得的，只是对现实世界的准确把握，而没有了诗意的想象；只是改造世界和征服世界的力量，而没有了生活的终极意义。结果，科学语言成为人追求物质利益和实用效用的工具。

语言的彻底工具理性化必然带来教育的彻底工具理性化，教育完全成为了人类改造世界和征服世界以获得自身物质利益需要满足的工具，教育的使命就是满足人认识世界、改造世界的需要，就是要实现人对现实功利的追求。从而教育对人的精神世界完满的关照消失，从而教育丧失了对崇高、理想、价值、意义的关怀。语言和教育一道成了工具理性异化的产物。

科学语言的工具理性宰制引起了语言的异化，语言从历史进步性的发展，转变成为一种病态，语言与生命激情、情绪冲动、感情感觉日趋隔膜，语言"生病了"！由是，尼采不禁大声疾呼曰："语言到处都生病了，而且在整个人性发展中留下了这可怕疾病的痕迹……现在它再也不能独立做到这一点：使受需求支配的人彼此通报最简单的生命冲动。人在其需求中再也不能靠语言来自我

---

① 转引自：李醒民．2006．论科学语言．北京行政学院学报，(2)：79．

介绍，因而再也不能真正地自我传达。”[①] 尼采的忧虑并非是危言耸听，语言的完全科学化，语言被囚禁在工具理性中，语言走向了一种危险的“堕落”，语言遭遇到了大面积的荒疏。对此，海德格尔也忧心忡忡地指出：“语言大面积地迅速荒疏，这不仅在一切语言运用中掏空了美学的与道德的责任，而且，语言的荒疏是由于人的本质之被戕害。”[②] 纯粹工具理性的科学化语言戕害的是人的本质，毕竟人不仅仅是一个纯粹物质性的存在，在某种意义上，毋宁说人更是一种精神性的存在。科学语言深陷工具理性的泥沼，人的本质就可能被彻底遮蔽，倘若没有恰切的救赎之路，人便只能在这泥沼中越陷越深而不能自拔，最终的走向只能是自我毁灭。

科学语言的工具理性化带给教育的是教育的功利化、工具化和效益化。教育成了按照功利、工具和效益原则运行和自构的教育，教育完全被工具化、手段化和非人格化了。教育的价值内涵与精神意蕴彻底消解了，从而教育失却了自我存在的内在价值，失去了人的意义关怀，失掉了崇高的精神追求。教育所蕴涵的价值、意义、精神被工具的品性所淹没而黯然失色。

教育本应是关注人性，实现人的和谐发展和人格的完善，以人的本质的生成、实现为核心。然而，科学语言的工具理性化却使教育成为纯粹服从科学功利性的工具，现实世界和物质利益的生产和消费，成为教育关注的中心。从而，教育把人之为人的内在价值目的摧毁，结果教育使人之为人的根本特质逐渐式微。于是，人的本性价值就无法得以发展，人的真正个性被彻底泯灭，真正属于人的品质渐行渐远。人的心灵、价值、信仰与生活意义被放逐到了教育的边缘，精神的眷恋、魂灵的守护和人性的陶冶被教育遗忘。教育中的人失去了精神特质和生命的独特性，教育的存在不是为了人的精神家园的构建，而完全成了人追逐利益和效用的手段和工具，作为教育核心的人就不可避免地遭到了被放逐的命运，诚如我国老一辈教育家王逢贤先生所曾指出：“人被工具化了，这是教育的最大负功能。”[③]

面对科学语言工具理性宰制下语言的“病态”和教育完全工具理性化的“异化”，医治“病态”和“异化”就成为必然，并且只有这种陷于深渊和危险

---

① 转引自：周国平. 2002. 周国平文集（第三卷）. 西安：陕西人民出版社，358.

② ［德］海德格尔. 1995. 人，诗意地安居——海德格尔语要. 郜元宝译. 上海：上海远东出版社，79.

③ 此语是2007年王逢贤老师在讲授课程“当代重大教育理论前沿问题”中“教育功能”一课时所讲，先生当时说此话时严肃而语重心长的态度给笔者留下了深刻的印象。尤其是“最大”一词使笔者从心灵深处受到了震动，深感先生所言之意义重大，并深以先生所言为是。笔者自忖，教育的对象是人，而人却因为教育成了工具，自然是教育的最大不幸，如何与教育的这一“最大”负功能作斗争，当是教育理论和实践长期面临的一个重大问题。

之处的医治和拯救才是真正的拯救。因为“也许任何不是从危险所在之处而来的其他的拯救都还无救”[①]。正所谓物极必反，否极泰来，哪里有危险，哪里的拯救也才具有真正的意义。由此，这种危险之处的拯救，也就可能成为语言与教育的一种新的发展趋势。

对于科学语言的“堕落”和“荒疏”，语言拯救者们所想到的是那远古之时充满乡愁气息的诗化语言，毕竟“复古”的拯救往往是人类思维深处的一种本能惯性，当然这种惯性的实质，其实是一种对历史传承的继承式的扬弃，因为革新是以历史为基础的革新。于是，语言的诗性又被人们脑海中那尘封已久的记忆重新唤醒，担当起了救赎者的重任。

对此，海德格尔明确提出了“语言本身就是根本意义上的诗”[②] 的论断。海德格尔所谓语言的诗并不仅仅是一种艺术作品意义上的诗。在这里，语言的诗有着更为深刻的意涵，这是一种如刘小枫先生评论浪漫派诗哲时所说的诗：“浪漫派诗哲这里所说的诗明显不是指单纯的诗的艺术作品，而是指作为理想的生活的世界。他们的出发点是，人面临着一个与他自身分离异在的世界（包括文化和自然），用形而上学的语言来说就是，人发现自己面临着一个不属于他的、与他对立的客观世界。所以，全部问题就在于如何使这个异在的、客观化的世界成为属人的世界，作为人的主体性的展现的世界，这也就是如何使世界诗意化的问题。”[③] 海德格尔提出语言诗化，是为了克服科学语言目中无人的弊病，这在事实上正是对古代诗性语言“返祖”式的回归，妄图以古代语言的诗性品质来实现语言的重塑，以达到语言拯救的目的。

这一点犹如提出了著名的“神话论”的德国浪漫派美学代表学者施莱格尔在《关于神话的谈话》中所说的：“这就是诗的开端：抛弃那个理性地思维着的理性具有的格式和章法，把我们重新置于想象的美的迷惘中，置于人类自然初始的混乱中。”[④] 语言“返祖”式的回归就是一个诗的开端，就是要抛弃那个科学语言的工具理性宰制，使语言回归那“初始”的诗性状态中。不过，这种语言的“返祖”所追寻的诗性，无论如何已经不是，且已不可能是那个过去的诗性了。这是一种对语言科学性工具理性化超越的诗性，这已经是一种完全不同的诗性。

强调语言诗性的新的诗化语言观的最基本观点是，认为语言本质上是诗化的，诗性才是语言的本质属性。克罗齐吹响了诗化语言观的号角，他认为语言从本性上而言就是诗性的，他从语言活动与诗的活动的一体性来说明这一认识：

---

① ［德］海德格尔 . 1997. 林中路 . 孙周兴译 . 上海：上海译文出版社，301.

② ［德］海德格尔 . 1997. 林中路 . 孙周兴译 . 上海：上海译文出版社，58.

③ 刘小枫 . 1986. 诗化哲学 . 济南：山东文艺出版，30-31.

④ 刘小枫 . 1994. 人类困境中审美精神——哲人、诗人论美文选 . 上海：东方出版中心，97.

“语言活动并不是思维和逻辑的表现，而是幻想，亦即体现为形象的高度激情的表现，因此，它同诗的活动融为一体，彼此互为同义语。”① 克罗齐之后，维特根斯坦、德里达、海德格尔等都对语言的诗性存在进行了探讨，其中尤以海德格尔为最，他通过诗与语言的关系恰切而明了地指出了语言的诗性本质。

海德格尔指出：“在这里，诗是在一种广义上，同时也在与语言和词语的紧密的本质统一性中被理解的……语言本身就是根本意义上的诗。但由于语言是存在者之为存在者对人来说向来首先在其中得以完全展开出来的那种生发，所以，诗歌，即狭义上的诗，在根本意义上才是最原始的诗。语言是诗，不是因为语言是原始诗歌（urpoesie）；不如说，诗歌在语言中发生，因为语言保存着诗的原始本质。”② 在谈到语言诗性的来源时，海德格尔将语言的诗性与人的诗意存在联系起来。在海氏看来，诗意性存在是人类的一种最为根本的存在方式，正所谓“人类此在在其根基上就是‘诗意的’”，海德格尔的所谓“根本意义上的诗”就是作为人的理想生活世界而存在的诗意世界。海德格尔认为，语言的诗化本性正是根源于人类的“诗化生存境域”，也就是说语言的诗化是以人生的诗化、人类生存世界的诗意本质为根基的，由此，海德格尔的诗化语言观所谓的语言诗化本性，并非仅仅是一个简单的语言符号问题，从根本上说是一个世界如何存在的本体论问题，语言的诗性具有本体论意义。

诗化语言的出现，对克服科学语言的工具理性宰制具有积极的意义。那么，诗化语言的提出是否就意味着诗化语言就是未来语言发展的合理趋向呢？单就诗化语言观只强调语言诗性的基本观点来看，本书认为，这种对语言诗性的单一强调是一种矫枉过正的做法，它不自觉地走向了另一个极端，即过分强调了语言诗性的地位。

其实，科学性和诗性都是语言的属性，它们是语言的一体两面。从历史上看，这两种属性在历史上彻底暴露和发展出来之前，当某一面出现并成为强势主导之时，是具有历史合理性和进步性的。然而，一旦这两面都已在历史上彻底展现，并出现了某一面独霸而清除了另一面的时候，它就走向了扭曲和异化。问题是，这两面都彻底展示了自己之后，它们之间到底应以何种关系存在，就成为一个问题。最理想的状态或许是各占一半，处于动态的互补平衡，但这种状态只是一种理想的理论上可能的状态。在现实的实现中，某一面占优势才是常态。

由此，我们认为，语言的理解所秉持的应是“必要的工具理性与深沉的文化乡愁的共存、融通”。这里“必要的工具理性”是说，工具理性是“必要的”，

① ［意］克罗齐．1992．美学或艺术和语言哲学．黄文捷译．北京：中国社会科学出版社，41．

② ［德］海德格尔．1997．林中路．孙周兴译．上海：上海译文出版社，58．

它之所以必要，就在于它是指科学语言合理性存在意义上的理性，这种合理性存在的理性诚如胡塞尔谈及理性时所说的那样："我同那些反对派一样肯定地认为，欧洲的危机在错误的理性主义中有着根源。但我们切不可据此解释说这意味着理性本身就是一种罪过，或者说理性在人的生存总体中只有微不足道的重要性。我们所说到的理性是高贵的和真正意义上的理性，是原本的希腊意义上的理性……然而，理性的天职就是指引我们达到成熟的发展。另一方面，我们将爽快地同意，启蒙运动时期的理性主义所赋予 ratio（拉丁文：理性）的发展形式是一种偏差，不过却是一种可以理解的偏差。"① 这种必要的工具理性对语言而言，就是要求科学语言只在自己应该存在的领域内活动，而不能越界行动。深沉的文化乡愁所指者，是说诗性语言的"文化乡愁"是"深沉"的，这"深沉"所体现的，正是诗性语言在语言的科学性和诗性中的地位，即居于主导地位。

由此，语言理解所秉持的"必要的工具理性与深沉的文化乡愁的共存、融通"是一种以诗性语言为主导的而与科学语言共存、融通的语言观。之所以如此，是因为虽然语言本就是科学性和诗性为一体的存在，但语言的这种属性在不同的情况下，应有不同的侧重。就针对科学语言工具理性危局的状况，采取以诗性语言为主导的而与科学语言共存、融通的语言观是一种合理的选择。

语言的科学性和人文性的融合，必将为教育的科学主义与人文主义走向融合提供契机。孙正聿先生在谈到语言的变化引起教育的重要基础哲学的变化时说过："'分析哲学'作为一种哲学思潮或哲学运动，'本质上是科学主义'的；但由于它所标志的现代哲学的'语言转向'，却导致了哲学对语言的更为广泛和更为深切的关注，即对语言的'人文'关注，并由此构成了现代哲学中'科学主义'与'人文主义'在本世纪末的某种'合流'的契机。"② 语言的变化导致了科学主义和人文主义的合流，这也就是说，当语言走向必要的工具理性与深沉的文化乡愁的共存、融通之时，教育也要随之而发生改变，而教育的这种改变所要处理的问题，就是诗性语言所"孕育"的教育的人文性与科学语言所"酿造"的教育的科学性该如何处理的问题，这个问题的实质则是教育的科学主义与人文主义如何走向融合的问题。对此问题有两种有代表的观点：

其一是主张对科学进行人文主义的理解，即"科学的人文主义理解"。孙正聿先生指出了这种理解的要旨："这种思潮认为，科学作为人类的一种活动方式，科学理论作为人类这种活动方式的结果，它同人类自身一样，是一种历史性的存在，而不是某种超越人类之外、或凌驾于人类之上的独立自主的实体。

---

① ［德］胡塞尔．1997．胡塞尔选集（下卷）．倪梁康编选．上海：上海三联书店，966．
② 孙正聿．1998．哲学通论．沈阳：辽宁人民出版社，366，367．

科学的认识方式和方法论原则，并不具有永恒的中立性，而总是蕴含着人类的历史性的概念框架、解释原则和价值观念。对于人类的多姿多彩的文化样式来说，科学并不具有普遍的公度性。因此，需要从人文主义的视野去理解科学，并在对科学的人文主义理解中，消弭科学主义与人本主义的对峙。”① 这种对人文主义和科学主义融合的理解，其实质依然是科学主义的，因为它的目的只是让科学更人文一些，人文主义在这里依然只是科学主义的“奴仆”。

其二是主张科学人文主义，又可称为“新人文主义”。美国学者萨顿明确指出了这种主张的核心思想：“新人文主义不会排斥科学，它将包括科学，也可以说它将围绕科学建立起来。科学是我们精神的中枢；也是我们文明的中枢。它是我们治理的力量与健康的源泉，然而不是唯一的源泉。无论它多么重要，它都是绝对不充分的。我们不能靠真理生活。这就是我们为什么说新人文主义是围绕科学而建立的原因……我们必将准备一种新的文化，第一个审慎地建立在科学——在人性化的科学——之上的文化，即新人文主义。”② 可以看出，这种科学人文主义观实质上依然是以科学为中心的，是围绕科学的人文主义，人文实质上只是科学的“附庸”。我国学者扈中平先生也提出了关于科学人文主义的看法：“科学人文主义是一种以科学主义为基础和手段，以人文主义为方向和目的的人的发展观和社会发展观；它的最高目的是要在科学和人道的相互协调和补充中促进人和社会在物质与精神方面的均衡发展，并在此基础上实现人自身的解放。”③ 这种理解把科学主义和人文主义看做是对等的，不以某一个为中心，充分发挥两者各自的优势和特点，并强调二者的互补融合，这种观点具有巨大的启发意义。不过，问题是这种理解中，作为基础和手段的科学主义又如何才能实现一个人文主义的目标，且两者的对等式的互补融合只是一种理想状态，只具有一种理论式的乌托邦意义。

本书认为，上述两种观点都具有一定的局限性，甚至具有重新走向科学主义独霸的可能，故而不能作为教育未来走向的指引。本书认为，本书所提出的语言的未来发展走向，决定了教育的如何走向融合问题，即教育的发展趋势应是走向人文科学主义教育。这种人文科学主义教育，是以人文主义为根本和导引、科学主义为手段和工具的教育，是科学围绕人文主义而不是相反，科学要时刻处在人文的“监视”之下，科学不是人文的“奴仆”，科学可算作是人文的“弟弟、妹妹”，它需要人文不时地呵护和关照，这种教育的最终目的是培养具有人文气质和科学素养的全面发展的人。

---

① 孙正聿．2005．哲学通论（修订版）．上海：复旦大学出版社，254．

② 杜时忠．1998．科学教育与人文教育．武汉：华中师范大学出版社，124，125．

③ 扈中平，刘朝晖．1995．挑战与应答——20世纪的教育目的观．济南：山东教育出版社，423．

第三章

语言的教育学价值

教育的存在根据和基本使命就是要使人生成为人。[①]

——鲁洁

当语言被引入教育学时，无论从本能上还是在逻辑上，我们都不由要问：语言于教育学有何价值？然而，“任何发问都是一种寻求。任何寻求都有从它所寻求的东西方面而来的事先引导”[②]。于是，顺着这种“事先引导”，问题就可转换为：语言的教育学价值意味着什么？那么，何为教育学价值？教育学就是一种人学，教育学就是要使人成为一个人，就是要“使人作为人能够成为人”[③]。如此，教育学价值就意味着它是成人之学。于是，语言的教育学价值就意味着语言在教育成人方面的意义。人之成为人，是以“自我”为起点的，语言的教育学价值首要就是其成就自我的意义；人之成为人，还在于人之发展，语言的教育学价值还在于其成就人之发展的意义。

一、自我与语言自我

存在的方式皆因自我的作用，
你看到的一切是自我的秘密。
当自我唤起自在的觉悟时，
它就显露出思维的宇宙。
千百个世界隐藏在它的本源中，

① 鲁洁.2008.教育的原点：育人.华东师范大学学报（教育科学版），(4)：19.

② ［德］海德格尔.2006.存在与时间.陈嘉映等译.北京：生活·读书·新知三联书店，6.

③ 孙正聿.2009-04-16.哲学与人生.http：//www.chinaorg.cn/zjjt/zjjt/2009-04/16/content _ 5322554 _ 3.htm.

非我从肯定自我中诞生。[①]

——穆罕默德·伊克巴尔

教育是关乎人的，没有人就没有教育，而自我问题则是人的问题不可或缺的核心问题，甚至可以说，自我问题是人的一切问题的根基和原点。因为“在某种意义上，一切有关‘人’的问题及其理解都可以还原为或回溯到‘自我’这里”[②]。因此，虽然我们不能从绝对意义上说，任何教育问题都与自我有关，但我们似乎却可有充足的自信说，任何自我问题，都或直接或间接可以成为一个教育问题，且教育的基本问题大多都与自我相关。既然自我是如此的与教育相关联，那么明晰自我的理解就成为必要，毕竟在某种意义上，是一个关乎教育根本的问题。

（一）我是谁：自我之为自我

“动物不把自己同自己的生命活动区别开来，它就是这种生命活动。人则使自己的生命活动本身变成自己的意志和意识对象。”[③] 正如马克思所言，人能感觉到自我的存在是个问题，这使人超越了动物式的生存，但却也给人带来了伴随其存在而一直挥之不去的困惑，即人就不得不解决自我问题，这个关乎人之存在的无法逃避的问题，是人之为人的一种宿命。

然而，自有人类以来，几千年已逝去，自我问题依然如难解的斯芬克斯之谜，困扰着人类。虽然在人类认识自我的道路上，困惑依然是显而易见的，不过探索的脚步却并没有停止。回顾已有的关于自我的认识，有助于对自我问题的认识更加全面深刻。自我的理解是个十分复杂的问题，东西方由于文化传统不同而形成的看待事物的立场、态度、目的、方法等的不同，就必然会对自我有不同的理解，这些有关自我的不同理解丰富了自我的“形象”。

1. 哲学的自我：形而上的追寻

“认识自我乃是哲学探究的最高目标”[④]，对自我的理解是哲学的永恒目标。古希腊菲德尔神庙那句“认识你自己”的阿波罗箴言，点燃了人对自我认识的滥觞。赫拉克利特通过“找过我自己”，完成了他的全部哲学，“对赫拉克利特来说，可以用一句话来概括他的全部哲学：我已经寻找过我自己”。[⑤] 不过，直

① ［巴基斯坦］穆罕默德·伊克巴尔.1999.自我的秘密.刘曙雄译.北京：北京大学出版社，67.
② 李政涛.2003.教育生活中的表演.上海：华东师范大学博士论文，128.
③ ［德］马克思.1966.马克思恩格斯全集（第42卷）.北京：人民出版社，96.
④ ［苏联］科恩.1986.自我论.佟景韩，范国恩，许宏治译.北京：生活·读书·新知三联书店，13.
⑤ ［德］卡西尔.2003.人论.甘阳译.北京：西苑出版社，8.

到苏格拉底，自我问题才成为哲学的真正主题。

在苏格拉底那里，唯一的问题只是：人是什么？苏格拉底说，“一种未经审视的生活还不如没有的好”，于是“在这里，我们获得了对于‘人是什么’这一问题的新的、间接的答案。人被宣称为应当是不断探究他自身的存在物——一个在他生存的每时每刻都必须查问和审视他的生存状况的存在物”①。这样，苏格拉底的问题和答案就成为后世探索自我问题的经典范例。

欧洲中世纪是神的世纪，自我只是神的巨大阴影和庇护下的自我，奥古斯丁反复追问道：“我的天主，我究竟是什么？我的本性究竟是怎样的？”其答案正如巴斯噶所言：“应当从你的主人那里去听取你一无所知的你的真正身份！听从上帝吧！”② 很显然，自我之存在就在于神之存在，人必须信仰神，在神的引导下进入自己的灵魂，瞻望神性的灵光。

尽管古代哲学已经开始探索自我，但“自我”一词的出现却是近代的事。笛卡尔以“我思故我在”的巨大勇气，把自我的探索从神转向了人，第一次从哲理上确证了“自我”的存在，开辟了自我探寻的新纪元。在笛卡尔那里，自我是思维的自我，是认识的自我，是纯精神的自我，“可是我究竟是什么东西呢？一个在思想的东西”③。可以说，笛卡尔的自我是一种与物质实体相对的心灵实体，“自我就是具有直接的自我意识的灵魂的实体，对于它我们不要通过外知觉感知，因为它是内在的、自明的”④。

休谟对笛卡尔的自我提出了挑战，认为自我是知觉的自我，休谟指出“当我亲切地体会我所谓我自己时，我总是碰到这个或那个特殊的知觉，如冷或热、明或暗、爱或恨、痛苦或快乐等的知觉。任何时候，我总不能抓住一个没有知觉的我自己”⑤。康德的自我是先验的自我，即在康德那里“自我”不是经验的，而是纯粹的或先验的自我，邓晓芒先生认为康德的自我可分为三重意义：“一是逻辑意义上，作为现象的我的逻辑前提的先验自我，由于它的统觉作用，经验的我才能作为一个内感官中的对象呈现出来；二是本体论意义上的自在之我，它是逻辑意义上的自我在没有直观感性材料时所思维、所意指的那个我本身；三是由逻辑意义上的自我在内感官中所建立起来的经验自我。”⑥ 同时邓先生肯

---

① ［德］卡西尔．2003．人论．甘阳译．北京：西苑出版社，10，11．

② ［德］卡西尔．2003．人论．甘阳译．北京：西苑出版社，22．

③ 北京大学哲学系外国哲学史教研室编译．1981．西方哲学原著选读（上卷）．北京：商务印书馆，369

④ 张庆熊．1999．自我、主体际性与文化交流．上海：上海人民出版社，56．

⑤ ［英］休谟．1980．人性论．关文运译．北京：商务印书馆，282．

⑥ 邓晓芒．2006．牟宗三对康德之误读举要（之四）——关于自我及“心”．山东大学学报（哲学社会科学版），（5）：5．

定地说："这'三个我'都是发源于先验自我的'同物异层'的表现。"① 费希特将康德的先验自我绝对化，走向了绝对自我，"他把康德具有普遍意义的先验主体自我，推进到具有绝对意义的先验主体绝对自我"②。绝对自我是产生一切思维与存在、认识与行动的本原，绝对自我是先于一切经验的纯粹的自我意识，是主客的统一体，是自我运动、自我创造、自我复归的精神能动体，这是一种万能论的自我。

自我在黑格尔看来是这样定义的："自我是自我本身与一个对方相互对立，并且统摄这个对方，这对方在自我看来同样只是它自身。"③ 可以看出，他物之存在是黑格尔的自我之存在不可或缺的，无他物则无自我。以此为基础，黑格尔指出了自我意识形成的三个阶段：单个的自我意识（欲望自我意识），承认自我意识，全体自我意识；并指出了自我意识的两种存在形态：独立的、自在自为的意识，依赖的、以物的形态出现的意识。

费尔巴哈的自我首先是一个实在的感觉实体："旧哲学的出发点是这样一个命题：'我是一个抽象的实体，一个仅仅思维的实体，肉体是不属于我的本质的'；新哲学则以另一个命题为出发点：'我是一个实在的感觉的本质，肉体总体就是我的自我，我的实体本身。'"④，费尔巴哈又把自我的起源归结为直接的人际交往，即"双人结对式的交往"。马克思同意自我是在交往中或通过交往形成的，但马克思很强调自我的社会性，他指出："首先应当避免重新把'社会'当做抽象的东西同个体对立起来。个体是社会的存在物。"⑤ 在马克思眼里，自我就是社会的自我。

古典哲学之后的现代哲学，对"自我"又有了新的理解。唯意志主义的自我是意志的自我。在叔本华看来，只有意志才是真正的自我，肉体只是意志的表现而已，"可以说整个身体不是别的，而是客体化了的，即已成为表象了的意志"⑥，尼采也认为自我是意志，不过与叔本华的求生意志不同，尼采的自我的根本含义是权力意志。此外，尼采的自我是个别的、与众不同的自我，而不是一般意义上的自我，他指出，"什么是自我？每个人都想把自我同一切自我等同看待，这是奴隶理论"⑦。

---

① 邓晓芒．2006．牟宗三对康德之误读举要（之四）——关于自我及"心"．山东大学学报（哲学社会科学版），(5)：5.

② 温纯如．1998．论费希特"绝对自我"的真理观．安徽大学学报（哲学社会科学版），(5)：34.

③ ［德］黑格尔．1979．精神现象学（上卷）．贺麟，王玖兴译．北京：商务印书馆，115-116.

④ ［德］费尔巴哈．1984．费尔巴哈哲学著作选集．荣震华，李金山等译．北京：商务印书馆，169.

⑤ ［德］马克思．2000．1844年经济学哲学手稿．北京：人民出版社，84.

⑥ ［德］叔本华．1982．作为意志和表象的世界．石冲白译．北京：商务印书馆，152.

⑦ ［德］尼采．1991．权力意志．张念东，凌素心译．北京：商务印书馆，122.

在生命哲学眼里，自我的理解是与生命分不开的，甚至可称为生命的自我。齐美尔所理解的生命是一种本原性、创生性的纯粹生命存在，齐美尔指出，“我把我放到作为中心点的生命概念里去；从这里开始，有道路一方面通往灵魂和自我，另一方面通往观念，通往宇宙，通往绝对……生命显然是我们作为有灵魂的主体所能直接接触的最外在的客观性，是主体的最辽远和最坚实的客观化。连同生命一起，我们就站立在自我与观念、主体与客体、个人与宇宙之间的中点上”①，自我只有听从这个生命纯粹内在本性的召唤，才能拥有其“固有的财产”。

柏格森的生命自我是纯粹绵延的、实在的自我，一方面他指出自我是唯一的实在的东西，“唯一实在的东西就是那活生生的，在发展的自我”②；另一方面他又指出：“如果我把自己由边缘拉向中心，我就在存在的深处发现最一般，最长久，最绵延的东西——自我。”③ 这最绵延的东西就是纯粹绵延，自我是纯粹绵延的自我，“纯粹绵延是，当我们的自我让自己生存的时候，即当自我制止把它现在状态和以前各种状态分离开的时候，我们的意识状态所采取的形式”④。纯粹绵延就是生命，就是自我。

存在主义是当代西方又一重要哲学流派，存在主义的自我观目光所聚焦的为自我的非理性方面，所关注的是非理性的我之自我存在。克尔凯郭尔的自我是一种排除了理性因素的只具有体验意味的精神所统摄下的自己和自己的一种关系，用克氏的话说就是：“人是精神。但什么是精神？精神是自我。但什么是自我？自我是一种自身与自身发生关联的关系，或者是在一个关系中，自身与自身所发生的关联；自我不是这关系，而是这关系与它自身的关联。”⑤ 萨特的自我是一种超越具体对象的具有普遍意义的我，在《自我的超越性》一文中萨特指出：“自我（ego）既不形式地、也非物质地存在于意识之中：它在世界中，它是外在的；它是世界的一种存在，就像他人的自我一样。”⑥ 但是萨特并不否定自我在意识中的存在，他认为自我只能是在反思意识中才显露，如果没有反思行为的发生，自我就将永远不会显露出来，自我正是在反思中，在赋予意义的过程中才显露出来。

总之，就哲学上的自我而言，古希腊时期总体上来看最为可贵之处就在于提出了对自我问题的思考，中世纪的自我是神所庇护下的自我，近代对自我的

---

① ［匈］卢卡奇．1988. 理性的毁灭．王玖兴等译．济南：山东人民出版社，404.
② ［法］柏格森 1958. 时间与意志自由．吴士栋译．北京：商务印书馆，129.
③ ［法］柏格森．1963. 形而上学导言．吴士栋译．北京：商务印书馆，68.
④ ［英］罗素．1981. 西方哲学史（下卷）．马元德译．北京：商务印书馆，351.
⑤ ［丹麦］克尔凯郭尔．1997. 致死的疾病．张祥龙，王建军译．北京：中国工人出版社，9.
⑥ ［法］萨特．1998. 萨特哲学论文集．潘培庆，汤永宽，魏金声等译．合肥：安徽文艺出版社，19.

理解属于认识论领域，认识论的自我实质上是理性的自我，而现代几个主要哲学流派的自我则是一种非理性的自我。不管哲学史上人们对自我的看法多么不同，哲学的自我所体现出的总是一种形而上的对自我的探寻，也就是说哲学的自我是一种形而上的自我，这种形而上的自我是一种普遍和一般意义上的自我。

2. 心理学的自我：实在的“客我”

19 世纪下半叶随着心理学从哲学中独立出来，自我问题也成了心理学研究的一个重要方面。由于心理学是按照自然科学模式建立的，“人”在心理学视野下就成为一个进行研究的客体对象，从而“自我”就成为一种以自然物的方式存在的，一个可以被转化为客体进行研究的存在，“自我”成为了单纯的可控、可测的被观察和研究的对象。即自我进入了一种客观化研究的新领域，这恰恰是心理学不同于哲学观看“自我”的根本所在，这一点正如布朗在谈到心理学和哲学对自我理解的区别时所言：“心理学家更关注的是客我的性质，把研究重点放在人们如何思考和感觉他们自己，以及这些想法和感觉如何塑造和影响心理的其他方面。哲学家更关注主我的性质，寻找对自我中直接体验世界的那部分的理解。”①

开启心理学研究“自我”大门的是美国心理学家詹姆斯（James），他是历史上第一位从科学心理学的视域，对自我问题进行全面研究的心理学家。詹姆斯在其《心理学原理》一书中，将自我分为经验的自我和纯粹的自我两方面，经验的自我指人们对他们自己的各种各样的看法，它又有三种成分，即物质的自我、社会的自我和精神的自我。这三种成分又有不同的等级，身体自我在最低层，物质自我在中间，精神自我在顶端。纯粹的自我是指一个知晓一切（其中也包括自我）的那个东西。詹姆斯认为，纯粹自我非常重要，是一切意识中的主动要素，是一切其他自我的自我。

除詹姆斯之外，就各主要心理学流派而言，行为主义心理学认为，自我是一个行为范畴，只能在行为和行动中对自我进行把握。认知主义心理学认为，自我就是一种认知模式，不过，这里的认知是没有经验世界的人的心灵客观化的认知。也就是说，在认知心理学视野中，认知只是一种失去主观感受的客观自然过程。

值得注意的是，精神分析学派和人本主义心理学派对自我的理解。精神分析学派的著名代表人物弗洛伊德（Freud）通过对自我的概念和结构最先进行定义，而使自我具有了独特的精神分析意义。弗洛伊德的自我是人格的自我，他

---

① ［美］乔纳森·布朗．2004．自我．陈浩莺译．北京：人民邮电出版社，2．

把人格结构划分为三部分，即本我、自我和超我。本我由先天的本能和欲望构成，居于人的心理最深层，受快乐原则支配；自我是在本我基础上发展起来的，它保持着人心理的完整性，协调机体与环境的关系，按照现实原则行事；超我来自于自我，它对观察、命令、监督自我，按照至善至美的原则行事。对于本我、自我和超我，霍尔和林赛这样总结道："按弗洛伊德的人格结构概念，本我可以认为是人格的生物成分，自我是心理成分，超我是社会成分。"[①]

有"自我心理学之父"之称的心理学家哈特曼（Hartmann），使"自我"在心理学中的理解获得了崭新的面貌。自我的独立起源和自主性是哈特曼自我学说的最大创建，正如有论者所言："承认自我的独立起源及其自主性是哈特曼自我心理学的基石和核心。"[②] 哈特曼修正了弗洛伊德的自我起源于本能的观点，认为自我独立于本能，自我与本能是同时存在和发展的心理机能，这样，自我就获得了一种主动力量。那么，自我是什么呢？哈特曼认为，"在精神分析中，自我不是人格或个性的同义语。不是与经验客体对应的主体；也不是人们意识到或感觉到的自己（self）。在精神分析中，自我是具有不同等级的概念，它是人格的亚结构，由其机能来规定"[③]，自我是由机能规定的，自我就是机能，而机能在哈特曼看来是以现实关系为中心的，是自我装备与环境取得平衡的适应，"自我的机能以现实关系为中心，在这个意义上，我们把自我看做是适应的特殊器官"[④]。

埃里克森（Erikson）和哈特曼一样，把自我看做是独立的力量，但埃里克森的自我更强调社会文化因素的作用，这一点正如拉巴波特（D. Rapaport）所指出："埃里克森的自我心理学包括了自我的渐成，各发展阶段的特殊任务以及啮合式的生命周期，追溯了个体在其发展中每一阶段与社会环境相遭遇而展开的心理发展过程。"[⑤] 可以说，埃里克森的心理社会发展阶段理论，其实质就是"自我"与社会之间相互作用，取得与社会的协调、促进自身发展的过程。

霍妮（Horney）在人格构成上把弗洛伊德的等级结构变为水平结构，自我、超我和本我都在自我的水平上进行互动。对于自我，霍妮认为可以分为三种基本形态：真实自我是指"我们自身活跃的，独特的，一已的中心，是唯一能够

---

① 转引自：张晓静．2004．自我教育论．哈尔滨：黑龙江教育出版社，52．

② 刘翔平．1991．哈特曼自我心理学述评．心理科学，（5）：39．

③ 刘翔平．1991．哈特曼自我心理学述评．心理科学，（5）：38．

④ H. Hartman：Papers on Psychoanalytic Psychlogy. Psychological Issues，IV（2）：31．

⑤ 转引自：傅永春．1990．埃里克森的自我心理学理论述评．内蒙古师范大学学报（哲学社会科学版），（2）：99．

和需要发展的部分”[①]，真实自我是可能实现的自我，体现的是自发性和主动性；理想自我是指“存在于不合理的想象中的意象，或者是自负系统指使我们应该成为的意象”[②]，理想自我是无法实现的和虚假的，是产生自我异化的根源；现实自我是指“一个人在某一特定时间内所拥有或表现的一切的总称，包括躯体的或心理的，健康的或神经病的”[②]，现实自我既可受到真实自我的驱动而形成发展，也可以受到理想自我的疏远而异化。

沙利文（Sullivan）的自我是人格化的映像，沙利文认为，自我是“一个人对其自尊、在同伴中享有的威信以及同伴们所给予他的敬重都感到满意时而产生的意识内容”，“是我们在重要的他人对我们的反应中得到的所有经验因素的集合，换句话说，我们的自我是我们的人格的映像的集合，那是我们在与其打交道的人那里得到的映像”[③]。很显然，沙利文的人格化映像的自我是与他人交往中产生的。

人本主义心理学派是针对心理学中极端科学主义的弊端而出现的一个心理学派。马斯洛（Maslow）是人本主义心理学派的创始人和发起者，他对自我的认识主要集中在自我实现上，可以把他的自我理论称为自我实现理论。马斯洛认为，自我按照等级可以分为生理需要的自我、安全需要的自我、归属需要的自我、自尊需要的自我和自我实现的需要几个层次，而自我实现是只有在前述几个层级的需要出现之后，才会出现的最高级需要。而对于何为自我实现的需要，马斯洛指出，“一个人能够成为什么，他就必须成为什么，他必须忠实于他自己的本性，这一需要我们就可以称为自我实现的需要”[④]，可以看出自我实现的需要是人的本性的内在固有的趋势，为了指明这一内在固有的趋势，马斯洛进一步指出，“它可以归入人对于自我发挥和完成的欲望，也就是一种使它的潜力得以实现的倾向”[④]，可见，马斯洛所谓的自我实现就是人内部潜能充分实现的过程。不过马斯洛认为，自我实现需要一定的环境条件，对此他指出：“良好环境应该是这样的：提供所有必需的原料，然后退至一边，让机体自己表达自己的愿望、要求，自己进行选择。”[⑤]

在罗杰斯（Carl Rogers）的理论中，自我概念是一块主要的奠基石，对于

① 葛鲁嘉，陈若莉．1999．文化困境与内心挣扎：霍妮的文化心理病理学．武汉：湖北教育出版社，135．

② 葛鲁嘉，陈若莉．1999．文化困境与内心挣扎：霍妮的文化心理病理学．武汉：湖北教育出版社，158．

③ 王俊秀．1997．沙利文的人格发展思想新认识．内蒙古师大学报（哲学社会科学版），(2)：103．

④ ［美］马斯洛．1987．动机与人格．许金声，翟朝翔译．北京：华夏出版社，53．

⑤ ［美］马斯洛．1987．自我实现的人．许金声，刘锋等译．北京：生活·读书·新知三联书店，226．

自我概念的理解，罗杰斯指出："那些有结构的、和谐一致的概念格式塔，其组成是对于主格我或受格我的特征的知觉和对主格我或受格我与他人和生活的各个方面的关系的知觉，以及与这些知觉有关的价值观念。"① 对于自我概念的认识，罗杰斯还特别指明要注意以下几点②：其一，自我是一个有组织的结构，一个格式塔，其中一个小小的部分的改变会导致整个结构的改变；其二，自我是容易进入意识，被意识所反映的；第三，自我是一个在不断改变的结构，而不是一个固定不可更易的东西。对于自我实现，罗杰斯最初认为是有机体的一个基本倾向和努力，即是力求保持和发展经验的有机体。之后，罗杰斯更加清晰化地表述了自我实现，他认为自我实现是自我结构的实现，而要达到这一目的离不开"实现倾向"，罗杰斯认为当自我发展时，实现倾向的作用就是使机体的这个新生部分实现。

总之，心理学关于自我的探讨是非常丰富的，上述只是这丰富认识中的一部分。不过，透过这部分的认识我们亦可窥见心理学关于自我探讨的基本面貌。具体而言，可以得出心理学关于自我理解的以下几点认识：

其一，心理学自我的理解属于形而下的探寻，自我不是抽象的主观自我，而是被看做科学化对象的客观自我；

其二，心理学自我的探究关注的对象是自我的结构、分类和功能；

其三，心理学自我在很多情况下等同于人格或与人格密切相关；

其四，心理学探讨自我的目的，归旨于自我的形成和发展的过程，事实上，从实质上看，心理学自我就是从"发展"上来理解的自我；

其五，心理学自我的探讨，虽然有部分学者强调了社会文化因素对自我的影响，但总体上却表现出对历史和文化因素对自我建构作用的"冷漠"。

3. 东方的"自我"观

在东方，印度和中国文化视域内的自我是不同于西方对自我的理解的。在印度文化中，自我并不被描述为经验的自我，"当任何一种印度传统谈到什么东西可能看起来像个体，像经验自我的时候，那不是对自我的分析而是对它的沾污"③。恰恰相反，印度传统中，自我被理解为一种绝对、一种唯一实存的存在，这种自我是绝对的自我，是一种形而上的自我。对于印度关于自我的这种理解，

---

① 转引自：刘化英．2000．罗杰斯对自我概念的研究及其教育启示．辽宁师范大学学报（社会科学版），(6)：37.

② 江光荣．1999．人性的迷失与复归：罗杰斯的人本心理学．武汉：湖北教育出版社，84.

③ ［美］A．马塞勒等．1988．文化与自我——东西方人的透视．任鹰等译．杭州：浙江人民出版社，190.

在最古老而又最受尊重的印度教经典《唱赞奥义书》中，有一段关于自我探讨的故事，经典地表明了这一点①：

主神因陀罗（Indra）与魔鬼维罗卡那（Virocana）一起到一位著名的先知那里，向他请教谁或者什么是真实的自我，谁或者什么是绝对的、恒久的、不变的，因而是值得人们崇拜与了解的。先知马上就给了他们以教导，告诉他们属于这一切的正是他们自己。魔鬼（正由于他是魔鬼）想道：这对我真是好极了。于是回到住处以后，他就不停地大吃大喝，纵情行乐，因为他把先知所说的“那是你”理解为“你的肉体”（显然，不论是什么地方的普通人，当某人指着他说“你”的时候，都会作这样的理解）。但是因陀罗并没有就这样确信无疑。虽然他回到天宫以后也在寻享乐趣，但不久即注意到了他——即他的肉体——虽然可能是一切但却绝不是恒常不变的——当他吃得少的时候它就收缩，而饱食之后则又隆起，如此等。于是他又回到了先知那里，向他请求明了的解释。但是——这也许谁都不会太感奇怪的——先知仍然重复了他的教导：“那是你。”因陀罗这次想道：也许先知是指他的视觉、听觉、触觉、嗅觉以及味觉的官能，正如当人们说“你听”、“你接触”、“你闻”、“你尝”的时候一样；但是这些也是经常交易的，而不是与他所曾听说过的常恒不易之绝对——大梵——相一致。他再次回到先知那里，但所得到的仍然是同一个回答。经过这样几个来回以后，他终于懂得了先知所教导的真实涵义：它是那种包涵了物质的思想、物质的官能以及物质的肉体等各种层次的核心，而这种“自我”，则确然是没有形式的、常恒不移的、绝对的。

可以清楚地看出，自我并不等同于肉体或官能的自我，而是一种绝对的、永恒的自我。在印度传统中，经验自我是受制约的，制约的目的就在于提升这非经验的自我，而这种非经验的自我，是作为一种强力的形而上学结构而存在的，他经常被十足地等同于宇宙绝对的。

中国传统文化的主流是儒家文化，考察儒家的自我观就成为把握中国文化传统对自我理解的关键和核心。由于儒家文化是一种社会本位的文化，因此儒家传统中社会就居于十分重要的地位，而强调社会关系的重要性就成为儒家文化的显著特点。在这种情况下，儒家对自我的理解就不是个人的而是社会的，也就是说，儒家的自我观首先强调的是社会自我，而排斥个人自我，有学者精辟地道出了这一点：“儒家要做的，是去掉独特、怪癖、个人或私下、自私性的东西，而让完全抽象的、社会性的、超越个体的原则占统治地位。他们的兴趣

① ［美］A. 马塞勒等 . 1988. 文化与自我——东西方人的透视 . 任鹰等译 . 杭州：浙江人民出版社，196，197.

自始至终在于发掘日常的、个人心理的独特体验中浮现出来的共同的东西，是共同性、社会性，而独特性、个性被儒学的思想筛子筛掉了。”[①] 既然如此，儒家的自我必须与他人发生关系，自我被看成是人伦关系的产物，自我的道德意义就成为关注的核心。

杜维明先生在《儒家思想新论——创造性转换的自我》一书中，回答了其老师提出的富有挑战性的问题：什么是儒家的自我？这一回答对儒家自我的把握具有巨大启发意义。杜先生在书中指出，儒家自我应包括两个互相关联的部分，即“作为人际关系的核心的自我；作为精神发展的动态过程的自我”。[②] 对于第一个方面就是传统儒家一般理解的社会自我，杜维明先生重点探讨了第二个方面的自我，即儒家的所谓发展的自我。杜维明认为，“儒家的发展的自我是一种对永无止境的学习过程的毕生承诺。不仅如此，儒家所谓的学习，不仅是指书本的学习，而且还包括礼的实践。在儒家看来，通过形体和精神的修养，人将领悟到生命的意义；并且，在这种修行中，人不是作为孤立的个体，而是作为生存共同体——家庭、乡里、国家和世界——的积极参与者出现的。因此，‘复礼’这个包含着以孝、悌、友、情、忠的精神进行自我修养的动态过程的概念，确切地体现出儒家的上述基本倾向”。[③] 从这里可以得出两点认识：其一，杜先生强调的发展的自我，其实是一种个体自我的发展，这种个体我的发展是主动的；其二，个体自我的发展是作为共同体的参与者出现的，即个体自我的发展是受社会制约的。个体自我与社会自我在儒家自我理解中具有重要意义，因此下面需对这两点进行详细说明。

就第一点认识而言，儒家强调个体自我的主动发展实际上是对个体自我充分肯定的一面。事实上，儒家从来就不缺乏肯定个体自我的一面，儒家传统一直强调的“为仁由己”、“正心诚意”、“修身”、“慎独”等都凸显了自我意志自主和在道德学问方面自立自强的意义，而《周易》中那句“天行健，君子以自强不息”之语，更是道出了儒家崇尚自我的自强、进取的精神。儒家对个体自我能动性的强调尤其体现在自我修养方面，儒家把自我的努力看做是修身以完善人格的最基本途径。这一点在孔子力倡修身的自我主动性中可见一斑，孔子认为，“为仁由己，而由人乎哉？”（《论语·颜渊》），“躬自厚而薄责于人”，“君子求诸己，小人求诸人”（《论语·卫灵公》），“仁远乎哉？我欲仁，斯仁至矣”。（《论语·述而》）可以看出，修身要靠自我的主动努力才能达到，而孔子之后的

---

① 传圣．1994．儒家思想与自我．读书，（10）：93-94．

② ［美］杜维明．1996．儒家思想新论——创造性转换的自我．南京：江苏人民出版社，116，117．

③ ［美］杜维明．1996．儒家思想新论——创造性转换的自我．南京：江苏人民出版社，117．

儒家传统，也都继承了孔子这一思想，强调修身的自我主观努力和自主自觉，而不假外求。

就第二点认识而言，杜维明先生认为社会制约下的个体自我是开放的，即作为人际关系中心的自我是一个开放系统。在杜先生看来，自我之所以是开放的，是因为只有通过自我对他人的不断开放，自我才能保持健康的人格同一性，反之，完全以自我为中心将会导致自我封闭而陷入麻木不仁的状态。故而，自我是在帮助建构和发展他人的过程中实现自我发展和建构的，正是孔子所谓的“己欲立而立人，己欲达而达人”。从中可以看出，杜先生强调的是社会关系在自我建构中的积极性，也可以说，社会关系并不制约自我建构，恰恰相反，是在促进自我建构，杜先生为儒家自我建构提供了很好的理解视域。

不过，对社会关系在自我建构中的积极作用不应夸大，必须看到传统儒家的自我建构实际上是深受社会关系制约的，这一点在传圣先生评论杜维明先生观点时提出的针锋相对的议论中可以看出，“在儒学中也完全看不到自我理论的另一方面内容，即为个人的独特性、私自性、私下性、不可替代性，总之，一切可以归结为遗传、教养、身体状况、社会遭遇等的东西的辩护，为它们的存在的合理性而辩护。每个人都可以有自己的看法见解，每个人也都可以有自己的生活、行事方式，当然这要在不侵犯别人的前提下，这种有条件的自我辩护论，不仅不是儒家提倡的，也是儒家学者连想都不敢想的”①。可以说传统儒家的自我只是在社会关系制约中的被动的自我，自我只有认可群体的“同”，才能实现自我的价值，才能获得自我的发展，“儒家关注自我确认，追求自我人格，重视自我实现。然而，这一切都是从群体中去把握，在温情脉脉的相互规定中去把握。自我处在内外亲疏、生熟远近、上下尊卑、高低贵贱、男女长幼、爱尊厚薄等关系网中，而丧失了权利平衡和个体自主”②。人际关系是自我发展必须遵循的原则，从而在遵循人际关系之时，自我也就同化于、沉没于群体之中，可以说，儒家自我的发展和实现，其根本目的就在于建立有意义的社会关系。

4. 一个小结：自我理解的东西方比较

通过对东西方自我理解的一个简要描述，可以明显地感觉到，虽然“自我”都是不同文化传统中关注的一个核心要素，但这“自我”却在不同的文化传统中有着明显的差异，即便是在某些方面他们似乎有些“家族相似”之感，但从

① 传圣．1994. 儒家思想与自我．读书，(10)：94.

② 王晓方，盛凌振．1997. 儒家传统思想中的自我．兰州大学学报（社会科学版），(3)：150.

根本上说终归是不同的“自我”。因此对东西方自我的理解作一个放在一起进行比较的总结，对我们更加深入地理解自我会大有裨益。

对于西方和儒家关于自我理解的比较，英国学者姚新中作过很有见地的论述。姚先生认为，西方在很大程度上是在三种意义上使用自我概念的，即“①在形而上学的意义上，自我是一个永远不变的实质。由于这一实质的存在，每一个个人才能获得其同一性。或者自我是一个区别于外在世界或与之相对立的独特实体。②在认识论意义上，自我是思维、思想的内核，这种内核有时称为灵魂或心灵，与人的物理存在截然不同。③在心理学意义上，自我是一个由感情、情感、记忆、意志和知识组成的集合体，在这个意义上，它既不是主体，也不是客体，而是各种各样意识状态的汇集，或这些内在状态的总和”①。对于这三种自我概念，姚先生将其分别概括为：作为实体的自我，作为心灵的自我和作为意识的自我。

而对于儒家的关于自我的理解，姚新中先生指出：“儒家学派中的自我本质上是一个连续建构的有机体：它不是一个以思维为本质的实体，而是人在物理上、心理上和道德上逐渐成熟的一个积极活动的过程；它不是独立于环境的孤立存在或环境的对立物，而是个人履行对家庭和社会群体的义务时所形成和再形成的一种关系；他不是一个一旦形成再也不变的静止状态，而是一个从过去到将来的连续生长过程。”② 可以看出，姚先生眼里儒家的自我是一种动态的生长过程、是连续建构的有机体，是一种关系，这几点比较准确地概括了儒家自我所具有的显著特点。从姚先生对西方和儒家自我的比较性认识中，可以看出中国儒家和西方关于自我理解所存在的巨大差异。

不过，姚先生并没有论及印度的自我理解，而且姚先生是从较为具体的层面对西方和儒家的自我理解所进行的比较概括。实际上，通过对中西方自我理解的描述，可以在超越具体的更为抽象的层面对西方、印度和中国关于自我的理解进行一番比较，从这个意义上看，自我的理解在中西方的状况可以概括为三句话，即西方的自我是哲学式的形而上的自我和心理学式的形而下的自我。哲学的自我严格来讲就是认识论的自我，是意识的自我，自我确立的目的是缘于知识论的目的，是为知识的可靠性提供基础的自我。心理学自我是具有结构和功能的客体，自我确立的目的是为了寻求自我发展的规律；中国的自我是伦理意义上的形而下的自我，自我确立的目的是为了道德的目的；印度的自我是

---

① ［英］姚新中．1999．自我建构与同一性——儒家的自我与一些西方自我观念之比较．哲学译丛，(2)：62.

② ［英］姚新中．1999．自我建构与同一性——儒家的自我与一些西方自我观念之比较．哲学译丛，(2) 69.

印度独特宗教式的形而上的超验自我，这种自我具有浓郁的神秘主义倾向，自我确立的目的是为了宗教的目的。总的来说，这些有关自我的理解都是某种思想下的产物，都是为了服务于某种目的的自我，这为进一步理解“自我”提供了方法论指引。

（二）我是语言：语言自我

哈贝马斯有言：“既没有一种不依赖于语言而存在的对象，也不存在一种先于语言的先验意识和主体。”① 随着哲学语言转向及其在各个理论领域产生的巨大影响，在有关自我的理论探讨中，语言也引起了一些学者极大的兴趣，语言被引入到对自我理解的范畴中。这些学者从语言与自我的关联出发，不但开辟了对自我理解的新视域，而且也为本书提出“语言自我”这一新的观点奠定了坚实的基础。维特根斯坦、拉康和米德在把语言引入对自我的理解方面建树非凡，对本书的“语言自我”观之确立具有巨大的基础意义和启发意义。

语言哲学家维特根斯坦对自我的理解与语言有着密不可分的联系。维特根斯坦对自我的理解又与他的“唯我论”观点密切相关。对“自我”的理解是维特根斯坦唯我论的基础，维特根斯坦所理解的自我已经不是身体或心灵，即是说维氏的自我不是一个客体，不是一个经验的自我，而是形而上学的主体，是哲学上的自我，“哲学上的自我不是人、人体或心理学上所说的人的灵魂，而是形而上学的主体”②。维特根斯坦唯我论所要论述的核心问题是自我与世界的关系问题，而正是在论述世界与自我关系时，语言就不可避免地出场了。

维特根斯坦所提及的最为基本的核心命题是：

“我的语言的界限意味着我的世界的界限”③；

“‘自我’之出现于哲学中是由于‘世界是我的世界’”；②

“世界是我的世界这个事实，表现于此：语言（我所理解的唯一的语言）的界限，意味着我的世界的界限”③。从这里可以看到：

其一，我的语言的界限与我的世界方面，我的语言的界限是我唯一不可超越的界限，因为我们所想的一切都可以用语言表达，且我们必须通过我们自己的语言，来表达我们所知道的一切。换句话说，这就意味着语言总是一个人所理解的唯一的语言，而我的世界是由我的语言所说的总和构成，没有任何办法可以超越语言，“我们不能思考的东西，我们就不能思考；甚至我们不能说我们

① 转引自：方汉文．2000．后现代主义文化心理：拉康研究．上海：上海三联书店，81．

② ［奥］维特根斯坦．1985．逻辑哲学论．郭英译．北京：商务印书馆，79，80．

③ ［奥］维特根斯坦．1985．逻辑哲学论．郭英译．北京：商务印书馆，79．

不能思考的东西"[①]。由是，既然世界不能超过语言，即我的语言的界限，那么显然，我的语言是我的世界，世界是我的世界。

其二，维特根斯坦又通过另一个命题来说明上述命题，即"逻辑充满着世界；世界的界限也是逻辑的界限"[①]。对于这一命题，有学者指出："根据早期维特根斯坦实在——思想——语言同构理论，如果世界的边界是逻辑的边界，那么，这个边界也是语言的。"[②] 因此，从这一角度来看，我的语言的界限就意味着我的世界的界限。

其三，进一步而言，既然世界是用语言表述的世界，那么在语言界限之外的另一边，就是不可思考和言说的，这部分是无意义的，更为确切地说，界限之外的世界不是说不存在，而是说在语言界限之外的世界因其不能说而无意义。由此，我们可以看出，虽然维特根斯坦的自我属于形而上学的自我，是哲学的自我，但无论如何，自我已经与语言联系起来，自我具有了语言性质，为自我的语言理解开启了一扇门。

法国精神分析学家雅克·拉康在自我与语言问题方面提出了甚为独到的见解。在精神分析学说中，"主体"这一概念其实就是"自我"，因此，必须首先弄清楚拉康关于主体的见解。在拉康看来，主体不是传统上以意识为中心的自我同一的主体，恰恰相反，拉康认为真实的主体乃是无意识的主体，这就意味着拉康的自我是与无意识等同，是一种无意识的自我。

拉康把无意识和语言联系起来，用语言来说明无意识。对此，拉康有两个观点：

其一，拉康认为语言是先于无意识的，这突破了传统精神分析的无意识优先地位的认识，对此有学者指出："这可以说是一个不小的变革，特别对于语言来说更是如此，它意味着对传统的'理性中心——语言中心'的一个颠覆。大多数人的观念可以用这样一个公式来代表：意识＝语言，也就是说，语言是思维的直接表现。而拉康的公式则可能是语言＝无意识。在这方面，拉康有这样的观念：语言的先在性无可置疑，在人出生之前已经有了社会的符号系统，它是法律的化身，人生下来就无可避免地置身于语言符号这张无形的大网之下。"[③]

其二，拉康认为无意识是一种语言式的结构，"无意识不仅仅是一种与语言

---

① ［奥］维特根斯坦．1985．逻辑哲学论．郭英译．北京：商务印书馆，79.

② 苏德超．2009．"我"是谁——从维特根斯坦的角度看．华中科技大学学报（社会科学版），（3）：57.

③ 方汉文．2000．后现代主义文化心理：拉康研究．上海：上海三联书店，86，87.

有关的东西……而是一种根本上与语言同质的东西”①，即无意识拥有语言式的根本结构。

以上述两个观点为基础，拉康指出了无意识自我与语言关系的必然结果：一是强调了自我建构中语言所起的必不可少的作用，“主体只有在其言语的主体间性的连续性中才得到满足，而主体的历史正是构成在这言语中”②。自我一产生就必然地落入先在的语言中，无意识自我就是语言的产物，自我确立的过程就成为掌握语言的过程，正是通过语言自我才得以构建。

二是鉴于无意识与语言结构同质，无意识不但具有了结构，而且这结构还可进一步还原为语言结构而被把握，而对无意识的把握就是对自我的把握，就是主体即自我的形成过程，有学者对此指出道：“昔日淹没在水下的潜意识‘冰山’这一神秘的生命本源理论正在还原为可被主体掌握的清晰的语言结构理论。进而言之，无意识作为语言的不断被阐释的过程就是主体间性逐步确立的过程：人类主体唯有通过语言才能如其所是地形成。主体是言语的主体和面对语言的主体。人的生命的低级形态还是高级形态都是在语言符号中生成的，也是被语言所照明的。”③

拉康对自我的理解有两点值得注意：一是把自我与语言联系起来，指出自我是通过语言建构的；二是把自我等同于无意识，无意识与语言同构，从而自我与语言同构，从无意识的视域把自我从结构上看做是语言的，这已经触摸到了真正的“语言自我”理解。不过拉康却并没有从本体层面上将自我理解为语言自我，这与他将自我看做是无意识有关。这是因为，他将自我仅仅看做是无意识，拉康的自我本质上是无意识而不是语言，这无意识仅仅是具有了语言的结构而已。即在自我的本质的理解上，拉康并没有也不打算将自我看做是“语言自我”，这是拉康的不足之处。

美国著名哲学家、社会心理学家乔治·赫伯特·米德是符号互动论的奠基人，他的自我理论是其整个社会哲学中最为重要和核心的理论，而在米德的自我理论中，语言又具有举足轻重的必不可少的角色。

米德对自我定义的出发点是社会整体，即米德强调从社会整体出发来分析其中的个体，对此安德烈耶娃曾这样指出：“米德分析的出发点和社会心理学的其他理论方向不一样，不是个别个体，而是被理解成群体中、社会中个体交互作用过程的社会过程。”④ 由此，米德是从社会整体这个角度对自我进行

---

① 黄作．2005．不思之说——拉康主体理论研究．北京：人民出版社，264.

② ［法］拉康．2001．拉康选集．褚孝泉译．上海：上海三联书店，268.

③ 齐效斌．2002．人的自我发展与符号形式的创造．北京：中国社会科学出版社，54

④ ［苏联］安德烈耶娃．1988．西方现代社会心理学．李翼鹏译．北京：人民教育出版社，156.

定义的，自我在米德看来是一种社会实体，“自我是一种社会实体，是不能像希腊学者定位心理现象那样将其定位在心脏、大脑、或者其他器官之中的”[①]，这个社会实体的自我本质上是一种社会存在，他是整个社会系统和社会过程的组成部分。

在对自我的本质进行社会性限定之后，米德接着对自我进行了构成性分析。米德认为自我是由主我（I）和客我（me）两个侧面构成的完整统一体，米德指出：“‘主我’是有机体对其他人的态度做出的反应；‘客我’则是一个人自己采取的一组有组织的其他人的态度。其他人的态度都成了有组织的‘客我’”[②]，不难看出，在米德看来，客我是从他人的立场上评价和观察自己的自我，是内化了的共同体的态度，是组织化的他人的态度，是客体的、与自我互动的、社会的自我；客我根据各种社会价值限制，以一般化的他人的形式，使社会个体的思想行为得以塑造，从而使其得以实现内在的自我调节和社会控制。主我是在社会情境中对他人的态度做出反应，是自然的我、主观的我，是作为主体的我，这使主我具有了创造性、进取心和自由感。即主我具有主动性和创造性，他可以不断地对他人、对群体、对自然环境做出反应，调整自己。对于主我和客我，美国学者利特尔·约翰（S. W. Little John）曾指出：“米德是使用‘客我’的概念来解释社交上可接受和可调整的行为。而用‘主我’来解释一个人内在的创造性的和不可预见的冲动。”[③] 我国也有学者指出：“‘主我’是个人的冲动倾向，这是人类经验的初始的、自发的、非组织的方面，它代表个人未受约束、指导和训练的倾向。而‘客我’是类化他人的内在化，是群体态度和定义的体现，是道德规范的化身。”[④] 可以看出，米德自我的两个侧面，即主我和客我，体现的是个体的创造力和社会秩序的有机统一。

米德的自我不是与生俱来的，是在社会化的互动过程中形成的。柯林斯颇有见解地指出了米德的自我形成的互动性特征：“自我不是悬空的存在的静态统一体，而是动态的、历史的过程，包含了主客体的关系并且是在与其他自我的互动中产生的。”[⑤] 在指出了自我形成发展的互动性之后，米德认为，语言在自

---

① Mead. 1982. The Individual and the Social Self：Unpublished Work of George Herbert Mead. Edited by David L. Miller. Chicago：The University of Chicago Press. 148.

② ［美］米德．1999. 心灵、自我与社会．霍桂桓译．北京：华夏出版社，189.

③ ［美］斯蒂文·利特尔·约翰．1999. 传播理论．陈德民，叶晓辉译．北京：中国社会科学出版社，288.

④ 胡荣．1989，符号互动论的方法论意义．社会学研究，(1)：97.

⑤ 转引自：李美辉．2000，论米德哲学中自我理论的社会学转向．中共中央党校硕士学位论文，22.

我的互动性形成和发展中起着必不可少的关键作用。对于自我的互动性形成，米德认为需要通过语言完成两个方面的交流互动，即自我和自己交流，自我和他人交往互动。

一方面，米德认为，自我在社会化过程中是作为一个独立的社会个体存在的。语言，米德称其为“有意味的符号”，是社会中个体之间进行交往必不可少的依赖，即个体间的交往和关系互动只能通过语言进行沟通，人与人之间只能通过语言进行社会交往。另一方面，米德指出，自我还能和自己进行交流，这种交流包括自我的两个侧面即主我和客我的交流。米德认为，人都具有自我感，人不仅能够使用语言与他人会话，人还可以像自己跟他人交流一样和自己交流，“个体可以听到他所说的话，而且，他在倾听他所说的话的过程中，往往会像另一个倾听他的话的人做出反应那样做出反应”①。语言使我们自己在内心中与我们自己对话，这一点非常重要，正如有论者所指出的那样：“人可以赞美自己，与自己辩论，为自己感到自豪，或自己责备自己。在所有这些‘行动’中，我们都在同我们的自我讲话，与一个‘内部的人’讲话。我们和自己讲话，宛如同另一个人讲话一样。这种与自我一同发展的对话机制对人的生活是至关重要的，因为它是人类行动的一部分。”②

从米德关于语言在自我生成和发展中的必不可少作用的论述可以看出，语言是在工具意义上使用的，这与其关于自我的理解是分不开的，毕竟自我在米德那里本质上是社会的自我，而要实现自我的本质，就需要交流互动，语言在作为人类互动交流的工具方面具有不可替代的作用，从某种意义上甚至可以说，语言是自我社会化唯一的依赖。

总的来说，维特根斯坦的自我观中所提出的自我是具有语言性质的自我，这是具有极其重要意义的观点，他为自我的语言理解打开了一扇门。不过，维特根斯坦的自我，本质上只是一种抽象的哲学上的自我，一种形而上的自我，不是感性的、具体的、个人的自我；且语言对于维特根斯坦的自我而言，不是存在论意义上，而只是停留在存在者意义上。拉康虽然把自我与语言联系起来，并提出了自我正是通过语言才得以建构的具有创建性的观点，但他的自我在本质上却是无意识的自我，这个无意识的自我只是具有语言式的结构而已；米德指出了在自我的生成和发展中语言所具有的必不可少的作用，这一点和拉康的语言建构自我的观点相似。不过，米德的自我本质上是社会性的自我，是一种开放的、动态的自我，语言只是这种社会性自我形成发展的机制而已。总而言

① ［美］米德．1999．心灵、自我与社会．霍桂桓译．北京：华夏出版社，74．

② 李美辉．2005．米德的自我理论述评．兰州学刊，(3)：68．

之，这些学者关于语言与自我的理解，对本书提出“语言自我”的概念带来两点重要启示：一是从语言视角理解自我；二是自我在语言中建构，语言是自我建构的机制。

“语言”与“自我”的联系已不陌生，“语言自我”的理解也已经呼之欲出。就“语言自我”作为一个学术范畴进行专门讨论而言，目前还尚不多见。① 从这个意义上说，“语言自我”尚可算是一个陌生的新概念。我们这里认为，“语言自我”的理解包括两个层面：其一，自我在本质上是语言的，即自我的本质是语言，语言不是自我的某一属性，而是自我的本质属性；其二，自我的建构和发展是在语言中进行的，语言是自我建构的机制。对于第二点，米德和拉康已经予以说明，不再论之，只是在目的方面与米德和拉康不同，这里是通过语言机制以达到“语言自我”的实现，换句话说，语言自我在语言中并通过语言而得以建构。至于第一点，即把自我的本质理解为语言，需要进行论述，这也是“语言自我”之不同于维特根斯坦的形而上学自我、拉康的无意识自我和米德的社会性自我的根本所在。

要明证自我的本质是语言，首先要明确自我的所指。这里的自我不是维特根斯坦哲学上的抽象的自我，也不是拉康精神分析意义上的无意识的自我，也不是米德外求化的社会意义上的自我，而是教育意义上的处在发展中的具体的感性个体的自我，主体性是自我的最根本特性和自我存在之根本。由此，就可以直接面对自我的语言本质的证明，法国语言学家本维尼斯特（Benveniste）的语言主体性②理论为这一证明提供了资源。

本维尼斯特是语言主体性研究的开创者，他的语言主体性观点，有力地证明了自我的语言本质属性，这一点集中体现在他对“主体性”的看法上。本维尼斯特指出：“我们在这里论述的‘主体性’，是指说话人自立为‘主体’的能力……尽管我们可以随心所欲地把这一主体性放到现象学或者心理学范畴，那只不过是语言的一个基本特性在人身上的体现。言说的‘自我’即存在的‘自我’。我们由此可以发现‘主体性’的根本所在，它是由‘人称’的语言学地位

---

① 在中国知网文献检索中输入“语言自我”一词，检索时间段是1979年至2009年，结果只有13条记录，就其具体用词而言，如“语言自我感”、“第二语言自我”、“语言自我调节功能”等，与此处所论“语言自我”大相径庭。在谷歌和百度搜索中输入“语言自我”一词进行搜索，虽然搜索结果数量众多，但其具体情况也如在知网搜索一般。

② “语言主体性”中“主体性”一词，译自英文subjectivity，也有将其译作“主观性”，关于这一点已有专门研究这一领域的学者进行过探讨，这里不作细解，本书采用“主体性”译法，不过在具体引用文献时，由于有的论者采用“主观性”一词，只能保留原引文，从这个意义上来看，本书这部分的“主体性”和“主观性”可以通用，其所指为同一意思。

确定的。”[①]

可以看出，本维尼斯特首先认为主体性是自我存在的一种能力，换句话说，没有主体性的自我是不存在的；继而又指出，自我的存在就是自我语言的存在，即言说的“自我”即存在的“自我”；最后指出主体性与语言的关系，即它是由“人称”的语言学地位确定的，主体性的根本即在于语言。由此，我们已经不难看出，虽然本维尼斯特在主观上所要谈论的是语言主体性问题，但无疑在客观上，他已经从主体性方面确立了自我的语言本质观。

此外，本维尼斯特还在多处以不同的表述论及自我的语言本质属性问题，“语言之所以成为可能，正是因为每个人都自立为主体并同时在言语中将其自身称为‘我’”[②]，主体性、自我和语言在存在的意义上是一体的；“语言就是这样组织的，它能使每个说话者都能在自称为我的同时将全部语言占为己有”[③]，“人在语言中并且通过语言自立为主体。因为，实际上，唯有语言在其作为存在的现实中，奠定了‘自我’的概念”，[④] 这已经是从自我实现的意义上来说明自我的语言本质了。总之，正如本维尼斯特所断言：言说的“自我”即存在的“自我”，自我就是语言的自我。

最后需要指出的是，“语言自我”是具有教育学意义的自我。事实上，此前关于自我的任何理解都不是纯粹教育学意义上的，而只是其他学科意义上的自我，纵然偶有论者指出了所谓教育学中关于自我的理解，就其实质来看，也不过是其他学科有关自我理解在教育学中的运用，其中尤以哲学和心理学自我在教育学领域内的直接移植为最。

本书所提之语言自我则是从教育学意义上理解的自我，因为语言自我是主体性的自我，教育就是要发展人的主体性；语言自我是在语言中建构的，教育是一个专门促进人发展的特殊语言环境，是一种培养人的语言环境，自我只有在这个环境中才能迅速而有效的成就自我。而且最为根本的是，从本体上讲，教育是一种语言存在，自我是语言的自我，语言自我就是教育意义上的自我。教育学意义上的自我是发展意义上的自我，自我的形成就是不断发展的过程，自我的形成就是语言的形成和掌握过程，就是使自我不断语言化的过程。自我语言本质的实现是终其一生的，而且自我也是在语言中通过语言进行终其一生的自我建构的。

---

① ［法］本维尼斯特．2008．普通语言学问题．王东亮译．北京：生活·读书·新知三联书店，293．

② ［法］本维尼斯特．2008．普通语言学问题．王东亮译．北京：生活·读书·新知三联书店，294．

③ ［法］本维尼斯特．2008．普通语言学问题．王东亮译．北京：生活·读书·新知三联书店，296．

④ ［法］本维尼斯特．2008．普通语言学问题．王东亮译．北京：生活·读书·新知三联书店，291-293．

二、形成中的自我：自我在教育中的建构

人说话。我们在清醒时说话，在睡梦中说话。我们总是在说话。哪怕我们根本不吐一字，而只是倾听或者阅读，这时候，我们也总是在说话。甚至，我们既没有专心倾听也没有阅读，而只是做着某项活计，或者只是悠然闲息，这当儿，我们也总是在说话。我们总是不断地以某种方式说话。①

——海德格尔

“语言自我”作为教育学意义上的自我，这种自我的最大意义就是在教育中实现，在教育这个特殊的语言场中来实现自我的建构。教育本身就是一种语言存在，这种语言存在，在现实的教育场域中是以听、读、说、写四种最核心的语言形态来展现的，而自我的建构也正是在这听、读、说、写中成就的，这是每一个走进教育场域的个体自我实现其本质的必由之路。教育场域中每一个个体自我不是孤立的，自我的建构形成，还必须完成社会化，这要求每个个体自我之间必须通过不断交往而走向自我社会化，而语言就成为自我之间的交往之所以可能的无法替代的必然联结。于是，自我走向社会化的过程也是一个语言过程。

（一）听与读：被语言询唤的自我

教育中自我的形成，首先是在一种不断汲取信息、知识和文化的过程中进行的，即自我进入教育中，首要任务就是为了在教育中更高效地获取实现建构自我的“材料”。而“听与读”作为一种具体的教育场域内的语言形态，就是一种内敛的指向自我内心的思维过程，就是一种自我精神逐渐丰富与升华的过程。因为，“听与读”本身不仅包含着自我所需的“材料”，而且还要通过它们完成这种“材料”的提供。因此可以说，正是在教育的“听与读”中，自我在进行着初步的建构。

1. 听

1）何谓听？

听是教育中自我建构的一种重要语言形态，自我进入教育中首先遇到的就是听，自我在教育中的建构，大部分都是通过听来完成的。听之于自我建构是如此重要，以至于不得不追问一声：什么是听？在搜索答案的时候，却发现有

① ［德］海德格尔．2004．在通向语言的途中．孙周兴译．北京：商务印书馆，1．

这么一个关于“什么是听”的教育事件[①]：

一天，阿玮跑到我办公室，问：“王老师，你说什么是听?”

我一愣，他怎么会问这个问题？转念一想，课堂上我经常对他说：“阿玮，上课时眼睛要看着黑板，耳朵要认真听老师、同学的发言。”就这样，他大概不理解，到底什么是听。

于是，我想了想，说：“听，其实很简单，但也很不简单!”

话一出口，我就知道他听不懂，于是再作解释：“说听简单，就是因为人长了两只耳朵，只要有声音，肯定能传到耳朵里，就会听到，所以很简单；说它不简单，是因为要听懂别人说的话是什么意思，需要自己去思考，所以不简单。”

“我们平时在课堂上学习的听，就是后面一种情况，它不仅需要我们用耳朵听，更需要我们用‘心’去听。”

“噢!”他似懂非懂地应了一声。

我想起了常给他们解释“聪”的含义，于是就在纸上写了个“听”。

“你看，‘听’是由一个‘口’和一个‘斤’组成的。什么意思呢？‘口’就是嘴巴，意思就是用嘴巴说，在这里就是指从别人嘴巴里说出来的话；‘斤’在中国是一个重量单位，在这里的意思是指‘有分量的’。那么‘口’与‘斤’合起来的意思就是：从别人嘴巴里说出来的有分量的话。所以，‘听’的意思就是要理解别人说的重要的话。知道吗?”我继续对他说。

“知道了!”他说。然后，转过身跑回了教室。

后来，我查了字典，到底什么是听？字典上解释：

1. 用耳朵接受声音：～力、～写、～觉、聆～、洗耳恭～。

2. 顺从，接受别人的意见：言～计从。

3. 任凭，随：～任（rèn）、～凭、～之任之。

4. 治理；判断：～讼（审理案件）、～政。

5. 量词，指马口铁密封成筒状以贮藏食物、饮料等：一～可口可乐。

我想就是第一种解释吧，当然是聆听。

针对上述关于听的解释，有一个回复的帖子这样写道：“‘听’是由一个‘口’和一个‘斤’组成的，这样的解释不是很正确。因为这才是我们老祖宗创造的‘听’的原字‘聽’，要用耳，要用心，而右上部分则是用‘目’。”其实，

---

① 王渊．什么是听？. http：//www.mdsyxx.com/oblog3/u/%CD%F5%D4%A8/ archives/2009/785.html.

对“聽”字的分析还有更为详细和有趣的：[1] 听的繁体字是“聽”，左边是“耳”和“王”，意思是，耳朵是所有器官中传递你所需信息之王；右边的上部是“十”和“目”，意思是，听的时候，要有十只眼睛去观察非言语的信息；右下部是“一”和“心”，意思是，听的时候，要全神贯注，一心一意。上述分别从“听”的简体和繁体字字形，进行了意义分析和讨论，对我们理解听的丰富内涵，具有很大的启发意义。

其实，听在甲古文中从耳从口，表示是一用口说，另一用耳听之意。小篆则从耳从㥁，“㥁者，得也。耳得声为听”。《说文解字》中则解释为：“聽，聆也。”段注：“凡目所及者云视，如视朝、视事是也。凡目不能遍而耳所及者云聽。如聽天下、聽事是也。”网络在线词典《汉典》中的解释是：“形声。本字从耳德，壬（tìng）声。从耳德，即耳有所得，今简化为‘听’。‘听’本义‘笑貌’。从口，斤声。本义：用耳朵感受声音。”[2] 可以看出，听离不开“耳”和“声”，听的对象是声音，听的器官是耳朵。由是，凡用耳朵感受声音者皆可成为听，听的对象为自然界中的一切声音。

综合上述字形和词典的理解来看，听就是一切能为耳朵这个感觉器官所能感受到的声音，而这种感受除了耳朵之外，还必须有心的参与，即听是一种“操心”的活动。

不过，听在教育中的一般表达则是“听课”、“听讲”，是指有目的有内容的听，即听的对象有所限制，要听的是“课和讲”；听的要求有所要求，即集中注意力的听，要听懂，听明白。从这个意义上来看，上文提到的那个小故事所涉及的对听的释意，就颇有教育之听的意味，“要理解别人说的重要的话”，就是要听“课和讲”的重要部分，要听明白、听懂这些话，这当然就是要求用心去听了。这一点上，《说文解字》中用“聆”来释听，则似乎更能说明这一点，因为“从意义上来说，‘聆’特指仔细地听。段玉裁注《说文》：‘聆者，听之知微者也。’要知微，非仔细听不可。因此，在听的过程中带有品味、辨别的意味。”[3] 这种“仔细地听”实际上应是教育之听的最为基本的要求，即教育之听是要用心去听，思维着去听，辨别着去听，教育之听并不是散漫的、漫无目的地去听，教育之听也不是可听可不听的随随便便地听。

教育之听，自然需要仔细地听，听懂，听明白，然而教育之听并不是为听而听。教育之听还是一个主动的、创造性的建构力量，是一个自我积极地进行

---

① Mei Seung Lamu. 2000. The gentle art of listening：skills for developing family-administrator relationships in early childhood. Early Childhood Education Journal，27（4）：272，273.

② http：//www. zdic. net/zd/zi/ZdicE5Zdic90ZdicAC. htm.

③ 张楠，白云 . 2009. 略说“听类词”. 北京师范大学学报（社会科学版），(2)：140.

自我建构的过程。自我是听的参与者、加工者和创造者，没有自我对听的能动作用的听，不是完整的本真的教育之听，因为教育之听就是为了自我建构和自我发展。从这个意义上讲，听只能是为自我而听，而不是为外在的存在物去听。

在教育之听中，还有一个层面经常被忽视，即教听，通过教育教会去听。虽然，听在教育中也被认为是一种技能，显然我们依然停留在吸引听的技能上，即强调讲的技巧以吸引听上。事实上，教会听更是听教育之听的应有之意，因为它能更有效地实现自我的建构。

2）听之惑

教育中之听作为自我建构中不可替代的重要语言形态之一，在实际的教育生活中却并不是完美无缺的，甚至出现了严重的“失聪”现象，这“失聪”并非意味着听不到了，而是说这听出现了严重的扭曲和弊端，使听已丧失了其本真之存在，而成为一种异化自我建构的力量，听已经严重戕害了自我的建构。

听之扭曲，其重要表现便是“专心听讲”的“误入歧途”。“专心听讲”不仅是学生守则的要求，又是老师和家长们经常对学生“唠叨”的“听”之要求，与之相反的称呼往往是“注意力不集中”、“听讲不专心”等批评。然而，不料这“专心听讲”竟成了“该死的”！一篇《该死的专心听讲》道出了“专心听讲”的歧途之恶[①]：

专心听讲，表面听起来很有道理，希望安静。从另外的角度看，其实是打击、抑制了我们很多人的互动积极性的，同时也是对学问本身的亵渎，是折杀中国孩子情商（EQ）的最大祸首，这可以说是中国教育最大的失败。专心听讲也是最失败的发明。害的小孩一去上学，家长就说：小宝，去学校记得要专心听讲，上课要安静，听老师的话。于是这个孩子从小就养成了这样的习惯，觉得少讲话或者不讲话就是最大的优秀标准。害的老师在成绩单的评语栏写下这样的评语：该同学上课听讲认真，不起哄，希望再接再厉，更上层楼！于是，这个学生从此就不提问，不说话，老师说对就对，说错就错。最后遇到错的问题，家长告诉他：小宝，这个题目是错的哦。这个小宝就会告诉他家长，老师是这样教的，最后连家长都以老师为准，也在那里专心听讲。

老师总希望学生听他的，认真地听他的。不管他在上边教的你喜不喜欢，听不听得懂，只要你专心听讲。于是全班同学鸦雀无声，最后老师讲的对也是对，错也是对。更糟糕的是你讲完还问：听懂了吗？下面也不知道什么，就答：听懂了。一般回答很齐的，证明你这个老师上课很失败，因为他们知道你问的

① 该死的专心听讲．http：//qianzhen28.blog.163.com/blog/static/26768289200971632911195/.

问题很白痴。

这确实道出了“专心听讲”已经“变异”之痛处。本来专心听讲是要集中注意力积极主动地去听，用心去听，思考着去听。但在现实中的很多情况下，听却成为了一种纯粹的被动的听，成为顺从的听，服从的听，完全接纳的听，没有积极性、主动性的听，没有思维参与的听，听完全成了一个凝固的“接受容器”。

在这里，专心听讲已经成为一种没有听者“自我”的听，“在倾听他们自身中却无法听到其自身，亦即自我被社会化为顺从及自我异化的一个条件，失去了与它自身的联系”①，自我在听中不是听的主体，不是自我在听，自我已无法听到其自身。自我在听中不是在进行建构和成长的主体，而是在听中丧失和隐退，这种“在听”的自我，已经成为本真自我异化的一个推动者。

专心之听的异化使教育之听迷失了方向。教育之听本是自我通过这听而获取智慧来实现自我的发展，教育之听本是为自我成长发展而存在的听，可以说，没有了自我的发展，教育之听也就没有了存在的必要和可能。而倘若这种没有了自我发展的所谓听依然存在的话，那么，这已经不是本真的教育之听了。专心听的异化就是使自我成为了听的奴隶，成为了听的机器，听已经不是为自我发展而存在，听已经成为一种异化自我的控制力量。因此，听已经走向了一条与其本真之态背道而驰的不归之路，听已经失去了方向。在这种情况下，以听之强迫力量妄图实现自我的成长和发展，那只能是徒劳的。

教育之听除了听之异化，还有一种普遍存在的而为教育所忽视的听之弊病，即不会听。这种不会听有各种不同的表现，有“左耳听右耳冒，老师说啥不知道”式的听，有在课堂上表现出相当“认真状”但实质上却听得一头雾水的听，有学生以自身具备的能力和养成的听的习惯来决定听什么、什么时候听的“有选择地听”等，不一而足。

事实上，虽然教育将“听”作为一项重要的培养能力，但这种能力似乎仅仅局限于听的兴趣的激发，或听的技能技巧的偶尔指点层面上，而这种兴趣的激发和技巧的指点本身就是需要听的，这就意味着这些兴趣的激发或技巧的指点也存在着听不懂的可能。

另外就个人经验而言，似乎每个受教育之人都有这样的感觉，即自己在受教育之时似乎并没有有意识地感到，自己通过教育之听而学会了听。教育中的每个人都是有耳朵的，但长着耳朵并不意味着会听，只是说明能听，这能听就

① ［美］大卫·M. 列文 . 1997. 倾听着的自我——个人成长、社会变迁与形而上学的终结 . 程志民等译 . 西安：陕西人民出版社，39.

是教育之听进行的基础，教育之听就是要求自我在教育中通过听而被教会听，即自我在听的过程中学会如何听。

3）听之途：学会倾听

教育必须走出听之惑的困境，还教育以听建构自我的本然之态。那么，教育应采取何种之听，才能走出困惑之途呢？美国语文教学研究会主张用“倾听”来代替“听课”一词，给我们带来了可循之道，即是说，教育中之听也可用“倾听”来解惑。然则，倾听又何以能解惑呢？这是由倾听的本质要求所决定的。

对于倾听，有学者从听和倾听的区别上对倾听进行了说明：“听只是一个生理过程，它是听觉器官对声波的单纯感受，是一种无意识的行为。倾听不仅仅是生理意义上的听，它更应该是一种积极的有意识的听觉与心理活动。通过倾听，不仅可获得信息，而且还能了解情感。”① 很显然，听见了并不等于是倾听。而美国语文教学研究会会长丹尼斯在《美国教学创意手册》中指出：“倾听的能力包括理解教师口语表达的信息和能在头脑中将语言转换成意义两部分。”② 由此可以看出，倾听与理解和意义获得密不可分，甚或可以说，倾听本质上就是一个理解和意义获得的过程。

倾听与理解密切关联，这一点伽达默尔给予了相当的关注。在伽达默尔看来，倾听与理解是谁也离不开谁的共同存在，他在《论倾听》一文中不断表达出这样的观点：“倾听与理解是不可分割的，以至于整个语言的发音也在一同说出什么。”“没有理解的纯粹倾听是不存在的。但是显而易见，也不存在某种没有倾听的理解。”③ 以此为基础，伽达默尔将理解看做是倾听的本质，“这便是倾听的本质：将言谈的所有段落在一种新的统一方式中来理解，言谈就是被说出的语言，而不是词语”③。伽达默尔进一步将倾听的实现方式也看做是一个理解的过程，他指出，“这里关系到倾听的实现方式。这并不像一架机器接受某物那样简单。言语是在他人的理解中实现的”，“听者必须在倾听中理解，言说是在倾听的无声回答中被接受”③。从伽达默尔的观点可以看出，理解与倾听本然就是统一的不可分割的整体，而理解就意味着自我在倾听中的参与，自我是作为主体而去倾听。

倾听又是一个意义获得的过程。在这里，意义获得的实质就是由听而获得的信息、感情、知识等加工而成智慧的过程，这实际上也涉及听之根本目的问

① 康青．2005．管理沟通教程．上海：立信会计出版社，43.
② 转引自：孙景杰．2003-03-5．走出三大“倾听”误区．中国教师报，B04.
③ ［德］伽达默尔．2001．论倾听．安徽师范大学学吧（人文社会科学版），(1)：2.

题。即听是为了最终生成意义而或获得智慧，“爱智慧，表明我们对于智慧的臣服忠心，表明我们惊讶于存在之崇高壮美而情愿授受智慧之教诲与启导，这便需要‘听’，且是聆听、谛听或倾听。我们在这‘倾听’中真切地体验着对于‘智慧’之‘爱’。可见。‘爱’表征的是一种向往，而‘听’则是这一向往之具体化的行为”①。听就是为了智慧，听不仅仅是对某种既定现成东西的消化理解，更是一种创造和创新，因为获得的意义总是自我的意义，这意义是属于我的意义。而这种我的意义只有在创造和创新中才能产生，这恰恰是生成智慧之时，自我智慧之生成就使自我建构达到了一个新的高度。

总之，既然倾听是理解和意义的获得，这就决定了倾听是对教育中听之异化的反动。因为，理解是一个自我内心积极主动的活动，意义的获取则更是一种创造性的产物，这都与被动、服从、僵化接受的听格格不入。

问题是，如何实现倾听？在教育中，倾听的实现是需要教的，然则如何去教？先看一个案例如下：

宁鸿彬是另一位很有影响的语文特级教师，他很重视学生听说能力的培养和训练。他的常规训练中就有这么一项：讲说与听记训练，即一人讲说众人听记，分阶段进行。如第一阶段讲故事，每节课按座次，一名学生上讲台，有声有色地讲一个小故事，故事只要是课外的，三分钟左右能讲完的就行。上面学生讲故事时，其他学生边听边作记录，记录的要求是简明扼要，人名、物名、时间、地点等关键内容摘记原话，其他则用若干词语跳跃式地记出要点，不一定是通顺连贯的话。讲毕记完，指定学生读自己的记录，老师当场进行指导。②

这个案例是一个涉及了听、说、记等方面的综合过程，不过从中可以体会出其关于倾听之方面的教，这种教是让学生在倾听中体验如何倾听、学会如何倾听，是学生积极参与，充分发挥主动性地学倾听，是个很好的教倾听的案例。

不过，教并不是固定的某种形态，是需要教的创造力的，“教无定法”就是这个道理。但是，这里需要特别强调的是，无论采取何种方式方法，重要的是要唤起学生的倾听意识，使倾听由自然走向自觉，自觉地去倾听，自觉地去完善倾听，使倾听成为一种自我的发展之态。

教倾听还有一个重要的不可缺少的条件，就是教师必须先学会倾听。海德格尔在《什么是思想》中写道：“我们在目前可做的或可以学习的，就是去切近

---

① 邹诗鹏．1997．“倾听”哲学生存论的意义阐释与反省．江海学刊，(3)：59．

② 柳味梅．1999．试论听、说、读、写的统一性：学习叶圣陶语文教育理论的心得．南京师范专科学校学报，(2)：63．

地听。学会倾听也是师生应当共同关注的事。”① 可以看出，学会倾听也是教育应当关注的事。

事实上，这也是教师必须予以关注的事，因为很难想象一个不会倾听的教师，能够教出很会倾听的学生，这正如日本著名教育家佐藤学所说：“没有学会倾听的教师，就没有学会倾听的学生；哪个教室里有不会倾听的学生，一定有不会倾听的教师。要想让学生学会倾听，教师首先要懂得倾听学生，除此之外，再也无法找到其他更好的办法了。”② 教师倾听有许多种价值，在教学生倾听的意义上，教师倾听是了解学生倾听的根本之途。教师只有去倾听才能真正体验和感受倾听，才能对学生的倾听“感同身受”，从而更容易理解学生的倾听；教师也只有通过倾听学生，才能知道学生在倾听方面存在的问题，从而解决这些问题。

2．读

1）何谓读？

读是教育中另一种重要的自我通过获取“材料”实现自我建构的语言形态。然则何谓读？

许慎之《说文解字》中如此解之：“读，诵书也。从言，卖声。”《现代汉语词典》则列出了“读”的四种解释：①看着文字发出声音：朗读、宣读；②阅读，看（文章）；③指上学；④字的读法。可以看出，读是与书、文字、文章分不开的。有意思的是《现代汉语词典》的第③条解释，直接将读看做是上学，这就有把读等同于教育的意味了。于是，读就是读书，就是上学受教育之意了。其实，这与我们在日常生活中，说某个正在接受教育的人正在“上学读书”或“读书”的意思相同。

不过，“读”在教育中经常使用的术语则是“阅读”，直接用“阅读”来替代称呼“读”。当然，这里的阅读已经不单是语文课中所指之阅读，而是更为一般意义上的包括所有学科的阅读。然而，当阅读作为对象进入到审视视野之时，竟然发现这阅读是以一门“学”的姿态出现的，如“阅读学”、“阅读学基础”、“阅读学原理”等，这已不是我们所要探讨的范围，我们所需要明确的，只是对阅读之内涵的廓清。

在顾明远先生主编的《教育大辞典》一书中，是这样对阅读进行定义的：

---

① ［美］大卫·M. 列文．1997．倾听着的自我——个人成长、社会变迁与形而上学的终结．程志民等译．西安：陕西人民出版社，40.

② 李雪强．2009．作一个真诚的倾听者．福建论坛（社科教育版），(1)：55.

“阅读一般指默读和朗读，主要指默读。是从书面语言获取文化科学知识的方法，信息交流的桥梁和手段。”

《中国大百科全书（教育卷）》中则认为：“阅读是一种从书面语中获得意义的心理过程，阅读也是一种基本的智力技能，这种技能是取得学业成功的先决条件，它是由一系列的过程和行为构成的总和。”

庞弗瑞（Pumfrey）在谈到阅读的本质时指出，阅读“在本质上是一个建构性的思维过程，这是一个包含着清晰和模糊的意义理解过程”①。

史密斯（Smith）认为：“阅读是一种领悟文字语言意义的过程而不是把印刷品解码为有声的话语。”②

古德曼（Goodman）认为：“阅读是一个心理语言学的过程，阅读是以作者所编码的语言表面的陈述开始，以读者建构意义而结束。”③

叶圣陶先生在《略谈学习国文》中指出：“阅读是吸收的事情，从阅读咱们可以领受大家的经验，接触大家的心情。”④

此外，也有学者也提出了对阅读的理解：

“阅读是读者从写的或印刷的书面材料中提取意义或情感信息的过程”⑤；

“阅读是借助感官、通过思考来了解文字符号所表达的内容，并以理解意义为中心的智力活动。”⑥

从以上关于阅读的理解来看，可以得到如下几点认识：其一，阅读与“思维”相关，阅读是一个建构性的思维过程，体现的是主体的主动性活动；其二，阅读与“手段”相关，阅读是一种获取知识、信息的手段，体现的是阅读的工具性意义；其三，阅读与“技能”相关，阅读是一种智力技能，体现的是阅读作为自我的一种素质的意义；其四，阅读与“意义”相关，阅读是获取意义理解的过程，体现的是阅读的本质性理解。

不过，提到教育中之“读”，首先想到的就是朱熹老夫子那著名的“朱子读书法”，现代也有“读读、写写、议议、练练”之说，都是把读当做一种方法意义上来看，只不过一个讲的是读之方法，另一个讲的是读作为一种教学的方法。

---

① Pumfrey，P. D. 1977. Measuring Reading Abilities：Concepts，Sources and Applications. London：Hodder and Stoughton. 2.

② Smith，F. 1988. Understanding Reading：A Psycholinguistic Analysis of Reading and Learning to Read. Hillsdale，NJ：Lawrence Erlbaum Associates. 2.

③ Goodman，K. 1989. The Reading Proeess. *In*：Carrell P L，Devine J. Eskey D. Interactive Approaches to Second Language Reading. Cambridge：Cambridge University Press，12.

④ 叶圣陶 . 1980. 语文教育论集 . 北京：教育科学出版社，3.

⑤ 曾祥芹，韩雪屏 . 1992. 阅读学原理 . 郑州：河南教育出版社，273.

⑥ 魏克智等 . 1994. 阅读理论与实践论纲 . 长春：吉林人民出版社，12.

其实，教育中之“读”更具有另一种特殊性，读在教育中是一种“教读”，即读是一种有指导的读。亚里士多德在《诗学》中说过，“在一切事物中，目的是最重要的”[①]，而“教读”之目的有二：一是个体自我要学会阅读，这就是所谓的要通过学习而掌握阅读能力；二是要通过读实现自我建构，这也是学会阅读的最终目的，即读的终极目的是为了获取“意义”而进行自我建构。用一句话来说，读是在教之下的自我建构的过程中学会读的技能，以达到实现自我建构的目的。

由此，教育中的阅读从本质上说，就是自我的一个主动的建构过程，是自我的一个积极主动思维和情感活动过程，是意义和价值不断生成的动态过程。

2）读之异

阅读本是用来建构和形成自我的，然则在现实的教育中，阅读却存在着严重的畸形化状态，一则报道为我们提供了典型。《中国青年报》报道了这样一件事[②]：

本报发表于2008年12月24日的《寂静钱钟书》被选为福建省2009年高考语文阅读题，作为作者的本报前实习生周南（化名）自己试做了一遍题，总分15分中只拿了1分。尤为荒谬的是，一个被作者认为“说出了我内心最真实意图”的选项，参考答案却是错的。对此周南说：“我是作者，我做不出来，是我对自己的文章把握不好吗？他们可以指责一个答错题的学生不了解文章，总不能指责一个作者不了解自己写的文章吧？”同时，该文还提到了韩寒的相同状况，“‘80后’作家韩寒也曾‘细心地完成’了针对自己文章《求医》一节的中学语文阅读题，8道题只做对了3道。甚至，他选错了‘画线句作者想要表达的意思’”，“韩寒对此曾评论说：‘我真弄不明白为什么中国的语文喜欢把别人的文章一字一句加以拆解，并强行加上后人的看法，或者说是出题目的人的看法’”。

虽然报道说的是语文阅读，却代表了当前我国教育中普遍存在的读之状况。对此，我们不禁要问，这就是我们教育所期待的阅读吗？不！虽然可以找出很多理由，为此种阅读状况进行辩解，但却无法遮掩这样一个事实：教育中的阅读已经被严重畸形化了。

阅读理解已经不是让你去理解，而是按照考试答案去理解，这种阅读已经完全成为了“被阅读”，其实质是以考之读代替自我之读，读成为考试规训的产

---

① 转引自：高瑞卿．1987．阅读学概论．长春：吉林教育出版社，21.

② 中青报文章成高考阅读题 原作者解答仅得1分．http：//edu. cyol. com/content/2009-10/28/content_2907987. htm

物。阅读所要做的就是要符合考试规定的要求，阅读成为了考试圈定范围内的一种技能技巧。更为可怕的是，这种技能技巧本身也被异化为与阅读无关的事物，而仅仅成为一种应试的技能技巧。考试已经无形地“绑架”了阅读，读的一切都是标准化的、模式化的，阅读甚至成为了一种不用去读，而只需要熟悉应试的技能技巧就可以完成的任务。当读成为为应试而读的时候，应试就已经悄然成为了阅读的唯一目的。如此，读就走向了异化和变形，读的关键已不是思维和情感的参与，更不是意义和理解的获得，而是考的意图和分数的获得，读之下的自我建构就成为了考试机器的建构。

为分数之读，还体现在读什么上。当“读教辅”也成为一个响当当的读之名称时，当“读教辅”成为教育中一种普遍存在且无法摆脱之读的时候，分数幽灵之于读的无处不在，便成为一种显而易见的感知了。看看几乎任何图书市场中都可以找到的，那琳琅满目的教辅书的专卖区域，看看孩子们越来越重的书包，看看课桌前孩子们那被教辅书堆成“小山”淹没的脑袋，教辅猛于虎的感性直观，就立现眼前。事实上，“读教辅”已经成为一种教育中读之“热”：

每到新学年伊始，都是教辅书走俏之时。近日，记者在北京西城一家新华书店看到，书店辟一个大约六七十平方米的空间，专门出售教辅书，里面则是密密麻麻排列的书架和人头攒动的顾客。有家长为孩子买的，有学生自己挑的，还有家长带着孩子来的，新一轮考试大战将就从这里掀起波澜。记者在货架上看到，《高考总复习》、《高考白皮书》、《高考标准诠解》、《高考轻舟》、《状元之路》等，还有《中考必备手册》、《名师伴读》……记者问书店工作人员：“哪些书比较畅销？”工作人员一挥手：“都畅销，都好卖，卖不动的我们三星期就退货！”①

家有学生，房间再大也没用，叠床架屋的不是一科一本的教材，而是以每一本教材为轴心的教辅书群。北京一位高三学生家长粗做一番清点，孩子共有近 20 家出版社出版的教辅图书 60 多册；而初一学生家长刘静兰也数了数，孩子入学不足一学期，已买了 7 家出版社出的教辅书 13 册。②

像这样的例子是不胜枚举的，问题是这种热“点燃”的是什么呢？看看孩子们的回答：

乌鲁木齐市六中高二（九）班的杨睿对记者说：“我们需要教辅书，因为它可以拓宽我们的知识面。”乌市八中高一（六）班的王冠成说：“教辅书上增加

① 马兰 . 2004-09-08. 教辅书为何长盛不衰？工人日报 .

② 夏欣 . 2003-12-16. “鸡肋教辅”缘何飞满天 . 光明日报 .

了课本上没有的一些题型，对提高我们的学习能力有好处。”乌市六中实验班的维吾尔族学生苏比说：“语文课上，老师教的东西基本上够用了，但数理化的教辅书还是需要买的，教辅书对我们巩固知识有很大的帮助。”①

孩子们回答的所谓“拓宽知识面”、“增加新题型”、“巩固知识”，其实质就是两个字：“分数!”读教辅就是为了考出个好分数。对此，有论者一针见血地指出，“只要有考试就有教辅书”，“而对于考试，教辅书不过就是必备工具，与做菜要用菜刀没什么两样”②。读教辅的“热”，在点燃了为分数而读的时候，却同时“烧掉”了孩子们的创造力和想象力，窒息了孩子们的活力和热情，凝固了孩子们的思维和智力，消解了孩子们的主动性和丰富性。一句话，当教辅淹没了孩子们脑袋的时候，孩子们也就真的“没脑袋”了，这是一种读之悲，读之哀，读之大不幸。

读之如此，“教读”之“教”也是完全为了考试、为了分数而进行的“教读”。老师教读一篇文章，所关注的不外是文章字句的分析，段落的划分，段落大意的归纳，中心思想的总结。而对这些方面的读，也不需要读出什么理解来，因为一切都已经是定论，老师不厌其烦地字字句句的对文章的肢解，就是考试的重点，学生所需要做的，就是忠实地记下这些已经被讲解多年的固定的“标准诠释”。《雷雨》只能是揭示封建家庭的罪恶和工人与资本家之间的矛盾；《项链》只能是批判资产阶级虚荣心和追求享乐的思想；《祥林嫂》只能是抨击封建礼教的罪恶等。作品的意义不是在读的过程中自我的体验和理解，而是一套已经需要你必须接受的现成答案，读的用途只不过是临考前强记硬背的材料而已，你必须读出标准答案所要求的感情、意义和理解来：

不久前，我曾听过一堂课。一位教师讲《背影》。讲得生动，读得也感人。学生在教师极富情感的循循善诱之下，沉浸在父子情深的氛围之中。许多学生感动得流下泪来，我也被打动了。在课即将结束时，教师突然提出一个问题：“同学们，大家考虑一下，世界上最崇高、最伟大的感情是什么？”

提出问题后，课堂陷入一片沉思。我也被教师的提问吸引住了。学生思考后开始回答。有的说，世上最崇高、最伟大的感情是父子情，就如本篇朱自清先生所描写的。这是学生当然的答案，因为刚学了《背影》。教师说不是。有的学生又答，最崇高、最伟大的感情是母子情。教师又否定。学生开始猜，有的说兄弟情，有的说姐妹情，也有的说爱情。教师说统统都不是。我也思考半天，不知其然。我想教师一定有精妙、深刻、生动的答案。

---

① 延明等．2004-03-23．话说教辅书，怎一个“愁”字了得．新疆日报（汉）．

② 陆文军，浮蓉．2005-08-22．教辅书：尴尬地撑起图书市场．新华每日电讯．

最后教师以深沉的语调郑重其事地说："同学们，人间最崇高、最伟大的感情，既不是父子情，也不是母子情，更不是兄弟情、姐妹情、爱情。而是阶级情、民族情。本文作者描写父子情时，还是一个小资产阶级知识分子。这种父子情，就带有浓厚的小资产阶级情调。20世纪40年代，朱自清不吃美国的救济粮，所表现的就是一种伟大、崇高的民族情、阶级情。我们要善于把渺小的感情升华为阶级情、民族情！"教师一脸俨然、肃然，学生却是一脸茫然、木然。①

这样的读，使原本灵肉丰满、意涵丰厚、充满生命气息的文章，经过"教"的肢解，完全失去了魅力，成为苍白和死气沉沉的东西。

这不禁让人想起了关于人教版语文教材要大幅删减鲁迅作品的争论。在这里本书不打算对删减的好与不好、对与不对、应该与不应该问题进行讨论，即不谈论鲁迅文章本身的好与坏、过时与不过时的问题。这里只是想谈谈鲁迅作品的如何读的问题。

事实上，惯常的鲁迅作品的教读中，不是让学生在读鲁迅作品过程中去寻找和感悟一个有血有肉的鲁迅，而是把鲁迅描绘成一个诸如"横眉冷对"、"不妥协"、"战士"之类的标签化形象；不是引导学生从对鲁迅节选文本的阅读，以使他们主动进入到更为丰富的鲁迅作品世界中去，而是将鲁迅的作品定格为某种单一化的固定精神的代表，让人心生反感厌恶。这一点正如顾明远先生所言，"很多老师一上鲁迅的课，就开始介绍鲁迅的战斗精神，要孩子们攻克学习堡垒，让学生产生了逆反心理"②。可以说，在很大程度上，鲁迅是被我们的教育给"读"成"鸡肋"的。

总之，教育中之读已成为分数和考试的畸形儿，那自我建构，积极思维和情感活动，已经不复存在，有的只是凝固、呆滞和麻木的机械活动，那意义生成和价值建构的过程，已经泯灭，生成的只是一具分数奥卡姆剃刀剔剩的无血无肉的"枯骨"。读必须走出这畸形化的过程，恢复读之为读的本性。

3）读出"自我"：趣读

读作为教育中自我建构的重要语言形态，读之畸必然导致自我之畸。因此，读就必须读出那本真的自我，那在教育中通过读而实现的真正的自我。而这，就需要回归真正之读，这种读就是"趣读"，这正是"斩杀"分数和考试之读这个"魔头"的倚天剑。

趣读之关键在于"趣"。然则"趣"之为何？

---

① 韩军．2000．反对伪圣化．北方经济，(4)：9，10

② 网友热议：中学课本里是否应该删减鲁迅文章．http：//edu.sina.com.cn/l/2009-08-13/1729175979.shtml

袁宏道在《会心集序》中说："世人所难得者唯趣。趣如山上之色，水中之味，花中之光，女中之态，虽善说者不能下一语，唯会心者知之。"[①] 看来，趣在袁公眼里，是一个只可意会而不可言传的神秘的东西。然而，翻阅辞书发现，《辞海》中趣之解释有三：①旨趣；意旨。②兴会；兴趣。③风致。[②] 王力《古汉语字典》中则有两种解释：①旨趣、意味。②兴趣、趣味。[③] 可以看出，趣有兴趣、趣味、旨趣之意思。趣与读结合，则有使动之意，即要读出旨趣、读出兴趣、读出趣味之意。

就通常在教育中常用之"趣"的理解而言，一般指兴趣，常见的表达有诸如"学习兴趣"、"阅读兴趣"、"数学兴趣"、"物理兴趣"、"激发学生兴趣，提高教学效率"、"培养学生兴趣，增强课堂活力"、"语文教学，因趣而立"等。兴趣在这里被理解为一种愉悦的情感或情绪，其作用仅仅是为服务某种目的的一种手段。即兴趣被经常理解为达到某种教育教学目的的手段看待。

综上而论，趣读之理解有两层含义，一是趣在作为手段之意义上的理解，即趣读意味着通过调动兴趣而使学生愿意读，喜欢读，自觉主动地去读；二是趣在本体意义上的理解，即趣读意味着读之本然存在就是趣，趣是读的本体存在，趣与读是本真的统一体。这样，趣读就具有了目的论意义，读就是为了趣，就是要达到趣，达到趣的一种审美境界。

因此，趣读既是手段又是目的。相对于分数和考试而言，在手段上，趣读是以趣为手段，而不是以分数和考试为手段来达到读；在目的上，趣读是以趣为目的，而不是以分数和考试为读之终极目的。

趣读首先意味着要读有乐趣。乐趣是一种对读有不断的好奇心和愉悦的感受，这种感受是与枯躁乏味和痛苦不堪相对的基本的感官感受。教育之读，首要就是摆脱分数和考试之读的乏味和痛苦，从而喜欢读并获得读之乐趣，这就是要达到郑振铎谈及读书时那句口头禅"喜欢得弗得了"。教育之读是一种教读，教出乐趣之读是教育之读的第一步，也是最重要的一步。由于教育之读所读者为教材，故教在导出读之乐趣上至关重要，那应付考试的固定套路的"段落大意"、"中心思想"或"基本公式"、"例题讲解"式的灌输讲解，是无论如何难以使人读出乐趣的。英国作家乔治·麦克曾经说过："即便是最平淡无奇的房子，一旦我从镜面里去欣赏时，也要变得富有诗意的了。"[④] 教就是这面镜子，它的任务就是，让即使是最平淡无奇的读，也能从教这面镜子中展现出乐趣。

---

① 袁宏道.1995. 袁中郎随笔. 北京：作家出版社，170.

② 辞海编辑委员会.2000. 辞海（1999年版缩印本）. 上海：上海辞书出版社，5521.

③ 王力.2000. 古汉语字典. 北京：中华书局，1347.

④ 转引自：力军.2004. 读书的乐趣. 陕西审计，(4)：42.

乐趣在于发现，教读就是教会学生发现读的乐趣，而这个发现读的乐趣的过程，实质上就是学生自我心灵与读的关照过程，“有了经典文本，再加以启发式的引导，可以让学生们通过阅读来检视自我、提升自我，从而养成内省和深思的习惯。如果真正把阅读当做一个心灵自我关照的过程，阅读的乐趣便会油然而生。更重要的是，在这样一个汲取、体验与思考的过程中，好奇心、求知欲、认识的独立性、怀疑态度的萌发与形成，对于培养创新精神具有重要的作用”[①]。教出乐趣之读，就是这样一种充分实现自我主体性而不为外物所困之读，也只有这样的读才可谓趣读。

趣读其次意味着要读有情趣。情趣是指已经摆脱了纯粹感官享受的那种乐之上更高的一种趣，情趣强调的是一个“情”字，情即情感之意，而非其他之情。趣与情结合显示出的是一种积极的情感，因为情展现出的是趣而非厌、烦、恶之情。读有情趣要求的是一种情感之读。情感与自我关系密切，“正如米德指出的那样，虽然情感并不一定存在于自我形成和建立的基础部分中，但它们确实在自我的精心制作、毁坏、衰退和重组中占有中心地位。或许就凭这个缘故，我们也必须在对情感的研究中保证自我的重要地位”[②]。自然，通过读而进行自我建构，情感就成为必不可少。教育中情之读的本质要求，就是通过全身心的情感投入读之中，而达到自我的情感建构方面的完善和实现。

“大家要带着情感来读”是上学时老师经常要求的一句口头禅，这说的就是读之情感投入，然则情感之投入不是说投入就能投入的，毕竟情感是一种内心体验和心灵世界的丰富，其所要求的必然是自我主体性和个体性的一种积极参与状态，而要达到这种状态，面对“教材”这种的读，却并不是一件容易的事，于是教就显得异常重要。

读之情感如何去教？有学者对此指出：“一是教育者以积极饱满的热忱、健康的情感、良好的个性形象投入教育过程之中，在整体中把握客观知识的逻辑联系和意义结合；二是教育者善于运用各种方法、手段诱发、激励与协调受教育者的积极情感；三是实现教育活动中的情感渗透与迁移。这三个方面是互相联系的，教育者的情感是重要的前提，诱发、培养受教育者的情感是目的。”[③]看来教者的情感异常重要，其目的就是要达到以情传情、以情育情。即教读之目的是为了撞击和点燃学生心灵中之情，使学生真正得到情之体验，从而投入自我之情，最终实现自我情之建构。

---

① 薛峰 . 2002. 体验阅读乐趣 . 博览群书，(6)：78.

② ［美］诺尔曼·丹森 . 1989. 情感论 . 魏中军，孙安迹译 . 沈阳：辽宁人民出版社，92，93.

③ 李建华等 . 2002. 情感教育：人文知识内化为人文素质的机制 . 高等教育研究，(2)：85.

趣读再次意味着要读有理趣。要理解理趣，“理”字的理解至关重要。理趣最常见的是作为中国古代诗歌批评与鉴赏中的一个重要范畴，这里的理之所指，或是理学之理、玄学之理与禅学之理，或是诗词中的说理议论。这与本书关于教育中读之理趣的理解大相径庭，读之理趣之“理”，乃是理性、理性思考之意。不过，这理性之理与趣结合，就意味着这理性必须具有打开人们智慧大门的启迪性，引发人们去思考人生，思考社会，思考宇宙，这体现的是以趣言理、趣理混融的理性精神。

教育中读之理趣，是自我进行理性思考的读，是一种充分发挥和实现理性精神的读，其目的是完成自我理性精神的建构。然而传统之读也强调理性，只不过那种对理性的强调多陷于工具理性的泥沼，使读成为一种规训技术和方法，没有自主，没有批判，没有独立思考，只有分数和考试，是一种无“趣”之工具理性式的理性之读，由这种读所型塑的自我是一种畸形的自我。因此，教读所要做的就是要教出理趣之读，摆脱规训理性之读。

为此，教读首先要教学生学会自主的理性思考的读，学生是理性思考的主体，而不是以教之思代替学之思，强调的是理性思考的主体性，解放学生的理性思考，给学生理性思考以自由。

其次，教读要教会学生批判地去读，批判意味着不盲从，具有自觉反思意识，即要对读之内容不断进行反思，不是被读牵着鼻子走，而是用理性引领自己去读，要敢于发表自己的独到见解，不断反思读之于自我意味着什么，反思自我是如何通过读而进行建构的。当然，批判是建设性的批判，而不是盲目的反驳和拒斥。

最后，教读要教会学生去创造性地读。理性精神是一种创造精神，即要达到读而有超越。理性之读并不仅仅是一个自我的被动接受过程，它要求读出自我的判别和思考，读出书中所没有的东西，读出自我的东西来，这自我的东西就是创造性的东西。从这个意义上讲，自主理性思考地读和批判地读，其最终所要达到的，就是创造性地读。事实上，这三种读应是一个共同发生的过程，互相影响，互相促进，缺一不可。

（二）写与说：我言，故“自我”成

自我在教育中的形成与发展，不但需要通过“听与读”的汲取来完成，还需要通过“写与说”的释放来实现。即自我在教育中之建构，还需要通过“写与说”从内心到外部世界的发散来进行。作为教育中另两种重要的自我形成和建构的语言形态，“写与说”所要完成的任务，就在于通过自我在教育中有意识、有目的的表达来实现自我建构。一方面，“写与说”能够展现自我发展的状

态和程度；另一方面，“写与说”本身就是一种发展“材料”，自我正是在“写与说”中不断走向完善和完满。

1．写

1）何谓写？

如今使用的“写”字是从繁体字“寫”简化而来。“寫”为形声字，中文字源（Chinese Etymology）网站[①]提供的关于“写”的解释为：其有意义部分为“宀”，是修造屋顶（building roof）的意思；从文字来源上看，写是指在屋顶下完成某事（writing is something that is done under a roof）。《说文解字》的解释是：“寫，置物也。从宀舄声。”“宀”为房屋之意，“舄”（xì）为声，而“舄”在《说文解字》中释为“鹊”，其金文为“”，宛如一只正在扇动翅膀喳喳鸣叫不止的喜鹊。对于“置物也”，段玉裁注为“谓去此往彼也”，如此，就可以将写的本意理解为将物品从别处移置到房屋里来。

从写的字源来看，所涉及者不外乎“房屋”、“移置”、“喜鹊”之类，似乎“写”并没有多少教育意义。然则，有论者将“写”进行了非常具有想象力的解读，并将“写”与教育联系起来，不禁让人叫绝：[②]

一是“写”这个字创造的真好，给予我们无限的想象空间，激发着人类必须去创造。我们从“将物品从他处移置到这房子里来”可以想象，地球上房屋造的再多、再大，也难以放下所有的物品，并且让一代代人享受这些物品，这个问题怎么解决？“写”就能解决这个难题。而将现实中的物件保存下来，即移置于可描绘的绢布、皮革、器皿或纸张上，甚至是记忆中，皆可称为“写”。用文字在房屋里记录下来，这一问题就解决了，而一代接一代的人们就可以享受无数的物品了。这是多么美的描绘啊！古人留下的所有文字，不就是为了这个目的吗？

二是所教的学生不能喜欢上写，应该是所有老师最遗憾的事。因为不喜欢写的学生，是不会“叫”的反映，是不会把物品移置自己的房子里的表现，是生活在空空的世界里没有多少生命力的表现。而对于全体学生来说，他们都是有生命力的，都能够“叫”起来，肯定都有着这种移置能力，作为老师不应该怀疑学生这种能力，不应该有着孩子不是写作的料这样的想法。

三是写是生命的存在。在房屋里写东西，不就是人在屋子里展翅飞翔吗？这太有生命力了！多少年来，小学阶段的习作引领，没有多少老师引领学生

① http：//www.internationalscientific.org/.

② 彭敏．什么是写？．http：//teach.suqian.gov.cn/？uid-7846-action-viewspace-itemid-144592.

明白习作就是要求自己展翅飞翔，像喜鹊一样扇动翅膀张大口喳喳地叫。可以想象，如果我们是这样引领，学生不就很容易被我们唤醒吗？喜欢写不就简单了吗？哪有人不愿意飞翔？写这个字真的非常好！作为中国人应该真爱这个字！

用文字移置代替物品移置，所移置者就可以流传百世，写具有记录之意；学生先天具有移置的能力，即写的能力，教育就是要使这种能力展示出来；写就是发出自己的声音，自由地进行自我表达。这就是上述从“写”之字源中所想象出来的意义，而且其中有关“写”与教育的部分，已经具备了教育之写的内涵。

除了写的本源意义之外，写在此后的发展中产生了很大变化，出现了许多意思，可以引申为写字、作画、描摹、摹拟、输送、宣泄、倾吐、去掉、叙述、创作、写作等。不过，在教育中，“写”字是具有其独特内涵的，这主要包括两个方面：一是写是自我心灵的表达，是自我建构的方式，通过写来展示自我而进行自我建构；二是写是自我必须具备的自我建构的一种能力，这种能力正是通过教育而不断为自我掌握，最终成为自我能够自由自觉运用的素质。不过教育中的写又有各种具体的形态，其中最重要的有三，即记笔记，做题，写作。考察教育中这三种“写”的具体状况，对于教育之写更好地写下去，无疑是有所裨益的。

2）写之困

在教育中，写是以各种形态来展示自己在自我形成中的巨大力量的，记笔记，做题，写作等，这些具体的写的样态，对每一个学生来说是相当熟悉的。然而，就是这些相当熟悉的“写”，在教育现实中展示出的却是写对自我的迷失，相对于写之本真面目而言，写已经远离了家园，展现出的是一幅陌生的面孔。而可悲的是，我们的教育已经习惯了这种陌生，不断重复着这种陌生，生产着这种陌生。因此，必须揭露写的陌生，使写重新回到那熟悉、温馨的家园中去。

首先，记笔记之写。谈到记笔记，必须提起一事：有一次，巴甫洛夫讲课时发现台下有个学生始终不抬头地记个不停。他马上中断讲课，说：“亲爱的先生，你打算当速记员吗？”可以看出，记笔记并不是一项机械重复的活动。其实，记笔记也是一种自我表达，只不过是一种特殊的表达，即这种表达是通过教师的表达来表达自己，记笔记的过程就是自我展示自己的过程，就是自我表达自己理解的过程。一个人的笔记就是一个人的风格，毕竟是记下自己的理解，而不是录下他人的理解，是“记”而不是“录”。

不过在教育中，这记笔记却变了味：或把记笔记等同于记“板书”；或把记笔记当成是一项学习任务，统一要求记笔记，统一检查记笔记，全班笔记如出一辙，有时为了应付教师检查，就随便拼凑了“交差式的”笔记；或把记笔记等同于课堂实录，事无巨细，不假思索全盘记录下来，记笔记成为了“录”笔记；或是课后式记笔记或复印笔记，课后把别人的笔记拿来抄一遍或复印出来，以应付考试复习，进而出现考前印笔记，考后烧笔记的现象。

这些变了味的记笔记，从本质上言，都是服从于外在的需要，而不是发自自我心灵的表达，正如有论者所言：“把学生看做是一部‘录音机’，单纯被动地接收和记录，不能够引导学生进行独立的和创造性的学习，致使记课堂笔记成了一种纯粹的‘形式’和负担。”[①]当记笔记成为一种形式和负担的时候，记笔记的本真价值也就消失了，而写的意义也随着记笔记价值的消失而不复存在。

其次，做题之写。做题是教育中经常遇到的写，也是非常重要的一种写。不过提到做题这种写，耳熟能详的词就是“题海”、“题海战术”。事实上，在现实中，做题之写在教育中已经与“题海战术”等同。对于做题，词典中没有解释，但是其目的很明显，教育就是要通过这种写的形式，使自我理解知识，掌握知识，并在知识的理解和掌握的基础上，通过做题来表达自我，展示自我，形成自我的创造力。

但是“题海战术”呢？有趣的是百度百科中竟然提供了这个词条的广义和狭义两种解释[②]：在狭义上，这一词汇表示的意思是为达成某一任务（多指考试或检测），进行大量的，不受时间、地点限制的做相关习题。并不考虑其质量与效率；在广义上，这一词汇也可引申为依靠数量取得胜利，而非质量，与“人海战术”相似。从中可以看出，无论“题海战术”是在狭义或广义上的理解，其强调的核心都是“数量”的大，其实从“题”之后的“海”字，就可以看出这题之数量的庞大了。本来，做数量庞大的题，并不意味着自我就不能实现知识的理解掌握，也不意味着自我的创造力就不会激发，更不意味着大量做题就必然是坏事。然而，在教育实践中，题海式的做确实普遍存在着极端化、工具化的状态，考试幽灵的作祟已经使题海式的做题，完全成为了获取分数的一种手段。于是，本来去做海量的题，已经挤占了学生大量自主性学习的时间，已使学生疲惫不堪。而为了考试，这海量的题也走向了另一种极端，题目中充斥着大量机械、重复、叠加、抽象和枯燥的内容，做题完全成为了机械的训练，做题已经成为学生的一种苦役和负担，做题已经完全成为了考试分数的工具。如此，学生的怀疑精神、批判精神和创新精神在题海战术中泯灭；学生的主观

---

① 杨昭宁．1993．改进课堂记笔记方法的实验研究．教育研究与实验，(1)：76.

② http：//baike. baidu. com/view/340871. htm？ fr＝ala0

能动性，学生喜欢求知、善于求知、享受求知的乐趣在题海战术中丧失；学生的灵性、思想、智慧、想象、梦想和激情在题海战术中消亡。

最后，写作之写。写作作为教育中促进自我形成的一种语言形态，事实上指的就是语文中的作文。提到作文，脑中首先蹦出的是几天前和一师弟聊起他上小学的女儿写作文的事来。师弟告诉我，他女儿的老师要求写一篇作文，题目是“我和一只小鸟的故事”。这可难坏了小姑娘，因为她从来没有和一只小鸟有过任何的所谓“故事”。确实，写这样一篇作文，你除了编造，别无他法。事实上，这样的作文之写也是我的学生时代经常遭遇的事情，而如今却依然存在于我们的教育中，确实让我颇感吃惊。不过，当我把目光投入到与“作文”相关的资料阅读时，却发现，与此类似的作文问题确实相当严重和普遍，截取几个镜头观看之：

镜头一：

去年某省的高考作文试卷，据抽样调查，竟然有百分之四十的作文都出现在父母双亡的考验之下战胜脆弱的假话。①

镜头二：

一堂语文课上，某老师正在兴趣勃勃地讲授着作文，题目是《我的老师》。

师：“同学们，你们认为，这篇文章的开头应该怎么写?”生：“他经常穿着花布衣，头发乱糟糟的，似乎没有一点精神，他就是……”“不对。”老师马上打断他的话，“这样写可不好，把老师写得形象不好，肯定得不到高分……你可以这样写：你花白的头发，如同洁白海棠花，你干裂的嘴唇，如同为我们流干了水的河床，你……”老师在那里滔滔不绝地沉浸在自己的创作冲动中，下面学生开始嘀咕：“杨老师并不老，头发不白，嘴唇也不干，我见他搽上摩丝还亮闪闪的呢！平时头发是很乱嘛，走路就没有精神嘛……”“就是，这不是造作文吗?”“哈哈！不造哪有优秀作文啊?!”②

镜头三：

新学期伊始，《海峡都市报》收到了林女士的来信，信中充满了苦恼——

9月份开学后，我的孩子也升入了初二，可才开学就被他的新班主任（语文老师）叫了去，说是要我去学校谈谈孩子的教育问题。一到学校，老师先给我看了新学期布置的一篇作文——《我的家庭》。不看则已，一看我差点气晕过去了！作文开头就写：3岁时，我死了妈妈，从小跟着奶奶长大……

---

① 顾振彪．1999-06-09．如何根除学生作文中的假话．光明日报．

② 程善峰．2006．追寻生活的作文．天津：天津教育出版社，3.

回到家后我生气地责问儿子，上中学后作文就没写好过，到了初二越来越假，写作文怎么胡说八道、编造故事呢？想不到他还理直气壮地说，这是从优秀作文集上抄来的。这让我大为震惊，因为从上学以来，儿子的作文一直不好，常常听他抱怨：作文没什么可写，写不出来。看他那模样，也着实可怜——经常是憋了半天，才写了两行字，好不容易“挤牙膏”般挤出一段文字，又觉得不满意划掉了重写。后来也请了许多老师来辅导，还订了一摞摞的报纸和优秀作文集给他看，想不到，结果却是事与愿违。[①]

镜头四：

有篇文章叫《最感人的理想》，写作者在外漂泊多年后回乡并探望年迈的启蒙老师，随手翻开老师案几上的作业本，看到一个二年级学生的作文——《我的理想》。作文是这样写的：“阿爹还没走（当地称人死为“走”）的时候，他对我说，你要好好学习，天天向上，长大做个科学家；阿妈却要我长大后做个公安（人员），说这样啥都不怕。我不想当科学家，也不想当公安。我的理想是变成一只狗，天天夜里守在家门口。因为阿妈胆小，怕鬼，我也怕。但阿妈说，狗不怕鬼，所以我要做一只狗，这样阿妈和我就都不怕了……”作者说自己远离贫困的家乡多年了，在外也经历了各种世相人情，自觉已是刀枪不入，很难再有什么事轻易让他感动。然而，那一天，他被这个学生的“理想”震撼了，觉得鼻子酸酸的，并说，这是世上“最感人的理想”。但他的教师没给这个学生任何评语，只画了一个大大的红“×”，批了：这也叫理想？这也叫作文？我们也不知道这个学生看到大大的红“×”时的心情，但可以作个推想，这确实是“我的”理想啊！作文到底应该写什么呢？[②]

上述四个镜头，表现了四种场景：说假话之写；教说假话之写；不会写，只好说假话之写；不能说真话之写。虽然这仅有的几个例子不能完全涵盖作文之写弊端的现状，但却足以展现其冰山一角。对这种写作，有以“伪写作”、“假话作文”、“仿真作文”、“写作异化”等不同称呼冠之。这些称呼都未尝不可，不过本书认为，最贴切的称呼还是“说谎式作文”，因为这种作文完全是在教孩子们去说谎！通过作文之写，孩子们懂得了作文不过就是说谎而已，写谎话，编谎言，造谎事，而这竟然是以写的正当之名出现在教育中，不能不说是一种悲哀。

---

① 黄旭．2004．2004年学校还缺什么．福州：福建教育出版社，6.

② “真话”与“高尚”距离有多远．中国教育报，转引自：http：//learning. sohu. com/20060411/n242752113. shtml.

其实，这作文之写的说谎背后，潜藏的是我们教的彻底失败。写作本是思想的表达、灵魂的燃烧和人格的完善，而我们的写作不但没有激发学生朝这个方向前进，反而使学生们在写作中迷失了自我。写作之教之所以会走向这样一条歧路，首先是我们的教过于把写作当做一项基本技能来培养，甚至把写作技能当做唯一的目的，关注的只是写作的形式和固定套路，一谈作文，就是写作方法、写作技巧、写作范文等。而且由于过度强调作文形式而走向了形式化的极端，使作文内容也形式化，“写青松，必然联想先烈；写石子，必须联想默默无闻的普通人；写太阳、写春雨，必须联想党的温暖、党的培育、党的政策；写长城，必须联想解放军”①。

在强调作文技能技巧的背后，更为深层的问题是为何而写的问题，于是那阴魂不散的考试幽灵又出现了，作文完全是为了考试，为了在考试中考出好成绩，就必须去写“应试作文”。而应试，不管你出什么样的题目，都有可应之法，读后感、看图作文、材料作文等，都有固定的“套路”来对付，都有固定的范文可“借鉴”，都有固定的“故事情节”可改编，都有固定的“思想情感”可表达，不按照套路来的“另类”作文，就只能被判死刑。近来在网络蹿红的书名为《别笑，我是高考零分作文》引起热议，就是一个例子，在这本书里搜集了2002年起历届高考中的零分作文70多篇，现摘录其中1篇如下：

题目要求：

“人们追逐时尚，不是因为它适合自己的气质，而只是因为大家都是如此。”请以“品味时尚”为题目，写一篇文章。要求：①自选角度，自行立意。②除诗歌外，文体不限。③不少于800字。

某生作文：

我承认当我看到这个题目时，我湿了，我慢慢地背过脸用手偷偷、轻轻地擦掉眼角的泪水。因为我知道，人人都要参加高考，不是因为高考适合自己的兴趣，而只是因为大家都是如此。眼泪是为大家流的。

不知道哪个可爱的老师出的这个题目，我们猜了几个月题，从去年的奥运会、“5·12”，直到邓玉娇、立交桥、70码、公交车……我思绪翻滚，又回到了每个猜题的夜晚。“我猜，我猜，我猜猜猜”，在全班88名同学近乎疯狂的呐喊中，我们在语文老师的带领下像买彩票一样，精心地挑选着每一个作文题目。老师说要猜对了，多十几分，“本一”就可能向我们扬起它可爱的小手。

我本是一个有文化、有素质、有修养的非著名三好学生，尊师重教一直在

① 韩军．2000．反对伪圣化．北方经济，(4)：9.

我身上得到充分发扬，这次我忍不住了，我想问候老师您一下，当然只是问候您一个人，不包括呕心沥血教育我们的老师。亲爱的出题老师：

我不知道“三点一线”的高中生活能让我们有多少时间去品味时尚？我想大概也许出这个题目的我们尊敬的老师你的脑袋让门挤了？让驴踢了？进水了？结冰了？短路了？不管怎样，肯定是脑残了。莫非脑残也成了一种时尚？

政治课上邓爷爷一直对我们说要“实事求是”。尊敬的出题老师，我实事求是地对你说：你的题目让我很纠结，纠结！纠结到蛋疼！蛋疼你明白吗？这也是一种时尚。

你让我们整天埋头苦读，面对着一堆堆模拟试卷的孩子去“品味时尚”，打个比方，这不是和让太监去看A片一样？

我们也想时尚，可没钱没时间怎么时尚？难道我们忍心从辛辛苦苦供我们上学的爹娘那里一次次讨钱，去买阿迪王？①

不管此书中这篇作文到底是不是真的高考零分作文，我们至少可以作以下设想：如果高考中真的确实出现了这样的作文，那么又能得多少分呢？这种说出了实话、真话、心里话，表达了具有个性和充满生命活力的看似荒诞不羁的无厘头逻辑的写作，却是大大超出了为考试而教的“常规式”作文写作，难道在教育中真的无存身之地吗？这就不得不提起一段旧时的文坛公案来：1932年清华大学入学考试，陈寅恪先生出了一道国文试题，上联是“孙行者”，考生周祖谟对下联为“胡适之”，虽然与标准答案“祖冲之”相去甚远，却赢得众考官一片喝彩。倘以今天高考评分标准，那就是“零分作文”，但周祖谟却荣登金榜，后成为一代语言宗师。

从表面看，这些写作之弊，涉及的是写什么和怎么写的问题，而实质上，作文之写涉及的是，自我用写这种语言形态要表达什么，通过这种语言形态的表达来建构何种自我的问题。当我们给写圈定一个貌似合理的“考”的“紧箍咒”时，写作这种语言形态的合理性，就只能是这“紧箍咒”范围内的事情，否则就是“异端”，就需要毫不留情地予以“铲除”，于是，写就成了按照某种标准进行的大批量标准件的工业生产。

而且，这“紧箍咒”的合理性也在考试的肆虐之下，使“紧箍咒”最终成为了终极目的，一切都是为了不念“紧箍咒”，而不是为了“去西天取经”。这样，作文之写完全成为了服务于某种外在目的的写。于是，写作带给学生的是僵化的思维和匮乏的想象力，写作消磨的是学生的书写能力和写作欲望，写作使学生失

① 安坤．别笑，我是高考零分作文．http：//book.qq.com/s/book/0/18/18541/12.shtml.

去了创造性，失去了个性，失去了灵气。总之，在完全工具化的写作之写中，思想已经不重要，灵性已经不需要，灵魂已经不存在，自我已经彻底丧失。

3）困之解：写出生命

教育中三种重要的写之语言形态，即记笔记、做题、写作，之所以陷入困境，最为根本者就是写为外物所役，最终走上只有外物而没有自我的异化之路。而要使写从重重异化中“突围”，仅仅在“做”的具体层面提出一些操作性、经验性很强的所谓“对策”之类，固然会有所改变，但这种改变常常停滞于问题的表面，顶多只能是一些局部性的修修补补，其作用终归有限，且是难以持久的。因为它并未触动更为根本性的写之理念层面的问题，毕竟，理念层面才更具有前瞻性和普遍性，针对的是问题解决的根子方面。故而，需要从理念层面对写之困展开全面的“攻势”，从而将其完全彻底地“一举歼灭”。

写作为自我在教育中建构的重要语言形态，若要实现从写之困境中成功“突围”，就必须确立“写出生命”的理念。因为，从消极方面说，写作套路和考试之写，所禁绝的就是自我的个性和创造性，所禁锢的就是自我之写的生命之真的真情吐露，这使学生们不敢、不会、不能去关注和感受自我生命的丰富性、多彩性和震撼性，活生生的生命变得单调、乏味和死气沉沉。从积极方面说，教育中之写的根本目的，就是要写出自我的精神和灵魂，就是要通过写，释放出自我的想象力、创造力和表现力。就是要通过写，建构出具有鲜活而强悍生命力的自我。这就是说，教育中之写是一个自我在写中逐渐感知自我、认识自我、形成自我的过程，是一个把写看成是自我生命成长的一个有机组成部分的过程，是一个使生命得以张扬、光泽闪闪的过程。

写出生命意味着要写出认知。人的生命存在离不开自我认识，自我认识是自我思维和理解事物的过程，教育之写要写出生命，首要就是写出自我的认知。记笔记是记下自我的理解和认识，做题是为了达到自我的认识和理解，作文最重要的就是要表达自我的观点、认识、理解和看法。也就是说，记笔记、做题和作文不是为了重复和机械训练，不是去表达自己不明白、不懂、不会的东西，“为赋新词强说愁”式的写，“赶鸭子上架”式的写，写出的只能是“谎言”和“欺骗”。因此，写出生命首先要写出认知，意味着这已经不是一种简单的教育教学主张，而是写的一种基本目标和出发点。

写出生命意味着要写出情感。生命存在的本真与可爱，就在于生命是有情感的，要写出生命而没有任何情感在内，是不可想象的。情感是一种真实，故又以“真情实感”称之。真情实感就是要求教育之写，必须写出发自心灵的情和源自魂灵的感。也就是说，写所流泻出的情，是包含心灵深处奔涌而来的生命情思，写所流淌出来的感，是真实体现个体生命独特气息与韵味的生命感悟。

“情动于衷而言于外”，写于外者，必是与真心相通和真情相牵的一种心灵的自我感受，这是自我情感体验的真实流露，更是那正在进行着建构的自我之存在的一种显示。因此，写就是情感的自然喷发，是为情感而写，而不是为写而编造情感，这正是刘勰所提出的“为情造文”之主张：“若诗人什篇，为情而造文；辞人赋颂，为文而造情……故为情者要约而写真，为文者淫丽而烦滥……真宰弗存，翩其反矣。夫桃李不言而成蹊，有实存也；男子树兰而不芳，无其情也。夫以草木之微，依情待实；况乎文章，述志为本。言与志反，文岂足征？”① 是“为情造文”，而不是“为文造情”，只有出自自我内心深处的感验的真情之写，才是具有生命律动的本真之写；而没有情感的为写而写，只能是编造模仿和口是心非的“矫情”之写，是没有生命力的虚假之写。

写出生命意味着要写出意义。生命的意义在于生活和世界，因为世界和生活本质上是一个生命的存在，生活与世界与生命的存在状态密切相连。写出意义就需要与生活相连，与世界相关。生活和世界是生命的意义之源，写出生活和世界就是写出生命之意义。但这写出生活和世界，并不是停留在对生活和世界的简单描摹上，也不是仅仅把生活和世界当做写的材料，生活和世界更不是什么“观察”出来的，生活和世界的意义，进而生命的意义，是从细心的“体验”、“感悟”和“深思”中写出来的，是自我用心审视生活和世界，思考生活和世界，在对生活和世界的审美思辨中写出来的，这正如清人叶燮言及作诗时所说的：“我谓作诗者，亦必先有诗之基焉。诗之基，其人之胸襟是也。有胸襟，然后能载其性情、智慧、聪明、才辨以出，随偶发生，随生即盛。”② 外在于人的生活和世界，只有在人的生命的“胸襟”之基上，才能写出意义来。故而，写出意义所透露出的，是渗透着生活和世界内核与启迪的生命价值，是厚重的有质感的生命意义。

教育中之写之所以不同于其他之写，最为重要的还在于，这是一种教写。这种教写之教，首先不是一种束缚、捆绑和限制，恰恰相反，教是“润滑剂”、是帮助、是激发。这就是说，教写并不意味着要朝着某个固定的模式去写，也不意味着要朝着某种外在的强制性目的而写，更不意味着就是为考试而写。写是生命跳动的形式，教写的重点和核心是“写”，“教”是为了能使学生实现生命之写。“我手写我心”、“为自我而写”，写的动力就在于教对写的生命情感的培植。于是，教就是使学生学会去感受和回味生命，在感受和回味中感悟和体验生命，写出独特的生命自我；教就是要使写成为自我精神发展的需要，成为

---

① 刘勰．2001．文心雕龙（下册）．北京：燕山出版社，332，333．

② 转引自：吕智敏．1990．诗源诗美诗法——《原诗》评释．北京：书目文献出版社，42．

自我生命的内在需求，而不是外在于自我生命的不堪承受的生命之重。

2. 说

1) 何谓说?

“一人之辩重于九鼎之宝，三寸之舌强于百万雄师”。说是一种智慧，说是一种力量。当今社会是一个越来越注重“说”的时代：一部《三国演义》让易中天“说”红了大江南北，一部《论语》让于丹“说”遍了神州大地。应聘、考研面试需要说，推销员需要巧舌如簧地说，竞聘需要演说……教师、律师、播音员、主持人、演员等都要靠“说”为业，每一个普通人也都需要通过说与人交流、沟通。然而，何谓说?

“说”是个多音字，自古以来约有四种不同发音，分别是：说（shuō），说（shuì），说（yuè），说（tuō）。在现实生活中，第二种读音使用较少，第三、第四种基本消失，只在古汉语中常见到，第一种读音则最为普遍使用，本书所指的也是第一种读音意义上的“说”。

“说”在《说文解字》中解释为：“说，释也。从言兑。一曰谈说。”“释”字在《说文解字》中为“释，解也”。《礼记·檀弓下》云：“而天下其孰能说之?”郑玄注：“说，犹解也。”看来说的本义与“解”有关，而“解”在《说文解字》中为“解，判也。从刀判牛角。”表示用刀把牛角剖开，引申为剖开。因此，说字就是剖开，不过是用言语而不是刀剖开，用言语剖开就是用言语解说、说明之意，这就是说之本义。《墨子·经上》有云：“说所以明也。”就更为明确地指出了说的解说、说明之本义。

就现代意义上而言，《现代汉语词典》中列出了“说”的六种解释[①]：①用话来表达意思。②解释。③言论。④责备；批评。⑤指说合；介绍。⑥意思上指。其中第一、第二种解释与说字本义相近，不过在现代更为普遍意义上使用的“说”之意指，还是第一种解释。

在教育中，谈到说，首先想到的就是西方古代教育史上，古希腊罗马时代那个以“说”为教育目的的时代，尤其是西塞罗的《雄辩术》和昆体良的《论演说家的教育》，都是以培养演说家为教育的最高目的。虽然，那时演说家的培养与本书所论作为自我建构的教育中的“说”，有着巨大不同，但至少说明“说”在教育中的重要。不过，教育中的说因说者不同而有众多之说，而本书此处所论之说乃是受教育者的说，因为此处之说是自我形成与建构的一种展示和

① 中国社会科学院语言研究所词典编辑室编．2005．现代汉语词典（第5版）．北京：商务印书馆，1685.

形构力量，是来自学生自我的说。

2）说之弊

在教育中，自我的发展和形成离不开说这种语言形态。在教育中，说不仅是自我建构的一种手段，而且说本身就是自我需要形成的一部分，缺少说的自我是不完整的自我，是有缺陷的自我。也就是说，教育之说，包含着教学生说的重任，使学生的说不但是实现建构自我的手段，而且成为自我建构的一种追求和目标。不过，在实践中，教育中的说却存在着普遍的不容忽视的说的问题。

首先是说谎言之说。提到谎言，我们立刻会想到语文课本中那个有名的“狼来了”的故事。不过，在教育中竟然真实地存在着“教说谎”[①] 的说：

这几天，孩子们一回来，进门就嚷嚷：“老师让我们说假话了！”让我们大吃一惊。学校的老师教学生说假话？是真的吗？仔细一问，才知道说的是真的。原来下周，省教育厅要来检查小学生负担重，乱收费的问题。学校就让老师教孩子们说假话。如果有上面的人来检查，询问你，你就要说老师事先教你的话，不能乱说，否则就要被学校开除。

问题一：学校一学期考多少次试？

回答：一次，期末考（实际上语数单元各考了八次，英语至少六次。期中期末各科有时还要统考，各种竞赛大约 30 次）。

问题二：有没有买辅导资料？

回答：没有（实际上，每科至少三本辅导资料，共约十本）。

问题三：学校有没有多收费？

回答：没有（实际上，有，不过今年还没有收上去）。

问题四：学校有没有让你们上多加的辅导班？

回答：没有（实际上，要在每周二到五下午多上一节课，周六上午还要上三节课，学生多了许多的学习负担）。

问题五：学校从来没有要求你们多上课吗？

回答：没有（实际上，学校从 2008 年 3 月份就开始上了）。

问题六：从去年开始实行免交学费后，你们有没有多交什么费用？

回答：没有［实际上有，从去年 3 月开始，学校就收取第二课堂辅导费，2008 年上学期收了 100 元，下学期收了 60 元（不包括周六）］。

问题七：校服费是自愿交的还是老师让每人必须交的？

回答：自愿交的（其实是老师要求每个人都要交的）。

---

① 接受谎言教育的孩子，前途何在？. http://www.tianya.cn/techforum/content/140/586460.shtml.

除了上面这些重要的问题，学校老师还手把手教学生如何接受采访的技巧。真所谓循循善诱，淳淳教诲。孩子们在老师的教育下，在家里模仿得惟妙惟肖，他们都觉得很新奇，因为老师从来没有让他们说过假话。老师还说，这是善意的谎言（如果星期一上面的人来，这样的表演或许能遮掩过去的）。

不管这谎言是善意的还是恶意的，无论如何，教育中学生们的“说谎”竟然是“教”出来的，这是极其恶劣的。因为当“狼来了”的后果真发生之时，毁坏的就是整个国家和民族的未来。不过，明显地“教说谎言”的“说”在教育中尚属极端，还不是普遍的事情，教育中学生之说普遍存在的，是一种学生虚假的说。这虚假之说的实质是学生说什么的问题。即学生所说的内容为外在要求所控制，学生所说内容不是自己想说的，学生不敢、不会、不能说出自己想说的内容，说所呈现出的是一种虚假的样态。这种虚假之说首先表现为佐藤学先生在《静悄悄的革命》一书中所描述的一种说的状态[①]：“我对学生的发言一个一个地确认：‘是说的××意思吧。’并将之板书。现在观看自己的上课录像，我也注意到了这种现象。其实我在板书时，一直在考虑：‘下面怎么办呢?’不管是在面对黑板时，还是在回头看学生时，都在边考虑怎样推进教学，边倾听下一个学生的发言。由于经常在考虑：‘下一步怎么办?’‘下一步怎么办?’因此，只想听到学生的意见和自己的考虑是一致的。”这种学生说的状态可以说是大多数教师都经历过的一种情况，教在不经意间已经将学生的说进行了“过滤”，只有符合教的思路和程序的说才能被关注，这无形中就起到了一种引导作用，即只有说教所需要的说才是正确的说。于是，学生之说就虚假起来，言不由衷起来，只说教所需要的说。我们称这种说为“教无意识引导的虚假之说”。由于这种说在教育中普遍存在，且其危害不易被发觉，故其危害性更大、更长久。

还有一种虚假之说的状态，表现为不能说，即外在的力量压制或拒绝学生的某些说，这一般表现为教师对学生的某些看似荒诞不羁的说的拒斥，如：

在上《清澈的湖水》一课时，一位老师提出了一个需要学生讨论回答的问题：“鱼儿为什么这么美丽?”有的学生说：“因为湖水没有污染，就有很多鱼儿喜欢吃的东西，鱼儿吃的好，所以很美丽。”有的同学说：“因为湖水没有污染，很清澈，有利于鱼儿保养，所以鱼儿很美丽。”这时，一个比较调皮的男孩大声说：“因为鱼儿没有作业，所以鱼儿很美丽。”顿时，教室里发出一阵哄笑声。老师顿时就恼怒起来：“某某同学，捣什么乱，再捣乱就给我站出去!”全班同

① 佐藤学.2003.静悄悄的革命：创造活动、合作、反思的综合学习课程.李季湄译.长春：长春出版社，33.

学就随着老师一起嘲笑这位同学，该生从此在课堂上就再也不敢说了。①

这种粗暴的盲目拒斥，表面上维持了讨论“秩序”，但却在有意无意中向学生作了这样的暗示，即你不能说自己想说的真实想法，你的想法必须符合“秩序”，否则你就要受到惩罚，而并没有考虑学生这种说的合理性，并没有问清学生之所以这样说的理由。于是，这种无形的禁止使学生不敢说，从而不能说，再从而不会说，说被阉割了。学生的说成为了彻头彻尾的揣摩着教所需要的说，教挥舞着“消除异端捣乱”的大棒，将一个个具有无限丰富内涵和创造性活力的“说”斩杀殆尽，说的有秩序了，但说却成为了大同小异、不痛不痒的应对之说，于是说无智慧了，说也变得苍白了。

教育中学生说的虚假，还广泛地表现为一种具有表演性的伪神圣化的说。这种说所遵循的是一套“成人化的公共场合”话语模式，学生所说的话表现出一种假崇高式的健康、高尚、先进、有意义的态势，表现为一种毫无个性和模式化的伪神圣之状，学生之说具有了“样板戏”一般的固定套路。这种说被有人形象地称为“打官腔”②：

2002 年 9 月 10 日《大河报》报道，被称作‘火星叔叔’的兰迪斯博士中国之行的目的之一，就是请中国少年为将于 2003 年发射的火星机器人起个名儿。而中国孩子们的想象力却异常令人失望……许多少年为新的火星机器人起的名字也同样没多少新意，诸如“童年号”等，孩子们似乎没有自己“独家”的想法和创意。连他们给兰迪斯提的问题也带着浓浓的官腔：“你们的火星探索考虑过要和中国合作吗?”如此中规中矩又稳重有加，哪像是天真活泼的孩子?

也有人将这种伪圣化的说称之为“说套话”，学生一发言就是满口国家、民族、历史使命等一套一套的话③：

前段时间应邀参加一个中学生学生会主席论坛，与优秀的学生会主席代表对话。对于这样一个对话，我是充满期待和惶恐不安的。所谓期待，是希望通过对话，获得中学生对教育对成才的真实看法；所谓惶恐不安，是担心这些“厉害”的中学生会提出一些意料之外的问题，让我难以回答，或者说回答出来让他们觉得落伍，觉得陈旧。

而一个半小时对话下来，我和其他嘉宾似乎都有这样的感觉：这些学生，

---

① 这是笔者在某所小学调研时，听一位老师在讨论发言时讲到的一则教学案例，不管这案例本身是否真实，但此案例确实反映了教育中所存在的此类事情，具有一定的代表性。

② 周士君 . 2002. 孩子何以打官腔？社会科学论坛，(11)：58.

③ 学生为何爱说套话 . http：//hi. baidu. com/longlincui/blog/item/d85b2077b8cfee18b151b9dc. html.

像他们的政治老师一样给我们上了一堂关于理想、爱国与责任的课。如果他们所说的话代表了他们真实想法的话，那么，在他们眼中，至少我是一个比较差的学生了。

一个学生会主席说，一个好的学生，应该国际化，应该具有爱国心，不要仅限于做一个中国人，而不想做一个世界人，否则很难立足社会。围绕这个命题，他以演讲的方式一口气说了大概两分钟以上。

在对话主持人问学生会主席们今后是否选择出国时，一位学生会主席回答："我是一个中国人，看到美国的发展，我是佩服，但是看到中国现在的发展，我感觉是幸福。我希望如果我出国，我想让他们看看我，让他们知道我是中国人的一员，我是愿意出去读书的，但是我想回来，因为我想看到祖国的发展。"

在对话进行到后半段时，也许学生们受到我们的影响，说话的调子逐渐"低"了下来。一位学生说，"我以前对责任的理解，或者对责任教育的理解出现了一点偏差，我们把责任看得太大了，但是经过刚才一个多小时的交流，我觉得责任就在我们身边"。会后，一名学生对我说："老师，你们是不是觉得我们学生太高调了？这样说，是因为代表学校，我们老师在台下呢，而且今天还录像。"

不管是"打官腔"或者是"说套话"，伪圣化之说所教出的说，必然是缺乏真实的虚假之说，这种虚假之说所带来的直接后果就是孩子们对真话的失语，对假话的习以为常。而当这种假话之说成为可以接受的惯常的时候，说也就成为远离真实的人生和现实生活的毫无生命活力和意义的表达。于是，也就没有人把自己和他人所说的话当真，也就没有人会认真负责地对待自己和他人说过的话。这样，也就没有了说的责任心、真诚、真情和真实，教育中之说也就失去了其存在的本真价值和意义，因为说不是在造就和成为造就自我的积极力量，却使真实的自我迷失，而成为了自我异化的源泉和动因，这不能不说是一种教育之悲、教育之哀和教育之痛。

3）说之矫正

说出个性。说必须走出困境，走向本真。这走向本真的教育之说就是有个性地说，我说我话，我说我心，说出自我的个性来。

然而，个性是个十分复杂并多有歧义的概念，若想对个性形成一个全面深刻的公认性认识是比较困难的，这正如英国学者大卫·丰塔纳在《教学与个性》一书的"序言"中所说："在我们对个性下定义时，脑子里出现的第一个问题是：个性似乎是一个琢磨不透可望而不可即的术语。我们原以为懂得了这一术语的含义，可是当我们试图以一种能为人们接受的形式表达它的意义时，却又往往感到心有余而力不足。”[①] 不过，任何概念的使用，总是在某种特定环境的使用中才具有针对性，也才具有真实的现实意义。因此，这里不打算对个性的概念进行过多的考察，只就这里说出个性意义上的所指提出一个对个性的基本认识。

首先，“说出个性”中的个性是一种积极意义上使用的个性，它不是个性的倔强或固执意义上的个性，也不是个人主义意义上的个性，而是如康德所谓的个性：“‘他有个性’，这在绝大多数场合下不单是说到他，而且也是在称赞他，因为这是一种激起人家对他的敬重和赞叹的可贵性质。”[②] 在此基础上，本书理解的“说出个性”中的个性是指，个人以自我为基础的博取广纳、独立思考、不断创新的精神和品质，是个人立足自我的兴趣、创造、自由、潜能和价值的一种展现，是个人能够自觉地认识自我、完善自我，并不断超越自我的创造性思维和自主意识。

说出个性意味着真实。说出个性最为基本和首要的就是要说的真实，真实是个性之说的一个前提，一个条件，一个基础，缺少真实的说，不是自我的本真表达，就背离了自我，因而就不是自我的个性之说。真实又和虚假和谎言相对，说的真实就意味着要说真话、实话、心里话，说出自我真实的感受，说出自我生命的真切体验，说出自我发自内心的从肺腑中流出的真情实感。因此，真实的个性之说就需要坚决反对“谎言”、“官腔”、“套话”、“伪圣化”的说，真正做到“我说我话”。

说出个性意味着自主。自主意味着个体能够独立地、自由地做出选择，英国学者迪尔登在《自主性智育》中指出了自主性的三个特征：“独立做出判断；批判性地反思这些判断的倾向；依据这些独立的反思的判断将信念与行为整合起来的倾向。”[③] 很显然，独立是自主的核心根基。因此，说出个性只能是自主的，而不能是无独立的“他主”的。毕竟，当自我的说被外部力量或原因所左右、所控制时，那么所说的就自然不是自我的打算和要达到的目标，正如钟启泉先生所言：“自主中应当成为‘主’是自我，自我把握了主权，方才会产生真的自主性。”[④]对说而言，只有把握说的“主”是自我，才能保证这说不流于人云亦云和盲目从众，也才可以说是说出了个性。

说出个性意味着创造。创造是自我的创造，是自我的本质的自由自觉的活动，是自我本质力量的充分实现，卡西尔曾说过：“人的创造性活动如何，人性

① ［英］大卫・丰塔纳．1989．教学与个性（序言）．郑桂泉等译．北京：春秋出版社，4．
② ［德］康德．1987．实用人类学．邓晓芒译．重庆：重庆出版，196．
③ 瞿葆奎．1989．教育学文集・智育．北京：人民教育出版社，32．
④ 钟启泉．1998．西方教育原理．西安：陕西人民教育出版社，101．

的面貌也就如何。”[①] 正是创造性决定了自我的面貌。而创造具有鲜明的个性，是个性的自由创造，并不是每个人都有相同的创造力，因此每个人的创造力是不同的。从这个意义上说，自我的创造总是具有一定个性的创造。由此，当说成为自我建构的力量之时，自我若想在说中形成创造力，这说也就必须是有个性的说，进而言之，说出个性也才能为自我创造力的培养打下坚实的基础。创造意味着出“新”，而“新”只能是属于自我的。当说成为为了某种外在强制力而说的时候，也就是“说”没了个性，没有了独立性的时候，这种说就只能是“众口一词”的说，于是“新”也就无从谈起。因此，只有说出个性，才能进行创造，只有说出个性，才能实现创造。

说出个性在教育中实质上是以一种教说的方式来完成的，即通过教说使自我说出个性来。因为并不是每个人都能说出个性来，也并不是每种教育都是教说出个性的教育。因此，教说出个性，在自我说的能力方面而言，就是要让说出个性成为自我建构必备的一种能力；教说出个性在教育的教说意义上而言，就是要使说出个性成为教说的一种追求和目的。就这两个方面而言，后者是前者的根本和基础。而要实现这两者，课堂是关键，在课堂上如何实现教说，王开东老师在《把“捣蛋”进行到底——〈祥林嫂〉课堂实录》中有了一个充分的直观展示，下面截取其中部分场景如下：[②]

师：同学们还有什么高见？

生5：祥林嫂克夫！（“克夫”拖着尾音，说得洋腔怪调）

（同学们哄堂大笑，教室里有点乱）

师：（稍稍沉默一会儿）您的这一观点的理由呢？

生5：祥林嫂嫁了两个丈夫，可是祥林死了，贺老六也死了。所以……

师：祥林嫂真的克夫吗？

生：（齐声）不是！

师：祥林嫂真的不克夫吗？

（学生很迷茫）

师：请同学们认真看书、思考，然后再交流一下。

（学生认真地看书、思考、交流）

师：好吧，谁来说说？

（没有人主动回答，学生有畏难情绪）

师：不同阶级，不同的人，由于立场不同，或者认识不一样，都有可能做

① 转引自：张久营．1999．创造主体论．中共中央党校博士学位论文，4．

② 王开东．2009．深度语文．桂林：漓江出版社，18-20．

出相反的判断啊——

生6：（激动的）在鲁四老爷的眼里，祥林嫂就是克夫的。

师：何以见得？

生6：根据鲁四老爷的阶级立场，最主要是祥林嫂死后，鲁四老爷骂她是“谬种”。

师：您能不能设想一下鲁四老爷骂祥林嫂“谬种”时的心理？

生6：好的。在鲁四老爷的心里，祥林嫂嫁了两个丈夫，不干不净；又连续死了两个丈夫，这种克夫的女人绝对是不祥之物，因此不容许祥林嫂参与祭祀，“否则不干不净祖宗是不吃的”；还有就是“不早不迟，偏偏在祭祀的时候死去”，这就不仅是不详，简直就是莫大的罪过，因此骂她是“谬种”。

师：回答得很好。鲁四老爷认为祥林嫂克夫，在普通的民众的眼里呢？

生7：肯定也是这样认为，因为民众受社会风俗的影响和统治阶级的愚弄，他们不可能超出社会的主体认识，只是他们没有明显地表露出来罢了。

师：没有明显地表露出来，那就是说，还是透露了一点讯息，是这样吗？

生7：对，比如祥林嫂第二次来鲁四老爷家，只有在说起阿毛的时候，女人们才改换了“脸上鄙夷的神色”。“鄙夷”什么？当然是因为祥林嫂没能从一而终，还有就是祥林嫂克夫，因此特别鄙夷她。按照我的推理，民众对婆婆卖掉祥林嫂持理解的态度，当然对祥林嫂克夫也会持赞成态度。另外一直到今天，在我们那个地方，“克夫”的观点还是很有市场。

师：条分缕析，很好，请坐下。祥林嫂自己如何认识的呢？

生8：我认为祥林嫂不认为自己克夫，因为祥林嫂的性格充满了反抗性，她对别人强加“克夫”的罪名是深恶痛绝的。

师：喔，其他同学的意见呢？

生9：祥林嫂是充满了反抗性，但可悲的是祥林嫂所有的反抗都是为了维护封建礼教。比如祥林嫂为了躲避婆婆的压迫，落入了地主阶级的魔爪；祥林嫂拼命抗婚，却是为了维护封建礼教的“从一而终”；祥林嫂拿出所有的血汗钱捐门槛，却是因为相信封建迷信。因此，不能因为祥林嫂的反抗性，就否定祥林嫂受封建礼教的毒害。

生10：我也倾向祥林嫂认为自己克夫，正因为祥林嫂认为自己罪孽深重，害怕死后两个男人的抢夺和报复，所以才求爷爷告奶奶捐门槛，祥林嫂悲剧震撼人心的地方就在这里。

师：刚才同学们的分析很到位，我们对祥林嫂的认识又提高到了一个新地步。刚才一个同学的话提醒了我，就是现在的农村，还有“克夫”这种说法，给守寡的妇女精神上带来深重的折磨！那么，社会上有没有克妻这种说法？按常理来说，男人连续死几个妻子，也是很常见的啊！

生：（齐声）没有。

师：为什么呢？

（学生很受启发，跃跃欲试）

生11：因为男女不平等。

生12：妇女地位最为低下。

生13：是男权社会对女人的偏见。

生14：是妇女受侮辱、受损害的见证。

师：同学们说得都很好，能不能从文章中寻找一些根据？

生15：比如文章第一次祝福的场景。“杀鸡，宰鹅，买猪肉，用心细细地洗，女人的臂膊都在水里浸得通红……女人五更天把‘福礼’陈列起来，并且点上香烛，恭请福神们来享用。拜的却只限于男人……”就透露了这一点。

师：谁能联系文章的背景谈谈这个问题？

生16：20世纪20年代，正是中国新文化运动的发展时期。新文化运动的口号是“民主、科学”，而阻碍中国进入民主、科学的最大的障碍，就是中国两千年遗留下来的腐朽、愚昧的封建思想。因此鲁迅把批判的矛头指向了这一点。

从这个课堂实录的部分片段中，我们能够深刻地感受到一点，教对于学生说所展示出的是一种态度，一种让学生说出个性，充分展现自我的态度。在这种教说过程中，学生不仅学会了说，而且也说出了个性，说出了自我。

（三）自我的社会化：语言、交往与自我

布鲁姆曾言：“社会化是发展自我的过程。”[①] 完整的自我形成和建构，不仅仅是一个自我孤立的形成过程，自我还必须实现社会化，社会化是自我形成必不可少的部分。实现自我社会化的形成和建构，离不开自我和他人的交流、沟通和互动。可以说，没有与外界的互动，自我的社会化形成是不可能的，从这个意义上看，自我的社会化过程必然是一个交往的过程。

交往与语言有着密不可分的联系，哈贝马斯的交往理论，阐释了语言在交往中无可替代的重要性。当语言引入交往并用语言看交往的时候，交往也就获得了新的理解，就本体意义而论，我们可以说交往本质上就是一个语言过程。语言引入交往，必然对自我社会化的实现产生重大意义。

---

① ［美］L. 布鲁姆．1991．社会学．张杰等译．成都：四川人民出版社，120.

1. 自我的社会化是一个交往过程

"社会化是一种很重要的教育活动"①，自我的社会化作为一种很重要的教育活动这个事实，决定了教育必须去永恒面对这一无法逃逸的宿命。目前，教育与自我社会化的认识，一般而言存在三种意义上的理解：一是目的论意义上的理解，这种理解把自我社会化看做是教育的目的，法国教育家迪尔凯姆是此观点的坚定支持者，他指出："使每个人形成社会我，这就是教育的目的。"②；二是功能论意义上的理解，认为自我社会化是教育的一项重要的客观功能；三是途径论意义上的理解，认为就自我社会化的实现而言，教育是一条非常有效的重要途径。

这些从教育不同层面对自我社会化的解读，既说明了教育与自我社会化似乎具有某种天然的密不可分的关联，又似乎昭示着教育与自我社会化之间潜藏着某种更为根本的关系或有着某种更为根本的关联。也就是说，需要对教育与自我社会化的关联进行更为根本性的解读，这种根本性的解读，能够涵盖和统一上述各种不同的理解视角。事实上，当我们从教育本质意义上理解自我社会化的时候，这种潜藏着的根本性的理解也就浮出了水面。把自我社会化作为教育本质的天然内涵之一，那么教育的存在、目的、功能等，都自然无法脱离教育的这一本质，都自然与自我社会化有着无法割舍的关联。这就是本书对教育与自我社会化关系的一种理解和定位。

既然自我社会化是一个教育本质意义上的问题，那么，自我社会化的实现过程就是一个教育本质"显示"的过程。因此，需要面对的首要问题就是自我社会化所指为何，这就牵引出了何谓社会化的问题。然而，"目前有关社会化的文献中，'社会化'一词的用法极其混乱。它通常是指一个重要的综合性领域，而不是指一个定义很明确的过程。即使是论及诸如政治社会化或者角色关系的社会化这样的亚学科时，也很难将其界线分得一清二楚"③。虽然如此，不同时期对社会化的本质属性不断地进行认识性的探讨和归总，既是对自我社会化认识的不断推进和深入，又会对不同时期自我社会化的现实实践具有重要意义。

对于社会化的理解，存在着不同观点：

美国学者罗伯逊指出："社会化是使人们获得个性并学习其所在社会的生活方式的社会相互作用过程。"④

---

① 谢维和．2000．教育活动的一种社会学分析．北京：教育科学出版社，137.

② 赵少麟．1992．外国教育家评传（第二卷）．上海：上海教育出版社，75.

③ 卫道治，沈煜峰．1986．论教育与人的社会化．黑龙江高教研究，(4)：76.

④ ［美］罗伯逊．1990．社会学（上）．黄育馥译．北京：商务印书馆，138.

戴维·波普诺则认为，“所谓社会化是指：‘一个人获得自己的人格和学会参与社会或群体的方法的社会互动过程’”。①

皮亚杰认为：“社会化就是一个结构化的过程，个体对社会化所做出的贡献正如他从社会化所得到的同样多，从那时便产生了‘运算’和‘协同运算’的相互依赖和共同性。”②

吉丁斯认为：“人们把社会化看成是一种社会性或社会特征——社会心理状态——在相互有联系的人们中间发展。”③

胡森认为：“社会化是一个进程，在这个进程中，人类‘吸收’周围环境文化、亚文化群的价值观念、风俗习惯和看法。”④

就国内学者对社会化的理解而言，主要有以下几种见解：

“人的社会化是指个人学习知识、技能和规范，取得社会生活的资格，发展自己的社会性的过程。”⑤

“个体社会化是指个体适应社会的要求，在与社会的交互作用过程中，通过学习与内化社会文化而胜任社会所期待、承担的角色，并相应地发展自己的个性的过程。”⑥

“社会化主要指个体学习社会中长期积累起来的知识、技能、观念和规范，并内化为个人品格与行为，在社会生活中加以再创造的过程，也就是个体作为一个‘社会学习者’和‘社会参与者’的全面发展过程。”⑦

关于社会化的理解自然不止于上述若干学者所言，不过从上面的理解，至少已经能够窥见关于社会化理解的基本特征，即个体自我与社会之间的关系，而且这种关系就是个体自我从社会汲取“养料”，而成就自我的一个过程问题。问题是，如何理解这个过程，是对个体自我而言仅仅只是一个被动的接受过程，还是一个双方互动的过程。对于前者，是多数论者的观点，对于后者，则只有部分论者提到。

事实上，自我的社会化绝不是一个被动的完全接收的过程，将其看作是互动过程是比较合理的，而这种互动的过程就是一个交往过程，即个体自我是在与他人的交往过程中实现自我社会化的。之所以如此，是因为首先，这与马克

---

① ［美］戴维·波普诺．1999．社会学．李强译．北京：中国人民大学出版社，142．

② ［瑞士］皮亚杰．1950．儿童心理学．吴福元译．北京：商务印书馆，117．

③ 转引自：卫道治，沈煜峰．1988．人·关系·文化：教育社会学观略．长沙：湖南教育出版社，57．

④ ［瑞典］T．胡森．1991．国际教育百科全书（第8卷）．贵阳：贵州教育出版社，131．

⑤ 费孝通．1984．社会学概论．天津：天津人民出版社，54．

⑥ 鲁洁．1990．教育社会学．北京：人民教育出版社，597．

⑦ 马和民．2002．新编教育社会学．上海：华东师范大学出版社，382．

思主义关于自我社会化的观点相符合。马克思曾在论及自我得以存在的社会时这样说道："社会——不管其形式如何——究竟是什么呢？是人们交互作用的产物。"[①] 正是人们的交往才构成了社会，也就是在社会形成的交往中，个体自我才实现了社会化。

此外，我国学者陈桂生先生比较明确地指出了自我社会化过程就是在交往中实现的："由于每一个人，都不是孤立存在的个体，个体作为一定的社会成员，不仅不可避免地要与别人、社会组织发生或多或少的相互联系、相互影响，而且在社会联系中，还不可避免地成为不同的社会角色，参与共同活动。所以个人自然生长、成熟的过程，同时是个体的社会交往过程，并在这个过程中显示出各个个体之间的差异，即'个性'，而现实的'个性'大都是具有一定社会——文化内涵的稳定的心理品质。这就是'个体社会化'的过程。"[②] 由此可以认为，自我社会化是不能脱离交往的，离开交往，自我个体的社会化就只能是一句空话。从这个意义上讲，自我的社会化就是一个交往过程。

2. 交往的语言本质

既然自我的社会化是一个交往过程，对交往的理解不同，就会对自我社会化的实现有着根本性的不同和意义。事实上，早在17世纪的英国哲学，就已经提出了初具理论形态的交往理论。洛克在《人类理解论》中探讨认识上的理解问题时，就已经开始了对人的交往问题进行研究。此后，经休谟、孟德斯鸠、爱尔维修、霍尔巴赫、康德、费希特、黑格尔等人发展，交往理论日益丰富，人们对交往的认识也愈益深刻。然而，直到语言哲学兴起之后，哈贝马斯的交往行动理论，才对交往的语言本质进行了详细和深入的阐释，才奠定了语言在交往中的灵魂地位。

由于哈贝马斯深受行为主义的影响，在他那里"交往"是以"交往行为"的方式进行阐释的。在哈贝马斯看来，"交往行为"的概念解释是无法与语言分割的，"他始终致力于对以语言为中心的交往活动做出解释……在他看来，所谓交往行为都是以语言为中介的"。[③] 不过，哈贝马斯对交往行为的阐释，是与他对行为的类型划分密不可分的，而每种行为类型都与语言存在着某种联系。哈贝马斯区分出四种行为类型：

其一，目的性行为。这种行为旨在以一定的手段实现一种目的，在实现目

---

① ［德］马克思．1959．马克思恩格斯选集（第4卷）．北京：人民出版社，320.

② 陈桂生．2005．"个体社会化"辨析．思想理论教育（上半月），(1)：43.

③ 鲁苓．2004．语言·言语·交往．北京：社会科学文献出版社，124.

的时需要权衡、比较各种手段而进行最优选择，因为这种行为是以策略性和工具性为达到目的的手段，又可称为工具性行为。对于目的性行为与语言的关系，哈贝马斯指出："目的行为模式把语言当做是众多媒介中的一种。通过语言媒介，各自追求自身目的的言语者相互施加影响，以便促使对手形成或接受符合自身利益的意见或意图。这种语言概念的出发点是间接沟通的临界状态，它奠定了意向语义学的基础。"① 可以看出，在目的性行为中，语言只是众多沟通的媒介之一而已。

其二，规范调节行为。这种行为是以群体共同认可的价值、规范的约束为取向，它要求群体成员严格遵守群体的那些共同的价值期望和规范要求，"遵守规范"是这种行为的核心概念，这意味着这种行为只能在一个规范协议已经存在的群体之内发生。对于语言在规范调节行为中的作用，哈贝马斯指出，"规范行为模式认为，语言媒介传承文化价值，树立起了一种共识，而这种共识不过是随着沟通行为的每一次进行而不断反复出现。这样一种文化主义的语言概念在文化人类学和内容比较具体的语言科学中有着广泛的影响"，①这种行为重视语言的文化传承功能。

其三，戏剧行为。"自我表演"是这种行为中居于核心地位的概念，行为者在社会和观众面前有意识地表达和控制自己的行为，即通过自我表现来达到吸引观众、听众的目的，而人际关系中互动的真实性理解的必要性被忽视。哈贝马斯指出："戏剧行为模式认为，语言是一种自我表现媒介，陈述部分的认知意义以及以言行事部分的人际意义，与其表现功能比较起来都大打折扣。语言被等同于有特色的审美表达形式。"①这种行为把语言的表现功能凸显了出来。

其四，交往行为。对于交往行为，哈贝马斯指出："我把以符号为媒介的相互作用理解为交往活动。相互作用是按照必须遵守的规范进行的，而必须遵守的规范规定着相互的行为期待，并且必须得到至少两个行动的主体（人）的理解和承认。社会规范是通过制裁得到加强的；它的意义在日常语言的交往中得到体现。"② 可以看出，交往行为是一种主体之间通过符号相互协调的互动，它以语言为媒介，遵守着行为者之间的相应规范，通过对话，达到人们之间的相互理解和一致。哈贝马斯指出："只有交往行为模式把语言看做是一种达成全面沟通的媒介。在沟通过程中，言语者和听众同时从他们的生活世界出发，与客观世界、社会世界以及主观世界发生关联，以求进入一个共同的语境。这种解

① ［德］哈贝马斯 . 2004. 交往行为理论（第一卷）. 曹卫东译 . 上海：上海人民出版社，99.

② ［德］哈贝马斯 . 1999. 作为"意识形态"的技术与科学 . 李黎等译 . 上海：学林出版社，49.

释性的语言概念是各种不同的形式语用学研究的基础。"①

对于上述四种行为而言，哈贝马斯认为，除了交往行为以外的其他三种行为，都片面地理解了语言，哈贝马斯这样说道："除了交往行为模式的语言概念之外，三种其他语言概念的片面性表现在：它们各自所代表的交往类型都是交往行为的临界状态，具体而言，第一种是间接沟通。参与者眼里看到的只是自己的目的；第二种是共识行为。参与者只是把已有的规范共识付诸实现罢了；第三种是与观众相关的自我表现。它们都只是分别揭示了语言的一种功能，即或发挥以言表意效果，或建立人际关系，或表达经验。"① 对于这三种行为而言，我国有学者指出："在前三种社会行为中，语言是单纯的工具或手段。各种行为类型的参与者都各有其相对应的有效性要求。在哈贝马斯看来，这三种行为都可归为目的——工具行为。语言的运用也旨在以成就为指向的目的。"②即前三种行为中语言仅仅是被看做工具意义上的理解，语言只是交往能够进行下去的一种工具。

而对于交往行为而言，哈贝马斯如此写道："只有交往行为模式把语言视为一种没有被裁剪的沟通的媒介，并以此为前提。在此，说话者和听者同时从他们的前解释的生活世界出发，与客观世界、社会世界和主观世界发生关联。"③ 虽然哈贝马斯是以"媒介"称呼之，但这"媒介"已然是具有本体论意义的语言，哈贝马斯指出："交往行为概念，首先把语言作为参与者与世界发生关系，是相互提出可以接受和驳斥的运用要求的理解过程的一种媒体。"④ 哈贝马斯所要强调的是，语言所具有的全面沟通作用只有在交往行为中才存在。这样，人类交往就不仅仅是在语言中才成为可能，而且语言只有作为交往全面沟通的媒介才是真正体现了语言的本质。语言构成了交往的边界，语言之作为人的社会存在，就在于语言即交往，交往逐渐等同于语言，语言成为交往的质点，语言成为交往的灵魂，语言成为了交往的本质性存在，这就是交往的语言本质。

3. 语言的自我社会化意义

语言引入交往并成为交往的本质性存在，这必然会引起作为一个交往过程

---

① ［德］哈贝马斯．2004. 交往行为理论（第一卷）．曹卫东译．上海：上海人民出版社，99.

② 郑召利．2002. 哈贝马斯的交往行为理论——兼论与马克思学说的相互关联．上海：复旦大学出版社，76，77.

③ 转引自：张庆雄．2008. 交往行为与语言游戏：论哈贝马斯对维特根斯坦语言哲学的接纳与批评．马克思主义与现实，(4)：41.

④ ［德］哈贝马斯．1994. 交往行动理论（第一卷）．洪佩郁等译．重庆：重庆出版社，140.

的自我社会化的变革。事实上，从语言来观察自我社会化，确实牵引出了自我社会化的一番新意义。

首先，语言是自我社会化的本原。自我的社会化是以语言能力为基础的，没有语言能力的自我社会化是难以想象的，这一点得到了语言社会习得理论的支持。语言社会习得理论认为，“人们关于语言结构的知识和他们关于社会文化的知识是密不可分的。儿童的语言能力发展是跟他们的社会能力的发展密不可分的。儿童要获得语言的知识必须同时获得关于他们生活在其中的社会的知识，这两个过程相互影响、缺一不可”[①]。可以这样说，当儿童在习得语言的时候，也就习得了这语言所蕴涵的社会观念和文化，从语言能力与社会化的意义上来看，儿童的社会化确实是以语言为本原的。其实，语言何止是语言能力问题，语言本身就是一个社会场合，儿童在不同的语言场合中，所形成的社会性是不同的，语言场合决定了儿童的社会化，从这个意义来看，语言也是自我社会化的本原。

其次，语言是自我社会化的结点。一方面，自我社会化所需要吸纳和接受的社会化原料，是以具体存在的语言为基础，自我社会化对社会化内容的理解需要依赖于一些基本概念，而这些概念的意义就存在于交往实践的语言中，而以语言为基础对基本概念进行的领悟，以及在此基础上所获得的意义，就奠定了自我进一步理解社会结构、社会经验和社会角色扮演的基础。

另一方面，意义存在于语言中，语言本身蕴含着丰厚的社会意义，这种具有丰富社会意义的语言成为交往的本质存在之时，交往的进行也即自我社会化的进行，自我就成为了在语言中“沐浴”社会的过程。基于此，自我的社会化即是语言的出场，语言的出场即是自我的社会身份和社会地位的出场。同时，语言是作为交往而出场的，在交往中自我与语言“相处”所体验、感悟和见证的一切，就成为了自我建构的材料。作为内含着社会秩序的、伦理道德的、审美的等多方面社会要求的语言，在交往中成就自我社会化的过程中，客观认识与主观认识、社会秩序与个体呈现就统一在语言上，语言成为了社会化的纽结。

再次，语言是自我社会化的教育实践方式。自我社会化在教育实践中进行，所采用的方式就是语言。语言作为自我社会化的实践方式虽不是唯一的，却是最基础的、最重要的和必不可少的。语言之所以能够成为自我社会化的实践方式，是因为语言具有行为功能。即语言之用不仅仅在于描述世界、传递信息和判别真假，更为重要的是，语言具有行为功能。这一点，言语行为理论提供了

---

① 匡芳涛，安礼艳．2008. 语言·交际·社会化：社会化语言习得理论述评．外语教育（年刊），56.

坚实的理论支撑。

在言语行为理论看来，描述世界、表征思想和评判事态并不是语言的全部，更为重要的是，语言是一种行为，奥斯汀指出："语言功能首先是被用于完成言语行为，言语行为既体现了表明语言和经验世界的关系的意义，又体现了认识的活动。"① 塞尔认为，语言理论就是一种行为理论，他将言语行为看做是语言交流的最小最基本的单位："言语行为就是语言交流的基本的或最小的单位。"② 既然语言主要就是一种行为，那么这作为行为的语言就能够参与到自我和世界建构的实践中去，就成为了自我社会化的一种现实的力量和方式。在这个意义上，我们不得不说语言就是自我社会化的重要的不可替代的教育实践方式。

最后，语言是自我社会身份形成的建构力量。自我社会化的实践从本质意义上讲，就是要形成具有不同社会身份的自我，而语言正是形成这种社会身份的建构性力量。一方面，作为社会身份建构的语言是一种社会资本，对这种社会资本的占有情况如何，就决定着社会身份建构的程度不同。布迪厄认为，传统语言学把语言作为一种拥有内在逻辑的自足体系，这是对语言所作的一种静态描述，忽视了语言的社会性因素。布迪厄指出，语言是一种社会资本，语言能力是在后天的社会化过程中获得的，而不是先天就有的，个人语言能力的形成，总是要受到各种社会性因素的影响，个体拥有何种语言能力就意味着占有社会性资本的多寡。从这个意义上看，一个人语言能力形成的状况如何，就是这个人社会身份形成状况的反映。

另一方面社会身份的建构是在语言中进行的。语言作为一种社会现象，其本质特征就在于对社会的存在和变化进行反映。在这个意义上，社会身份的形成，就必然与语言有着密不可分的关联，"语言本身是定义身份最重要的因素，一个人的行为会把各种不同类型的身份意识加以组合、演绎并表现出来，只有语言才能在社会的不断变革中，以及人们之间的相互影响中唤起一种连续感。Fair-clough 认为，话语在社会主体的身份构建过程中具有其重要的作用"。③ 正是在语言中，社会身份才得以形成；正是在语言中，社会身份才得以维护；正是在语言中，社会身份才得以建构。

---

① 转引自：涂纪亮．1988．英美语言哲学概论．北京：人民出版社，351.

② John R. Searl. 1969. Speech Acts. An Essay in the Philosophy of Language. Cambridge University Press. 16.

③ 李茹．2008．在语言选择中建构社会身份．山西农业大学学报（社会科学版），(1)：76.

三、语言、教育与人的发展

如果说人的本质问题，还比较重在哲学思考的话，而人的发展问题则主要是一个教育的问题。[①]

——黄济

教育学的问题很多，有已经成为历史的，有将要成为历史的，但总有一些问题却命中注定要在教育学历史上永恒存在并不断地被论及，教育与人的发展问题就是这样一个问题，正如有学者所言："教育与人的发展问题是教育学的基本理论问题，也是教育学的永恒主题。"[②] 当与教育有着宿命式纠缠的语言，在这个基本的和永恒的教育学问题中被提出时，它就不仅仅是意味着，教育学在人的发展这个基本问题上出现了语言"觉醒"，并使这一问题成为一个与众不同的问题映入眼帘，而且还将有可能成为这样一个教育学基本问题中基本的和永恒的一方面。当语言、教育与人的发展纠结在一起的时候，无疑人的发展就成了这个结节的中心。那么，当我们以人的发展为中心，把语言引入这个教育学的永恒的基本领域之时，将会有哪些问题浮出水面呢？而我们又将会看到什么呢？

（一）视野：人的发展之探寻

杜威说道："教育即发展。"[③] 理解人的发展是进入语言、教育与人的发展问题的前提，而这里"人的发展理解之探寻"并不是要探讨人的发展之所以可能的条件问题，而是对人的发展之所指进行发问，而任何发问都是一种寻求，这里发问所进行寻求的真正意图在于，确定探讨"语言、教育与人的发展问题"的前提性分析框架，以作为探讨进一步展开的逻辑出发点。

在教育学领域，"人的发展"本身存在着各种不同的表述，如"儿童的发展"、"人的发展"、"发展"、"个体发展"等。就具体的理解而论，首先是从一般意义上对人的发展进行理解。《简明国际教育百科全书：人的发展》中的解释为[④]："人的发展"一语至少可以有两种释义方式。第一种，也是较不常用的一种，是把它与物种发展史联系起来，将它看成是人类在地球上出现的过程。用

① 黄济．2001．教育哲学通论．太原：山西教育出版社，377.

② 涂艳国．1999．走向自由——教育与人的发展问题研究．武汉：华中师范大学出版社，1.

③ ［美］杜威．2001．民主主义与教育．王承绪译．北京：人民教育出版社，58.

④ 中央教育科学研究所比较教育研究室编译．1989．简明国际教育百科全书：人的发展．北京：教育科学出版社，1.

以与其他生物的产生过程相比较。但是，较为通常的一种解释是把它和个体发展联系起来，从而看成是一个人从胚胎到身体死亡的过程。

我国有学者也表达了相同的看法[①]：“人的发展通常有两种含义：其一是指作为物种的人的发展，指人类在地球上的出现过程；其二是指个体的发展，是随着时间的推进个体身心所发生的变化。第一种含义通常为历史学、人类学所采用；教育学采用的是第二种含义，因为教育面对的是个体的、现实的、具体的人。”与《简明国际教育百科全书》不同的是，这里明确指出了教育学所应采用的含义，即其关键词为“个体的发展”，“身心的变化”。

一般意义的理解是为了引出教育学意义的理解，就教育学意义的理解来看，比较普遍公认的观点是，都将人的发展看做是一个变化过程，只是不同学者对这个变化过程的看法不同。

有学者将人的发展看做是一个行为过程，“婴儿怎样慢慢地长大成人，他的行为怎样从散漫而没有效能，变化成顶巧的技能、顶精的知识、顶崇高的理想，这是一个很长很缓的过程。这个过程，我们泛称为发展”[②]，这种理解有点行为心理学的倾向，比较狭义。

大多数学者都将人的发展看做是身心的发展，并对人的发展的基本特性进行了理解，“儿童的发展过程是指儿童随年龄增长而发生的身心不断发展、完善的变化过程，是由简单到复杂，由低级到高级的上升运动，既有量的，又有质的变化”[③]；“人的发展是指作为个体的人从出生到生命终止在生理和心理结构两方面有规律进行的量变和质变的过程”[④]；“‘发展’（development）一词，主要是指个体从受孕到死亡的整个生命过程中，身心各方面功能的成长与改变”[⑤]。

事实上，人的发展的理解最为重要的是要弄清楚发展什么的问题，因为这对教育实践具有重要意义。从上述论者的观点中可以看出，发展所指的是“身心”。而“身心”在教育中所对应者就是“德智体美”的具体素质发展，其中“身”指“体”，“心”指“德智美”。

不过，事情并非如此简单，一些学者在对“成长”与“发展”两个词进行区别时指出，“一般多把属于身体、生理方面的变化过程称为‘成长’；把属于心理、精神、性格方面的变化过程叫做‘发展’”[⑥]，“一般将属于身体方面的变

---

① 柳海民．2006．现代教育原理．北京：人民教育出版社，141．
② 孟宪承，陈学．2006．教育通论．福州：福建教育出版社，68．
③ 顾明远，黄济．1987．教育学．北京：人民教育出版社，64．
④ 瞿葆奎．1989．教育学文集（教育与人的发展）．北京：人民教育出版社，567．
⑤ 吴清山．2004．教育概论．台北：五南图书出版公司，81．
⑥ 孙喜亭．2003．教育原理（修订版）．北京：北京师范大学出版社，149，150．

化叫‘成长’、‘发育’，将心理方面的变化叫‘发展’”[①]。可以看出，似乎发展并不包括身体，身体更多的是成长之意义。由此，至少身体是一个属于有争议的发展问题，而属于身体之外的“心”的部分的“德智美”，则明确无误地属于发展问题的主体部分。对人的发展理解之追问，明晰了发展所指的具体方面，而语言在教育中的被“发现”，也为“德智美”的发展问题带来了新的意义。

（二）求真：智育的语言寻思

无论如何，思维都是智育的一个必不可少的重要的核心组成部分，从这点来说，任何有关思维的探讨就不可避免地具有智育之意义。语言与思维存在着密不可分的关联，“语言和思维的密切联系是学者们早就看到的真理”[②]，语言与思维的研究是关于语言研究的不可或缺的一个重要论题。因此，语言必然通过与思维的关联而具有丰厚的智育意义。面对现实中我国智育普遍存在的问题，引入语言与思维关联的视域进行分析，或许会带来某种具有出乎意料的启发意义的思考。

1. 借尸还魂：我国智育现实中依然普遍存在的形式训练教育

可以说，在我国的智育实践中，通过机械地、重复地训练来进行智育的状况，确实是一种比较普遍存在的现象。虽然这种机械练习式的智育方式，不断遭到人们的批评和指责，但它却依然以其顽强的生命力活跃在智育的实践中。这种机械重复式的训练，从课堂上那不经意的经典瞬间中显露了出来[③]。以下是关于“聪明”一词的教学片段。

师：聪明是什么意思？

生：聪明就是会动脑筋。

师：对，那么我们怎样来记住“聪明”这两个字呢？同学们看，“聪”字左边是个“耳”字，右边是个“总”字，合起来是个“聪”。“明”字左边是个“日”字，右边是个“月”字，合起来是个“明”字。大家记住了吗？

生：记住了。

师：我们把这两个字再读几遍。

---

① 顾明远．1990．教育大辞典（第1卷）．上海：上海教育出版社，29．

② 高明凯．1999．语言论北京：商务印书馆，31．

③ 韩吉旺．2008．“效”字当先，“文”字为本：浅谈语文教学中有效训练与机械训练的本质区别．福建论坛（社科教育版），(9)：31．

生（读）：聪、聪、聪，聪明的聪；明、明、明，明天的明。

师：大家读得很好。回家后每个字写10遍，好不好？

生：好。

这种在每个做过学生的人看来并不陌生且习以为常的课堂场景，虽然是那样的平常，那样的不会唤起任何人不好的联想，却实实在在地反映了形式训练那牢不可动的控制力量：重复地读，然后是重复地抄写！正是在这种似乎习以为常的不经意间的课堂上的“重复”中，“重复”便成为一种理所当然的合理合法的存在，形式训练的滥觞也便在这悄无声息中发源了。

于是，机械的形式训练便在智育中展开，“抄写词语、句子十次”、“抄写单词、公式十遍”等，成了经常性的教学要求。机械性抄写，魔鬼式训练，缺乏创造性又没有含金量的周而复始的重复性训练屡见不鲜，相信这样的抱怨是大家都熟悉和感同身受的[①]：

女儿今年考大学，不管考上与否我都不怪她，孩子太累了。高中三年，头两年把新课都学完了，到了高三就是完完全全的复习，孩子的脑子整个成了死记硬背的机器。上小学时什么问题总爱问个为什么，那时如果别人告诉她苹果是红的，她一定会有疑问：苹果真的就只有红的吗？到了高中，再有相同的问题，她却会相信苹果只有红的而懒得去问个为什么。为了迎考孩子的创新思维萎缩了。以这半年备战高考来说，学校用七八个月的时间复习学过的内容，一再强化基础知识，克服遗忘，为了提高难度迎接3＋X高考，几乎每一个学校都走了大致相同的分阶段复习的路子，就连备战中考的师生也一再拔高，向难度进军，这样仅为了备考的学习过于背离素质教育。我并不反对让学生死记硬背，历史事件的年代、外语单词、数学公式等不背就是不行，但不能让学生连作文都背范文，陷入死记硬背的泥沼中。死记硬背使学生高分低能，而社会不需要高分低能者。

一位小学五年级的学生家长反映：我女儿从上小学开始，让人不解的是语文基本上就是靠背来学习的。就连语文课里的古诗，老师明确要求其解释钉是钉，铆是铆，全文背诵一个字都不能差。由于一遍遍地背数学公式，有时孩子不理解，背得不牢时间一长就忘了。尤其是考试前一个月，重点课文要一字不差地背下来，数学里的习题每道题都做了不下20遍。天天要家长为其检查，这样的重复学习能有什么用途？难道语文的学习也该靠死记硬背？真不明白为什么这么小的年纪不重点开发其思维？

---

① 高慧斌．将死记硬背逐出校园．辽宁日报，2001-7-27-（C02版）．

重复机械的形式训练在智育中大行其道，这且不论，这种本来就是“浑身是病”的训练还逐渐走向了极端，竟然演绎成为一种惩罚的手段，即通过这种机械重复的形式训练的惩罚，来达到所谓的智育目的①：

某校小学五年级学生张某，期末考试错了5道数学题，老师在放寒假时规定，考试时每错一题便在假期每天罚做100遍。因此他每天要被罚做500遍，21天假期，总共做10 500遍，加上布置的寒假作业，数量惊人。张某没完成作业，心中害怕，开学了也没敢来上学。

可以看出，存在于我国智育现实实践中的机械重复式的形式训练，在某些方面已经达到了“登峰造极”的地步，其危害自然是巨大的。不过，这种对形式训练的过分强调，并不是什么新鲜的玩意，从教育史上看，它不过是历史上“形式教育论”在我国的借尸还魂，以一种现代的形态表现出来而已。因此，智育欲走出形式训练的牢笼，就不得不从对形式教育论的分析入手。

2. 语言是思维的外壳：形式训练说的一种根源性解说

正如美国学者怀恩所说的：“尽管从理论上来说，形式教育论已经死亡，但在实践中，它却还实实在在地活着。不论人们是否把自己的言行归结于这种学说，它始终在左右着我们学校的实际工作……毫无疑问，形式教育论不仅是历史的事实，而且是当前教育中的一股势力。”② 我国智育现实中形式训练从深层的意义上说，就是形式教育论的反映。

形式教育论的最早倡导者是英国教育家洛克，洛克特别强调的是通过训练来增进心的活动与能力，因为他认为：“要使所有的人都成为深奥的数学家，并无必要，我只认为研究数学一定会使人心获得推理的方法，当他们有机会时，就会把推理的方法移用到知识的其他部分去。”③ 后来随着心理学的兴起，德国官能主义心理学理论又为形式训练说提供了新理论基础。官能心理学认为，官能是心灵进行活动的能力，“而大脑的各种官能也和人的肌肉一样受‘用进废退’法则支配，只有通过练习才能得到发展”④。总之，形式教育论所强调之核心，就在于心智能力的发展只有依靠训练，除了训练和操练，没有别的方法能使心智能力得到提高和发展。

---

① 张平等．从罚学生抄写作业500遍所想到的：谈激情状态的控制．辽宁教育，2000（Z1）：46.

② 瞿葆奎．1993．教育学文集（智育）．北京：人民教育出版社，420.

③ 中国大百科全书出版社编辑部编．1985．中国大百科全书（教育卷）．北京：中国大百科全书出版社，430.

④ 金洪源．1996．前苏联的形式教育思想与我国中小学思维品质训练中形式训练倾向．鞍山师范学院学报（综合版），（2）：39.

虽然总体上而言，我国智育中形式训练的状况是形式教育论的反映，但随着语言的引入教育，随着语言与思维的关联引入教育，从而我国现实智育中的形式教育论之弊，也有了新的解释视角。当然，这种新的解释视角不仅仅只是提供一种解释，它还提供在这种解释之后，可能的出路问题。

智育的核心是发展人的思维，思维与语言有着密不可分的关联。而当思维的发展在智育现实中仅仅表现为机械、重复的形式训练之时，从语言的视域来看，其背后潜藏的就必然是思维和语言关系的因由。这里需要做的是，从语言和思维关系的角度来探讨形式教育论的成因，而首先要解决的就是语言和思维到底是一种什么样的关联问题。

语言和思维存在密不可分的关联，但这关联到底是一种什么关联，一直是语言和思维问题中，一个古老而至今没有定论的“斯芬克斯之谜”。不过关于这一问题，杜威概括出了具有代表性的三种看法[①]：第一种看法认为思想与语言是合二而一的；第二种看法认为语言不过是思想的外衣，并不为思想本身所需要，但为传达思想所需要；第三种看法认为语言虽然不是思想，但对于思想本身和思想传达都是必要的。

杜威所赞同的是第三种看法。本书赞同第一种观点，因为这正如谢德洛维茨基在《语言的思维及其分析》一文中所言：“一开始就不能把语言与思维看成彼此孤立的东西，而应当看作为一个统一体，表面上是一个方面，而内部已经是不可分离的、包括语言和思维两个方面的统一体。我们把这个整体叫做‘语言的思维’，这是为了特别强调它的存在的不可分离性。”[②] 此外，洪堡特是这种观点的坚决支持者，他认为思维和语言是一个统一体，他们必然是内在地紧密相连，我们必须把它们看做是统一的，尽管我们能够人为地把他们分开。梅洛-庞蒂也认为语言与思维是牢不可分的，思维并不存在于语言之外，不存在独立于语言之外的思维。

既然语言与思维是统一体，那么就有充分的理由说，思维必然会因语言观的不同而不同，甚至语言对思维的作用远比想象的要强大，即语言决定着思维，这也是萨丕尔、沃尔夫关于语言与思维的关系的观点的主旨，罗宾斯（R. H. Robins）用强式将其概括为：语言决定思维，语言不同，思维也不同。另者，海德格尔曾指出：“我们的讲只是不断地追随语言。我们谈论的东西，语言，总是走在我们的前头。因此我们总是跟在语言后面跛足随行。”[③] 福柯也认为，先于个

① 涂纪亮．2007．现代欧洲大陆语言哲学：现代西方语言哲学比较研究．武汉：武汉大学出版社，403．

② 转引自：高明凯．1999．语言论．北京：商务印书馆，77．

③ ［德］海德格尔．2002．诗意地安居．郜元宝译．桂林：广西师范大学出版社，53．

人身份而存在的语言作为一种正式关系，将构成话语使用者的组织原则。卡西尔也指出："我们的知觉、直观和概念都是和我们母语的词语和言语形式结合在一起的。要解除语词和事物间的这种联结，是极为艰难的。"① 可以说，有什么样的语言观就有什么样的思维观，从而有什么样的思维观就有什么样的智育观。因此，从语言观上，便可找出形式训练智育观的一种理论根由。

事实上，正是在语言观上，把语言仅仅看做是一种工具，才造成了思维发展观上的机械、重复的形式训练论。语言工具论意味着语言只是一种媒介、一种形式，语言只是不具有任何意义和能动性的"静态的、被动的一团"，语言只是一种纯粹的、不具有任何意义的工具。那么，语言决定思维，既然语言只是一种无意义的形式，那么思维的发展也只需要形式的训练就可以实现。因此，智育只需要通过形式的训练就可以达到思维发展的目的。思维的一切能力发展都是从形式训练而来，记忆力必须通过不断地记忆而增强，想象力必须通过不断地想象而长进，推理力必须通过不断地推理而提高等。这些能力，如果得不到大量重复机械地练习，就会减退、变弱，即思维的发展正如人的肌肉一样，遵循的是"用进废退"的法则，必须通过练习才能得到发展。

3. 语言是一种建构性力量：埋葬智育形式训练论的可能出路

既然已将我国教育实践中智育形式训练论的弊端从语言与思维角度进行了诊断，那么，其出路似乎也可以遵循着这个思路继续进行下去。事实也确实如此，当一种新的语言观出现之时，思维的发展自然也就随之而面貌大变，这也为智育的发展提供了理论上可能的出路，而这正是改变智育实践的第一步，也是最为重要的一步。

语言是一种建构性力量的观点，为智育摆脱形式训练论的桎梏带来了生机和希望。洪堡特的语言观最为卓著地表达了语言建构性的思想。在洪堡特看来，语言是一种创造性的精神力量，这是洪氏对语言的一个最为基本的规定，"精神在语言中扎下了根，并把生命赋予了语言，就好像把灵魂赋予了它们所造就的肉体"②。洪堡特将语言与精神活动联系起来，认为"语言不是活动的产物，而是精神不由自主地流射"③，并且强调，语言是一种精神的创造性力量，是一种

① ［德］恩斯特·卡西尔．2004．人论．甘阳译．上海：上海译文出版社，185．

② ［德］洪堡特．1997．论人类语言结构的差异及其对人类精神发展的影响．姚小平译．北京：商务印书馆，101．

③ ［德］洪堡特．1997．论人类语言结构的差异及其对人类精神发展的影响．姚小平译．北京：商务印书馆，120．

不间断的创造性活动，“语言绝不是产品，而是一种创造活动”①，语言的这种创造性还包括语言从自身内部进行自我创造和自我生成的生命原则。总而言之，在洪堡特看来，创造性的精神活动是语言的本原和内核，它体现在语言中，它是语言的动力。

除了洪堡特，梅洛-庞蒂的语言思想也表达了语言所具有的生产能力，梅洛-庞蒂指出：“主体可以不把自己理解为普遍的思想，而是把自己理解为言语，词语远非物体和意义的单纯符号，它寓于（habite）物体中并传递（véicule）意义。因此，说话人在其中（chez lui）进行言说的言语不表达某种既成（déa faire）的思想，而是实现它（l'accomplit）。”② 语言不是外在记号和传达工具，而是具有创造性的行动趋向，这可以达成思想的完成。

可以看出，语言作为一种建构性力量，其实质是把语言与精神、思想统一起来，语言就是精神和思想，这种语言的释解是把语言与鲜活、能动的生命联系起来。于是，语言观的转变必然导致的是思维发展观的转变，思维已经不是形式训练论意义上的无生命的死的工具，思维是充满活力和创造力的，思维的发展也不是通过形式训练对工具的磨砺。

当语言是一种积极的创造性力量，是一种主动的生产性力量之时，也就意味着思维的创造性和主动性的培养应成为智育观的核心理念。而思维的创造性和主动性，并不能也不可能通过机械重复的训练而成就。因此，在智育观上，所谓发展思维也就是使人的生命本质充分展示的过程，而不是通过形式训练的机械重复来实现。生命本质的充分展示过程，就是生命与生活融入一体的过程，因为生活是生动的，思维只有在生活中才能激发出无限的创造性，智育也只有融于生活中才能使生命生动起来。

（三）向善：德育的语言关切

当语言延伸到道德领域之时，其所“显身”的状态就被称为“道德语言”。道德语言作为道德的一个重要部分，就意味着道德语言自然就具有德育之意义，因为德育不能脱离道德，也就自然不能脱离道德语言。于是，语言进入道德从而进入德育，语言便具有了德育意义，德育便在语言的“发现”中而具有了新的视野。

---

① ［德］洪堡特．1997. 论人类语言结构的差异及其对人类精神发展的影响．姚小平译．北京：商务印书馆，54.

② 转引自：姜宇辉．2008. 思言身——梅洛-庞蒂晚期思域中的语言问题．复旦学报（社会科学版），(6)：59.

1. 作为道德精神的道德语言

对于道德语言的根本特性之理解，道德情感论的集大成者，美国学者斯蒂文森在其名著《伦理学与语言》一书中，将情感性看做是道德语言的根本特性。斯蒂文森之所以强调道德语言的情感性，一是他对情感的强调："研究情感意义的重要性，正是立足于后一个事实。不论我们是希望使用还是力求避免情感术语，理解这种术语经常能够产生的强烈效果，都是绝对必要的。"[①] 二是他认为道德判断和科学判断的根本不同就在于，科学判断是对事实的描述，而道德判断不仅对对象进行描述，更为重要的在于道德判断主要是表达了人之好恶的情感和态度。

对于斯蒂文森的观点，英国伦理学家黑尔（Richard Mervyn Hare）持坚决反对的态度，在黑尔看来："道德语言是一种规定语言"[②]，它具有双重意义，即"描述性意义"和"评价性意义"，而绝非是斯蒂文森所谓的个人主观情感、态度和欲望的纯粹表达。也就是说，在黑尔看来，道德语言是包含了事实性描述和价值性评价的统一。这就意味着，道德语言既能对事实进行陈述，也能对人的行为进行规定或引导，从而使人们能够做出行为选择和各种原则决定（decisions of principles）。就斯蒂文森和黑尔的论述而言，可以看出，黑尔关于道德语言性质的论说具有较大的合理性。

不过，斯蒂文森和黑尔关于道德语言根本特性的论述，仅仅是就道德词语意义上论道德语言，囿于就道德语言论道德语言，而没有从道德本质意义上论道德语言。因而，从实质上看，两位学者只是提供了一种观看道德语言的视角，道德语言本质特性的把握还需要从其他角度来进行，从道德本质意义上来把握就是一种有价值的视域。

道德精神是道德的魂灵，道德本质上是道德精神的生成和发展。因为与其说道德是一种行为性的存在，还不如说是一种精神性的存在，"道德是一种精神现象。道德虽然离不开行为，但行为总是由思想支配的。所以从根本上说，道德是人的精神境界。每一种道德体系总是围绕一种道德精神"[③]。此言极是，毕竟一种在精神上不道德而在具体行为上的道德更是一种不道德。从这个意义上讲，道德之本质不在于使人在行动上去遵守所谓的普遍的道德法则，而在于使人形成相应的道德精神。

---

① ［美］斯蒂文森．1991．伦理学与语言．姚新中，秦志华等译．北京：中国社会科学出版社，71．

② ［英］黑尔．1999．道德语言．万俊人译．北京：商务印书馆，5．

③ 陈升．2000．道德精神、道德语言与道德适用．道德与文明，（2）：8．

道德语言与道德精神的关系，最为普遍的理解是，认为道德语言是道德精神的载体，人的道德认知的获得，道德情感和道德意志的产生，都是通过道德语言这个载体和桥梁来实现的。这种理解确实不错，不过这只是反映了道德语言和道德精神关系的一个层面。道德语言和道德精神还有更深一层的解读：道德语言本身就是道德精神存在的家，即作为道德精神的意义和价值本身，就寄居于道德语言中，道德语言与道德精神是本然一体的，是道德语言产生道德精神，而不是道德精神以道德语言为役使的工具，道德语言在这里是具有本体意义的语言，这是道德语言与道德精神理解的另一个层面。作为道德精神的道德语言包含着上述两个层面的理解，是两个层面理解的统一。

2. 道德语言的实践形态及其德育意义

道德语言在本质上是作为道德精神理解的，然而这道德语言并不是仅作为“乌托邦”式形而上层面的存在。道德语言需要“解释世界”，它更需要“改变世界”，改变世界的道德语言必然要在实践形态上表现出来，才能展现其对于现实的改变力量。那么道德语言的实践状态为何呢？

似乎道德判断、道德词语、道德命题等就是道德语言的现实状态，这种说法不错，不过这只是道德语言的静态存在状态，而不是其实践状态，实践状态的道德语言是改变道德现实的力量，从而就具有了很强的德育意义。就道德实践的现实而言，比较常用的道德语言实践形态有三，即道德劝服，道德商谈，道德独语，它们对于德育具有重要的意义。

首先，道德劝服。对于劝服，美国著名劝服学教授理查德·帕罗夫(Richard Perloff)指出：“劝服是一种活动或过程，在此活动或过程中，传播者通过信息的传递，力图诱导有一定自由程度的他人和群体在信念上、态度上和行为上发生改变。”① 由此可以推断，道德劝服是指，通过提升人的道德认知水平以明辨善恶，改变人的道德情感和意向，使人的道德态度发生转化，最终达到使人在道德思想和行为上都能弃恶从善目的的一种道德语言活动。可以看出，道德劝服的最大特点就是非强制性，这就意味着被劝服者是在保持自我积极性和主动性的状态下实现道德改变的。

当然，道德劝服是一个外在的语言输入过程，被劝服者整体上是处于一种接受的状态。鉴于道德劝服的这个特点，其德育意义就在于，在道德形成的他律阶段，道德劝服本身相较于道德命令和道德灌输更具有道德意义。也就是说，

---

① 转引自：刘新庚等.2008.论劝服理论在思想政治教育过程中的应用.思想政治教育研究，(4)：13.

儿童在道德他律阶段，需要接受外在的道德原则和规范，需要把外在的道德原则和规范内化为自我思想和行动的指南，服从这些外在的道德要求，而完成这些任务可以通过强制性的道德命令和道德灌输进行，但这种强制性的道德要求容易出现“口是心非”的状况，更重要的是这种手段本身就是不道德的，通过不道德的手段来达到道德的目的，本身就是极其荒谬和可笑的。而道德劝服就不同，它不是技巧性和技术性的，其本质上是一种道德方式的语言形态，在整个道德劝服过程中，其所始终遵循的是儿童的道德思想和道德心理发展、变化的基本规律。从而，通过这种语言形态完成儿童在他律阶段的道德任务，能够发挥儿童的积极性和主动性，故其不但是有效的，而且是有道德的。

其次，道德商谈。道德商谈是哈贝马斯最为致力于论述的一个道德语言问题。哈贝马斯认为，商谈伦理不是一种自上而下的制定他律性道德规范的过程，恰恰相反，它是一种在言语互动基础上，自下而上地形成道德共识的过程。这是一种在主体间的对话与商谈中，依靠理性的信服力建构起来的道德共识。

哈贝马斯认为，必须具备一定的交往资质才能顺利进行商谈，这种资质与道德发展的阶段相关。对于道德商谈的机制，哈贝马斯提出了两个著名的原则，即可普遍化原则（U 原则）和话语伦理学原则（D 原则）。对于可普遍化原则，哈贝马斯指出：“一切旨在满足每个参与者的利益的规范，它的普遍遵守所产生的效果和附带后果，必定能够为所有相关者接受，这些结果对于那些知道规则的可选择的可能性的人来说，是他们所偏爱的。”[①] 这个原则明晰了这样一个观念，即每个人的利益必须被公平地考虑的道德规范才是有效的，也才是他们所能接受的。至于话语伦理原则，则是“一切参与者就他们能够作为一种实践话语者而言，只有这些规定是有效的：它们得到或能够得到相关者的赞同”[①]。这个原则所透露出的信息是，参与商谈的主体都有公平的表达自己意志、利益和要求的话语权。

哈贝马斯关于道德商谈的论述具有极其有益的德育意义。由于道德商谈是排除道德他律的，且其理想形式的实现必须具备一定的交往资质，这就意味着，道德商谈是一种个体在道德自律阶段时的主要语言实践形态。因为只有在自律阶段，个体才已经摆脱他律，且具备一定的交往道德资质。而哈贝马斯的两个原则为个体在德育中进行平等的商谈提供了保证。

正是道德商谈使德育过程充满了平等交流，而不是单项和独断的道德强制；正是在道德商谈中，道德个体才能实现对道德规则进行权衡、怀疑和理解的体

① 宋希仁．2000．当代外国伦理思想．北京：中国人民大学出版社，584．

验过程；正是在道德商谈中，作为教育者和受教育者的道德个体才能进入彼此的理解视域，相互理解、相互提升，在互相的切磋琢磨中获得道德共识；正是在道德商谈中，受教者的道德感、道德判断和道德行动才能得以产生；正是在道德商谈中，作为受教育者的道德个体才能发现道德自我，充实道德自我，展现道德自我，从而使自我走向道德意义和价值理解的深刻和创造，以实现道德思想和行为的改变。

最后，道德独语。与道德商谈相对的是道德独语，道德独语所具有的品格特性主要有以下方面：其一，道德独语是道德个体道德反思意义上的“独语”，即独语的实质是道德个体自我的思与辨，是道德个体的自我理解。由此，道德独语是自我的言说，是自我与自我的对话和交流，而不是“一言堂”之类的独霸话语。

其二，道德独语并非是一种私人语言，它与道德商谈也并非形同水火，道德独语总是既要从公共语言中汲取反思的营养，又要走向外化而融于道德商谈中与其他道德个体交流。

其三，道德独语的过程饱含着道德个体深刻的自我体验和强烈的自我认同。当道德个体以独语进行自我追问和自我回应之时，也就是其对道德性和道德情感的体验的过程，在这个过程中，道德个体实现着对道德规范与道德价值的肯定或否定的理解，调整或矫正自己的道德心理状态，从而完成道德价值与规范的内化，以最终实现自我的道德认同。

其四，道德独语作为道德个体自我内部言语的深刻反思和理解过程，其所体现的往往是一种透彻的良心反思和校正，从而其所最终指向的即是道德境界和慎独。

从道德独语的几个品质可以看出，与道德发展阶段相对的是道德自律阶段，以及超越此阶段而向更高道德境界阶段发展具有相关性，而这种相关性关系所蕴含的，就是道德独语的德育意义。

与道德商谈一样，道德独语也是道德自律发展阶段的一种语言形态，正如有论者所言：“在自律的形式下，行为与规范的一致，既非出于外在强加，也不同于被动地依循规范，而是基于对道德原则的自觉理解和自愿接受。以道德原则为指向的这种理解、接受、认同，显然关联着以独语为形式的道德反思和自我‘言说’。在这里，独语既呈现为理性的思与辨，又以自我要求为内容。”[①] 不过它比道德商谈更进了一步，道德独语所指涉的更是一种道德境界，这是一种超越了自律与他律的发自内在心灵道德需求的一种道德境界，如有

---

① 杨国荣．2002．伦理与存在：道德哲学研究．上海：上海人民出版社，217．

论者所言："既扬弃了他律阶段的外在性和被动性，又克服了自律阶段的主观性和盲目性，道德成为心灵的一种需要，实现了人与他人、人与自然的一种交融、和谐，它不断追求人生的境界。"① 由此，德育所要做的就是促进道德个体完成这种道德境界的提升，即德育的主要任务就是，如何通过道德独语实现由道德自律阶段向道德境界阶段的转变。从这个意义上说，道德独语成为了实现德育在实践领域里通向德育最高目的——形成道德境界——的途径。

（四）崇美：美育的语言拷问

语言在美育中最为普遍的称呼为"语言美"，语言美的理解在传统意义上主要有两层意指；一是指语言运用的美，主要是指教育要培养受教者在语言交往、沟通中学会使用文明礼貌用语的问题，这是在语言行动层面的语言美；二是指语言作为审美对象意义上的美，这种语言美强调的是语言里存在着客观的美，即语言本身具有审美属性。作为审美对象的语言美包括形式美和内容美两个方面，"语言的形式美就是指语言的声音——语音——的美。语言的内容美就是指语音和语言结构能恰当生动地表现出人的意思、观念及意象，即在恰当的语境中选择了恰当的话语"②。

实际上，上述语言美，其实质都是把语言作为美的一个方面、一个部分，语言只是作为美在经验层面的理解。海德格尔对语言与美的理解，使语言与美的超验层面联系起来，把语言与美之本体打通，开辟了美之语言理解的新视界，此一视界所赋予美育的是一种审美境界的追求。

1. 语言、诗、艺术：美的语言之思

对美的语言之思，海德格尔是从语言、诗与艺术之间的关联谈起的。对于诗和语言，海德格尔认为，诗的本质与语言的本质是统一的，"语言本身就是根本意义上的诗"③。诗在海德格尔眼里是有其特殊意指的。在海德格尔看来，诗并非是指诗歌，海德格尔对德文的 dichtung（诗）和 poesie（诗歌）进行了严格区分，诗歌是一种与散文等相对的文学体裁样式。诗却不是，诗相关于存在，即诗与存在是骨肉相连的，"诗乃存在之词语性创建"④，这种存在词语性的创建更与人类此在关联，它是人类此在意义上的建基，因为"人类此在在其根基处

① 黄富峰．2006．论道德语言在德育中的重要作用．教育科学，（1）：33.
② 钱连冠．2004．美学语言学：语言美和言语美．北京：高等教育出版社，28.
③ 转引自：张贤根．2001．海德格尔美学思想论纲．武汉大学学报（人文科学版），（4）：416.
④ ［德］海德格尔．1996．海德格尔选集．孙周兴选编．上海：上海三联书店，317.

就是‘诗意’的”[①]。不仅如此，海德格尔进一步对诗论说道：“诗并非对任意什么东西的异想天开的虚构，并非对非现实领域的单纯表象和幻想的悠荡漂浮。作为澄明着的筹划，诗在无蔽状态那里展开的东西和先行抛入形态之裂隙中的东西，是让无蔽发光的敞开领域，并且是这样，即现在，敞开领域方在存在者中间使存在者发光和鸣响。”[②] 在这里，诗作为一种澄明着的筹划，还使作为此在的存在者处于一种无蔽之境，这种使存在者发光和鸣响的无蔽之境，正是诗意展现之境。

在对诗的理解之后，海德格尔就直接谈到了语言与诗的问题。海德格尔认为，语言与诗具有同本质性，即在一定意义上可以说，诗的本质必须通过语言来理解，语言的本质必须通过诗来理解，对此，海德格尔曾这样指出：“首先，十分明显的是，诗的活动领域是语言，因此，诗的本质就必得通过语言的本质去理解。尔后，以下情形就了然大白了：诗是给存在的第一次命名，是给万物之本质的第一次命名。诗并不是随便任何一种言说，而是特殊的言说，这种言说第一次将我们日常语言所讨论和与之打交道的一切带入敞开。因此，诗绝非把语言当做手边备用的原始材料，毋宁说，正是诗第一次使语言成为可能。诗是一个历史的民族的原始语言。故而，应该这样颠倒一下：语言的本质必得通过诗的本质来理解。”[③] 当然，与诗同质的语言是一种原始性语言，是具有本源性的语言，本源性的语言才是诗，日常语言与诗几乎没有任何关联：“本真的诗从来不只是日常语言的一个高级形式。毋宁说，日常言谈倒是一种被遗忘了的、因而被滥用了的诗歌，从那里几乎不再发出某种召唤。”[④] 本源性的语言与日常语言不同，日常语言不过是只具有符号性的语言，由于日常语言被持久得使用已经失去了本源性语言的勃勃生机而走向了诗的对立面。由此可以看出，在海德格尔看来，诗是一种最本质的语言，正如真理的本质就是本质的真理一样，本质的语言就是语言的本质，进而，本质的语言或者语言的本质就是诗的本质所在。

对于诗与艺术的关系，海德格尔提出了艺术的本质是诗的著名命题。艺术与美在海德格尔看来，几乎是具有同一语的味道：“几乎是从人们开始专门考察艺术和艺术家的那个时代起，此种考察就被称为美学的考察。”[⑤] 而当诗与艺术

---

① ［德］海德格尔．1996．海德格尔选集．孙周兴选编．上海：上海三联书店，319.

② ［德］海德格尔．1995．人，诗意的安居——海德格尔语要．郜元宝译．桂林：广西师范大学出版社，54，55.

③ 转引自：余虹．1991．诗：原始的语言——海德格尔的诗学启示．外国文学研究，(1)：61.

④ ［德］海德格尔．1997．在通向语言的途中．孙周兴译．北京：商务印书馆，20

⑤ ［德］海德格尔．1996．海德格尔选集．孙周兴选编．上海：上海三联书店，300.

存在着密切的关联之时，也就打通了诗与美之间的通道，从而也就顺其自然地打通了语言与美之间的通道。问题是，这种通道是何意义上的呢？

在海德格尔看来，这沟通诗、语言、艺术（美）的通道是本质意义上的，而不是一般相关意义上的。要实现这种沟通，在阐释了诗的语言本质之后，就必须进而阐明诗的艺术本质，这样才能实现语言与艺术通过诗之“桥梁”实现最终沟通。事实上，海德格尔对诗与艺术的关切正是在本质意义上解读的，海氏指出：“凡艺术都是让存在者本身之真理到达而发生；一切艺术本质上都是诗(dichtung)。”① 可以看出，艺术是与真理相关的，“艺术是真理之自行设置入作品”，② 既然艺术与真理关系密切，那么艺术为何本质上是诗呢？

对此，海德格尔指出：“艺术的本质是诗。而诗的本质是对真理的创建(stiftung)。”③ 因此，正是在真理的意义上，艺术和诗在本质上实现了融通。不过，在这种融通的过程中，一个核心的问题也破土而出，即真理问题在海德格尔美学思想中的重要性凸显了出来。这样，审查真理问题就可以充分洞悉海德格尔关于美之深刻意蕴。海德格尔不赞成传统流俗的真理观，认为这是一种认识论意义上的符合论真理观：“真理就意味着符合（shnlmen)，而且是双重意义上的符合：一方面是事情与人们对之所作的先行意谓的符合；另一方面是陈述的意思与事情的符合。”④ 海德格尔所论及的真理是一种澄明的去蔽和无蔽状态，海德格尔认为：“作为无蔽的真理之本质在希腊思想中未曾得到思考，在后继时代的哲学中就更是理所当然地不受理会了，对思而言，无蔽乃希腊式此在中遮蔽最深的东西，但同时也是早就开始规定着一切在场者之在场的东西”⑤，这种无蔽状态不是现成的，而是生成的，正是在这生成性的无蔽真理观中，海德格尔的艺术（美）之思获得了基点，在场无蔽真理的显现就成为海氏美的思想的奠基，海氏美的思想正是在此中生成。

诗的本质是语言，艺术的本质是诗，从而，语言与艺术在本质上实现了打通，进而，语言与美实现了本质意义上的融通，这种语言美已经不是传统意义上的语言美了，因为这里的语言、诗、艺术的理解都已经与存在相关而与传统的理解大相径庭。至此，由语言和美在本质上打通而给美育带来的，将是一番新的境界。

---

① ［德］海德格尔．2004．林中路．孙周兴译．上海：上海译文出版社，59．
② ［德］海德格尔．2004．林中路．孙周兴译．上海：上海译文出版社，65．
③ ［德］海德格尔．2004．林中路．孙周兴译．上海：上海译文出版社，63．
④ ［德］海德格尔．1996．海德格尔选集．孙周兴选编．上海：上海三联书店，215．
⑤ ［德］海德格尔．1996．海德格尔选集．孙周兴选编．上海：上海三联书店，271．

2. 走向审美境界的美育与方法

海德格尔关于语言（诗）与美（艺术）之间本质的沟通，并不是为了沟通而沟通，而是试图通过沟通的过程展示一种全新的美的理解。事实上，海德格尔的沟通努力，的确开创了一个崭新的审美世界，这个审美世界所带来的，是一个诗意化的心灵寓所，一种审美境界的新层面。

关于美育，传统上一直以“审美观”、“审美能力”、“审美创造力”等的培养为宗旨，这些作为美育所要达到的比较基础的部分，固然是美育不可缺少的部分。不过，这种传统的美育之宗旨观本质上是从“美”这个范畴出发展开美育理论的，其所忽视者是审美作为一个“主体性”范畴所具有的教育意义，即传统美之宗旨观只停留在一种经验层面的外在的美之追求，而忽视了美之主体性的内在超验性的追寻，其结果必然是美育之所达深度的有限。海德格尔的美的语言之思，对于美育而言，首要带来的就是审美之境界，这是一种真理之境的审美境界，它所要求美育者，就是美育必须以这种审美境界之达成为旨归。

海德格尔所勾勒的审美境界是一种真理之境界。海德格尔在论及诗与艺术之时，都将真理看作与其本质密切关联，尤其是那著名的“艺术是真理之自行设置入作品”的命题，将真理引入美的同时，也创造了一个海氏的审美真理之境界。

那么，海德格尔所创造之审美真理之境界是一种什么样的境界？这涉及对境界的解读问题。不管人们对境界有多少种解读，海德格尔这里之境界与我国首倡美学境界论的王国维先生关于境界的理解不谋而合，王国维先生在《人间词话》中曾说，“言气质，言格律，言神韵，不如言境界。有境界，本也。气质、格律、神韵，末也。有境界而三者随之矣”[①]，“沧浪所谓兴趣，阮亭所谓神韵，犹不过道其面目，不若鄙人拈出‘境界’二字，为探其本也”[②]。可以看出，王国维先生的境界是一种本体性的理解，这种境界是一种个体内在心灵所达到的最高审美体验。海德格尔的真理之境界即是这种境界，对于这种审美真理之境界，柏拉图在《会饮》和《斐德若》篇中描绘了达到这种最高境界之状，这是柏拉图所谓的“爱智慧者，爱美者，诗神和爱神的顶礼者”的第一等人才能达到的境界[③]：

这时他凭临美的汪洋大海，凝神观照，心中起无限欣喜，于是孕育无数量

---

① 王国维．1986．人间词话新注．滕咸惠注．济南：齐鲁书社，44．

② 王国维．1986．人间词话新注．滕咸惠注．济南：齐鲁书社，71．

③ 转引自：朱光潜．1963．西方美学史．北京：人民文学出版社，49．

的优美崇高的思想语言，得到丰富的哲学收获。如此精力弥满之后，他终于一旦豁然贯通唯一的涵盖一切的学问，以美为对象的学问。

——《会饮》篇

那时隆重的入教典礼所揭开给我们看的那些景象是完整的，单纯的，静穆的，欢喜的，沉浸在最纯洁的光辉之中让我们凝视。

——《斐德若》篇

柏拉图这里描写的审美的极境，正是海德格尔之审美真理之境界所要达到的那种境界，这种境界的真理之美才是最高的美。

由此，进一步的追问是，海德格尔的审美真理之境界究竟是一种什么境界？

海德格尔的真理之境界首先是一种人生之境界。之所以如此，这与海德格尔把此在的存在引入真理有密切的关系，“唯当此在存在，才‘有’真理”[①]。当然，此在的存在是一种本真状态的存在，只有本真状态的此在存在，真理才能获得生存上之规定，海德格尔指出：“只有同此在的本真状态联系起来，存在的真理才能获得生存上的规定。”[②]那么，此在的本真生存状态又是如何呢？

海德格尔认为，此在若获得自己的本真状态，就必须作为一种展开的状态存在，“只要此在作为展开的此在开展着、揭示着，那么，它本质上就是‘真的’”[③]。问题是，此在的展开状态又是如何呢？海德格尔认为：“此在在最本己的能在中并作为最本己的能在把自己对它自己开展出来”[②]，这就是说，此在的展开状态是人从自己最本己的能在中来领会自己、设计自己、规定自己和展开自己，而这种状态就是最原始的真理现象、最根本的真理现象。这样，真理就与人生密切联系起来，真理就是人生之真理，真理的本质就是人生本来状态的展开，真理就意味着人的本质的实现。由此，真理之境界就是一种人生之“全真境界”。

海德格尔的真理之境界还是一种自由之境界。对于真理与自由的关系，海德格尔提出了“真理的本质乃是自由”[④] 的著名命题，我国有学者在论及海德格尔的自由与真理关系时也曾说道：“从本源上而言，真理与自由是统一的、相通的，而绝不是两个分立的问题，更不是两个互不相关的概念。离开自由问题，我们无法理解充分的真理。换句话说，没有自由，也就不可能有充分的、完整的真理。”[⑤] 自由与真理的沟通并不是海德格尔的创新，而是一个由来已久的老

---

① ［德］海德格尔．1987．存在与时间．陈嘉映，王庆节译．上海：上海三联书店，272．

② ［德］海德格尔．1987．存在与时间．陈嘉映，王庆节译．上海：上海三联书店，267．

③ ［德］海德格尔．1987．存在与时间．陈嘉映，王庆节译．上海：上海三联书店，266．

④ ［德］海德格尔．1996．海德格尔选集．孙周兴选编．上海：上海三联书店，221．

⑤ 黄裕生．1999．真理的本质与本质的真理——论海德格尔的真理观．中国社会科学，（2）：109-110．

问题。

不过，传统上对真理与自由的把握往往演绎成自由对必然的认识关系，自由是从对必然的认识来看，对必然认识越是充分，也就越自由。海德格尔认为这种自由不是根本的自由，不是真正的自由。此外，海德格尔还认为，自由也不是对行为的可为与不可为不加约束，更不是那种偶尔出现的在选择中或偏向于此或偏向于彼的任意。海德格尔认为，自由是一种与存在者解蔽相关的状态，“自由的本质显示自身为进入存在者之被解蔽状态的展开”，“自由乃是参与到存在者本身的解蔽过程中去”[①]，可以看出，只有对存在者的解蔽才是根本的、真正的自由。由此，自由意味着一种去蔽的澄明之境，这是完全敞亮的，没有遮蔽的理想之境。这种境界其实就是一种美的境界，当去除遮蔽，真理开显之时，自由的真理之境展现的是一种大真大美之境，它使人获得的是一种强烈的审美体验。

语言与美的本质沟通所开显出来的，是通向审美境界的美育理念和旨归，而要达到全真的人生境界和自由境界离不开方法，这方法便是诗化人的心灵。自然，这里的方法不是具体的途径意义上的方法，而是目的论意义上的方法，即美育应以诗化人的心灵为通向审美境界的方法。

那么，为何诗化能够成为通向审美的至全至真的人生境界和自由境界呢？这是和诗与人的生命和魂灵密切相关有关，狄尔泰就一直强调诗对人之生命和心灵的重要意义，“诗的问题就是生命问题”、“诗把心灵从现实的重负下解放出来，激发起心灵对自身价值的领会”；海德格尔更是强调诗化之于人之存在的力量，他一直要求“诗意地栖居”，并宣称“诗化乃是一种至珍罕有的度量”，“切不能把它随意地曲解为世俗的度量和尺度”[②]；黑格尔在《美学》一书中指出，诗化审美能“让对象保持它的自由和无限，不把它作为有利于有限需要和意图的工具而起占有欲和加以利用。所以美的对象既不显得受我们人的压抑和逼迫，又不显得受其他外在事物的侵袭和征服”[③]。

总之，诗化人的心灵作为一种通向审美的至全至真的人生境界和自由境界的方法，它不同于完全认知意义上的美育，它不是把美育当做美的知识的获得和对美的一般的鉴赏和欣赏，诗化着眼的是人的心灵的更高层次的美的要求，它以一种美的境界的获得为最终目的。

---

① ［德］海德格尔．1996．海德格尔选集．孙周兴选编．上海：上海三联书店，223.

② 易健．2000．人的诗化与自然人化．海口：南方出版社，12.

③ ［德］黑格尔．1979．美学（第1卷）．北京：商务印书馆，147.

第四章

教育中语言的批判性考察之一：教育理论重大问题的语言检视

> 语言大面积地迅速荒疏，这不仅在一切语言运用中掏空了美学的与道德的责任，而且，语言的荒疏是由于人的本质之被戕害。只是文雅地使用语言，还不能证明我们已经免于这种对我们的本质的威胁。事实上，今天这种运用语言的方式只能说明我们还没有看见甚至不能见到这种危险，因为我们还从未设身处地去洞察这种危险。语言的堕落最近谈得很多，但太晚了。它不是一种事态的缘由，而是这个事态的后果。这个事态是：语言在现代主体性形而上学的统治下几乎无可遏止地脱出它的基本因素了。语言还对我们隐蔽它的本质：它是存在的真理的家。语言倒听任自己屈从于我们的愿望和驱策，作为支配在者的工具供我们使用。①
>
> ——海德格尔

实践论层面教育中的语言问题包括两个方面，一个是属于具体理论层面的教育中的一些重大理论问题，语言的引入教育，必然会引起这些具体的重大教育理论产生“震动”，从而出现新的“景观”；另一个是属于教育中存在的具体语言现象层面的，语言进入教育，总是要走进具体教育实践中去，并引起我们对教育实践中所忽视的语言问题的“觉醒”。本章所论者乃是教育中具体的重大理论方面，下章所论者则是教育实践中的一个重要的语言问题，即儿童语言权问题。对于教育中语言的所谓“批判性考察”，并不是仅仅停留在消极的“批驳”层面上，而是包含有积极的建设性意指，批判不是为了摧毁而批判，而是为了建设而批判。就教育中的具体理论层面而言，教育研究、教育活动和教育内容无疑是教育中必须面对的重大问题，相信对教育中这些问题的语言检视，带来的必将是关涉教育全局性变革的意义。

---

① ［德］海德格尔．1995．人，诗意地安居——海德格尔语要．郜元宝译．上海：上海远东出版社，79.

一、教育研究的语言皈依

几何学讨论严格的圆，但是没有一个可感觉的对象是严格圆形的。无论我们多么小心谨慎地使用我们的圆规，总会有某些不完全与不规则的。这就提示了一种观点，即一切严格的推理只能应用于与可感觉的对象相对立的理想形象，很自然地可以再进一步的论证说，思想要比感官更高贵，而思想的对象要比感官知觉的对象更真实。①

——毕达哥拉斯

教育研究是教育中的重大问题之一，对教育研究进行语言审视是语言面对教育重大理论问题时不可或缺的一环。就教育研究的状况而言，传统上其所秉持的是一种远离教育生活实践的研究，之所以造成这种状况，是因为传统教育研究深受实证主义教育研究观宰制。语言引入教育研究引起了传统教育研究的“地震”，语言带给教育研究的是一种能够克服传统教育研究脱离生活的新的教育研究图景，是一幅充满生活气息的教育研究新景象。

（一）生活的疏离：传统教育研究的僭妄

教育研究不能离开教育生活，“教育研究以促进教育生活的改善为基本目的”②，教育研究本身就是一种教育生活。然而，就传统教育研究而言，却出现了严重的与教育生活疏离的倾向，主要体现在以下方面：

其一，教育研究成为“与世隔绝”的象牙塔里的自我陶醉。传统教育研究所推崇者是以抽象概念为基础的逻辑体系的建构和编织，概念和逻辑体系的梳理成为教育研究所要达成的最终任务，这种追求体系化的教育研究，一方面使教育研究者的理论研究成为纯粹形而上学理性王国里的自我满足。教育研究远离教育情境，从书本到书本、从观念到观念、从逻辑到逻辑，在书斋和研究机构的围墙内找理论、寻规律。教育研究所追求的是学术理性而不是实践关怀，教育研究者以象牙塔里的寻觅替代对教育的直接体悟和经验，他们“躺在理论的神话里死去活来，以思考来模仿和代替行动，最终以取消行动来取消失败”③。结果，教育研究完全成为一个自我运转、自我发展的独立世界。

---

① ［英］罗素．1996. 西方哲学史（上卷）．何兆武等译．北京：商务印书馆，64.

② 吴定初等．2008. 教育研究疏离教育生活：现象透视与回归途径．四川师范大学学报（社会科学版），(3)：49.

③ 李政涛．2001. 对教育研究者生存方式的省察．教育评论，(6)：1.

另一方面，教育研究将很可能“沦落”为一种纯粹的“语言游戏”，正如有论者所言：“以至异化为一种‘特别的语言研究’，致使教育生活中的生动活泼、复杂纷繁甚至重重矛盾全然不见了踪影；其研究成果只不过是‘语言自己在说话’，是概念体系的自我增生，甚至是浅薄的概念‘游戏’，而不是对教育生活的真实言说与客观剖析。”① 教育研究完全沉迷于语言游戏，而与教育生活彻底隔离，教育研究也就难逃“失根”的厄运。

总之，以概念化和体系化为旨归的传统教育研究是一种“与世隔绝”、漠视教育生活的教育研究，这种教育研究是研究者在“世外桃源”里的一种自我陶醉，是一种无根的悬空起来的研究。尽管这种教育研究表面看来确实构建了一个气势恢宏的庞大理论体系，但这确是一个无教育生活的水晶宫而已。

其二，教育研究与儿童生活剥离。传统教育研究是一种与作为教育主体的儿童生活相隔离的研究，这是因为，作为教育研究的研究者们所关注的重点是自己的所谓教育理论体系的建构，而他们身上所肩负的对教育主体儿童的义务却往往被忽视。这样，教育研究者们所构建的理论体系，也就必然地是与儿童生活无关的“纯理论”，这种无法反映和展示儿童生活的教育“纯理论”，在远离儿童生活的同时，也失去了教育的立场，远离了教育的方向，最终也就真的成为了一种纯理论的所谓教育了。

其三，教育研究与教育研究者个人生活分离。传统教育研究对教育研究者而言是一种“无我”的教育研究，教育研究不是“我”的研究，“我”与教育研究是无关的。教育研究本是教育研究者的研究，这就无法避免且必须将“我”的个人生活融入这研究中去：“教育研究一定是‘我’在研究，是‘属我的’。它意味着‘我’将自己居寓于教育研究中，而不是‘我’和教育研究相分裂。虽然这样的分割在我们这个时代已成流行之势。它是我的栖居之所，我居住、逗留、照料自己在教育研究中，与研究浑然一体，具有相亲熟性。”② 然而，传统教育研究却是一种将“我”排除在研究之外的研究，教育研究与“我”处于分割状态，我的研究不要我的个人生活体验，我的生活体验最好与我的研究越远越好，这正如范梅南所描述：“我们可以想象那些荒谬但真实存在的一些现象：这人为从事教育学术生涯而抛弃自己的妻子、孩子；那人将两个孩子从上午 8 点到下午 5 点放在日托所，自己却关起门来研究教育理论（针对儿童教育著书立说）；这人整天与孩子在一起却不知如何与女儿沟通，致使女儿滋长仇根的

---

① 吴定初等.2008. 教育研究疏离教育生活：现象透视与回归途径. 四川师范大学学报（社会科学版），(3)：50.

② 曹勇国.2008. 教育研究之生命意识探寻. 教育理论与实践，(5)：3.

心理；那人后悔没能记住孩子的童年（笔者认为父爱的缺失是完美教育理论的通病）；这人需要依赖‘性’来体验生活，因此他的孩子没有机会得到足够的爱；那人声称自己沉醉于孩子的生活的研究，但却不能与孩子建立亲密的教育关系。这些都是教育中存在的具有极大讽刺性的实例。”①总之，传统教育理论研究是与教育研究者本人个体生活体验相隔阂的，教育研究没有研究者个人，研究者个人生活体验是不存在的，是没有个体生活体验的教育研究。

其四，教育研究形而上的抽象化倾向。教育研究的抽象化倾向集中展现在对待教育实践现实的生活上。本来，教育理论来源于实践也高于实践是不错的，但是传统教育研究并不是从教育理论与实践统一的角度来理解这句话，而恰恰相反，是从教育理论与实践隔离的角度进行理解，将“高于”极端化和绝对化。于是，教育研究所追求者就是“高于”实践生活的形而上的抽象，对教育生活实践的抽象概括和分析就成为教育研究的惯常。这样，一方面，鲜活的教育生活世界、真实的充满丰盈活力的教育生活世界就与教育研究失去了连接；另一方面，教育生活世界就只成为教育研究者控制性重构的对象，教育研究不是向在展现活生生的教育生活世界的情境中向教育实践靠拢，而成为了一种抽空了教育生活实践的教育研究。

（二）归因的探查：实证主义教育研究观的宰制

传统教育研究之所以与生活相隔离，是由于教育研究把教育现象看做是完全独立于人、独立于生活的绝对的客观现象，教育的运行是受具有和自然现象变化一样的客观规律支配，教育研究所必须遵循的就是客观性和价值中立性原则，教育研究必须完全排除人为的、价值性的因素影响，教育理论必须是逻辑的、客观的和科学的，实践逻辑和研究者的主观性介入必须被彻底清除。事实上，这种传统的教育研究观，从根本上说就是以主客两分为基础的实证主义教育研究，并且在教育实践中进而演化为将这种实证主义教育研究观作为唯一的前提预设。这就是说，传统教育研究与生活严重脱离，就是实证主义教育研究观宰制教育研究的必然结果。

从教育学史来看，实证主义在教育中成为一种传统，是教育学在追求科学化的道路上深受实证主义思潮的影响而逐渐形成的。就教育的实证主义研究传统而言，可以说它是实证主义研究思想在教育研究中的“移植”，因此，教育研究的实证主义也就必然具有了实证主义共同的“特色”，这主要体现在以下三方面：

① ［加］马克斯·范梅南．2003．生活体验研究——人文科学视野中的教育学．北京：教育科学出版社，192，193．

其一，教育研究的自然主义。在实证主义教育研究观看来，教育过程可以完全等同于自然过程，即把教育过程视为客观的自然秩序一般，教育世界不过是自然物质世界的继续。按照自然主义的观点，普遍规律统治了世界，世界本质上是有秩序和规则的，是人类理性可以完全达到的，即自然主义的观点在方法论上坚持规律性的寻求，这种规律性在任何时候都是有用的和有效的。由于在基本的逻辑特征上教育科学与自然科学是相同的，确证而又普遍的规律就成为两者最终的共同关怀。于是，教育研究也就是对教育现象进行抽离式的寻找规律的研究，而且这种规律性的探求是以自然科学的标准来进行衡量和裁定的。自然主义还把教育研究视作自然科学研究的“克隆”，对教育现象进行“原子论”式的剥离，以教育量变中可以确定的部分为依据，剔除教育中那些模糊性的方面，从而把教育现象还原成量的、数字的世界，从而获得简单的和经济的所谓科学的教育理论。

其二，教育研究的客观主义。实证主义教育研究的客观主义有两个层面的含义：一是确认教育对象的客观性，即教育研究现象是独立于对其的认识论框架的，当然，这里的教育现象的客观性存在，并不是由教育现象本身的性质来保障的，而是由研究方法来确保的。二是确认教育研究是价值中立的，教育研究是要绝对排斥个人主观价值因素的影响，因为教育研究客观主义认为，一旦研究者的个人价值或其他价值性的因素闯入教育研究，就会破坏教育研究的客观性和权威性。由此可以看出，客观主义所追求的，就是要求教育研究做到事实与价值的分离，或者说是描述的和规范的陈述之间进行逻辑的分离，认为教育研究活动是必须与“应当如何”或“事物价值如何”相分离，一切伦理的、道德的、私人的、文化的与社会的因素都应当排除在外，教育研究就是一种中立的运行方式。

其三，教育研究的控制主义。实证主义教育研究强调的是对教育世界事实的操作控制，而不是对教育世界的意义理解，这种对教育世界的操作控制是教育研究者作为一个绝对独立于教育现象的“旁观者”的身份进行的，“研究者站在对象外部，对事实进行客观的观察、描述，发现其间的规律。为了能运用实验等实证方法，研究主体可以对教育的事实进行直接地改造，比如进行还原、简化、控制等，并且‘需要在方法上采取一些特殊的保护措施，以便防止反应，即防止对象对探究条件的一种反作用’”①。教育世界只是一个客观的现象，研究者的“我”是独立于其外的，“我”是对作为我之外的教育世界的研究，就如对自然现象的研究一样，“我”必须操作和控制教育现象，用实验、统计等手段把

① 唐莹．1994．事实/价值问题与教育学研究．华东师范大学学报（教育科学版），(1)：34.

教育现象肢解成个别的、孤立的变量，把全部完整的教育过程作为一项实体化的活动加以多系列、多侧面的划分，以探究其间的关系和规律，以获得对教育现象规律的认识。

传统的实证主义教育研究观在现实的后果上，确实对教育研究的科学化具有相当的积极意义，不过，实证主义教育研究在发挥其积极意义的同时，由于逐渐走向了极端化而成为一种宰制的力量，它所固有的不可克服的弊病也就必然顺着这种“宰制”而成为现实的控制力量，实证主义研究也就走向了其反面。就实证主义的固有弊端而言，高尔和博格总结为以下四点[①]：①实证主义者声称客观观察没有理论倾向，但这实际上是不可能的。②实证主义者声称客观观察没有个人价值观，而这实际上也是不可能的。③实证主义者声称只有客观观察到的现象才是有意义的知识，可是许多教育家们的研究对象是不能被直接观察到的，如个人倾向、感觉、认知、文化、校风等。④实证主义的一个假设是客观世界在一定的范围和时期内是一致的。这一假设对自然科学来说可能是合理的，但应用于研究社会行为的教育时就不一定了。确如所言，教育研究的实证主义化确实在客观上给教育研究带来了不可避免的不良后果。

首先，实证主义教育研究实质上就是研究者主体对教育现象的一种“镜式反映”，由此而产生的教育理论是一种冰冷的、没有生活气息的教育理论，这正如有论者所指出：“强调通过中立的、价值无涉的立场去探寻教育的普遍规律和客观理论，以确保所获得的教育知识的客观性、普遍性和确定性。这样，教育知识生产就丧失了它那最基本的人文关怀和价值属性；教育知识就消解了它那充满温情、富有诗意、蕴含无限生机的乡愁气息，阉割了它那气韵生动、充满历史感、词语概念关涉不同生活情景的解释性，从感性、体悟的变为逻辑、论说的，从引导、启发的变为后设、分析的。”[②] 这样的教育理论是丧失了活力和激情的教育理论，也是一种不完整的教育理论。

其次，实证主义教育研究对普适性的追求使教育中体现个体体验、价值和精神的人文性彻底丧失。教育研究本是必须具有个体主观经验参与的研究，“只有通过个人的主观经验，一个人才能真正接受真理。对人类及其问题做出非个人的客观思考，乃是一种对现实的歪曲……他（克尔凯郭尔）坚持认为，只有

---

① 秦行音．2004．教育研究、教育的科学研究与我们的选择——我国教育研究的现状分析与趋势研究．教育理论与实践，(11)：15.

② 谢延龙，王澍．2009．现实反思与理想图景：论我国教育知识生产．国家教育行政学院学报，(8)：26.

在主观的、直接的、存在的经验中才能认识现实”①。然而，实证主义教育研究科学化的追求使教育研究以科学化的普适性追求为目的，教育研究最终沦落为纯粹的科学主义理性的工具。于是，教育研究中个体的兴趣、需要和自身的价值被排除，教育研究中个人体验的丰富性、完整性被拒斥，从而使教育研究的人文性彻底泯灭。

再次，实证主义教育研究对价值无涉的追求不过是远离教育生活的“空中楼阁”而已。价值无涉是实证主义教育研究所坚持的一项重要原则，这项原则本是自然科学对自然现象研究的要求（事实上对于自然现象的研究也很难做到价值无涉），而对于充满人文色彩的教育现象而言，价值无涉的研究要求往往使研究本身陷入自相矛盾之中，正如有论者所说的：“在教育研究中，人们认识到以经典自然科学为标准的实证方法难以适应对复杂的教育现象的把握，以客观、价值无涉的立场寻求普适性研究结果只是一厢情愿的美好的愿望而已。‘科学-实证’取向的教育研究者无奈地看到：相同的教育现象经同样的自信恪守实证主义立场和方法，追求客观性、准确性和可检验性标准的不同研究者的研究后，竟出现不同乃至相反的研究结论。”② 当教育研究彻底价值无涉之时，它也就远离了充满价值和意义的教育生活，也就割裂了与现实教育生活世界之间的有机联系。于是，教育研究对象自身的特殊性被否认，人自身的生活体验被消解，教育研究中的人的物化，这种教育研究必然是一种“见物不见人”的研究，“实证研究将对象视为‘物’，排斥价值关涉，其科学观认为，如果没有外在力量的干扰和破坏，科学就可以经由理性的头脑，通过积累、概括、总结事实材料，一步步从萌芽状态直到发展状态，从而建立起科学的大厦，它设想的是一种处于真空状态下的科学”③，其所勾画的结果也就只能是一种美好的愿望而已。

最后，实证主义教育研究在对科学化的追求过程中，脱离了教育实践而陷入纯粹的思辨之中。实证主义本不同于甚至是反对形而上的思辨的，然而实证主义并不排斥理论的抽象化，而这种理论抽象化由于其脱离了实践，则难免走向一种实证主义式的思辨，正如马克思·范梅南所指出：“理论抽象化的倾向所面临的最严厉的指责就是教育研究者和理论学家忘却了他们的最初的研究任务：应在养育、教学的过程中承担起自己的教育责任。他们也忘却了教育体现在不

---

① ［美］宾克利．1983．理想的冲突——西方社会中变化着的价值观念．马元德译．北京：商务印书馆，175，176．

② 洪明．2000．西方教育研究取向新进展．教育研究，(10)：68，69．

③ 于忠海．2007．教育研究方法论反思：实证与思辨．高校教育管理，(5)：2

断的实践中，教育的研究与理论仅仅是教育形式的一部分。”① 责任的丧失，实践的离场，这种抽象思辨式的教育研究不过是一具精神的“木乃伊”，毕竟，没有实践的真切，实证又复何谈乎？

总之，可以看出传统教育研究在实证主义宰制之下，一味地以科学化和普适性为追求目标，其结果是忽视了排斥了丰富鲜活的教育生活，这不但造成了教育研究与教育实践之间的巨大鸿沟，而且使教育研究成为一种“目中无人”的研究。

（三）本真的回归：语言论教育研究的图景

传统教育研究的实证主义宰制产生了必须予以克服的弊病，正是这些弊病使教育研究出现了严重的“失真”，唯有彻底清除这些弊病，教育研究才能回归本真。语言的出现并引入教育及教育研究，为传统教育研究走出实证主义的弊病，回归本真的教育研究打开了一条通途。

语言引入教育研究所赋予教育研究的是一种新的“生命形式”，而不是在一般意义上的语言和教育研究的关系。这是因为，语言进入教育研究，并不在于使教育研究的对象发生意义上的改变（把语言作为教育研究研究的对象，即教育研究就是进行语言分析），而是一种研究策略和研究取向意义上的改变，这就是说教育研究不只是为了获得知识体系，教育研究本身更是一种活动的体系，是确定或发现教育生活意义的活动。

毕竟，这引入教育研究的语言已不是一种媒介或工具，而是本体意义上理解的语言，是具有生存论意义上的语言，语言是与人的生命和生活密不可分的。事实上，传统实证主义教育研究实质上是一种认识论意义上的研究，其所强调的是科学的方法、抽象的理论和严密的结构。而引入语言的教育研究则是具有生存论意义上的研究，其所强调的不再是普遍性、确定性的追问，而是显示人的生命成长中的心灵体验，展现人的教育生活的存在方式；其所追求的不仅仅是抽象客观的教育理论，而还是教育主体的生命和教育生活；其所关注的不是规训和控制，而是人性的解放、自由与和谐。总之，“语言学取向的教育研究，无意探寻稳固而深层的教育本质或规律，力避用确定性的理论模式对教育现象给出普遍性的解释，而直接关注教育主体日常的教育生活，并对之进行反思性的描述，从而形成鲜活的教育研究文本”②。语言引入教育研究，促使教育研究

① ［加］马克斯·范梅南．2003．生活体验研究——人文科学视野中的教育学．宋广文等译．北京：教育科学出版社，182.

② 谢登斌．2005．语言学取向的教育研究．华东师范大学学报（教育科学版），(4)：26.

的追求从认识论转向了生存论，从还原论转向了整体论，教育研究之归旨就在于通过对教育实践的阐释，而发掘出内蕴丰厚的人生价值和生活意义。这是一种走向人的生命和教育生活的教育研究，那么，如何实现这种教育研究？须做到以下几点。

1. 研究方法论层面：实现教育研究范式的转换

现象学范式是一种重要的语言取向的教育研究范式。教育研究的现象学范式是现象学研究引入教育研究领域而形成的一种研究范式，这种研究范式的出现，正是教育学者对教育中盛行的实证主义研究范式不满而提出的。因此，本书此处之实现教育研究范式的转换，就是要求从实证主义教育研究范式向现象学教育研究范式的转变。

现象学教育研究对传统的实证主义教育研究之不足提出了批判。现象学教育研究认为，实证主义教育研究往往过于强调研究技术和方法，而对教育的实践特征缺乏关注。现象学教育研究指出，实证主义教育研究脱离了教育生活本身的研究，而只是一种研究了在一定限度内的“教育事实”，教育研究与教育实践是完全隔离的，其特有的有着丰富内涵的教育情境被以“研究的名义”残酷地剥夺了，这正如美国教育现象学者巴瑞特（Barritt）所指出的那样：“本应是有趣的许多文章，并且听起来也是相当有意思的题目，只是在内容上却往往并不如所期望的那般。在人文的事情方面这些文章关注极少，恰恰相反，他们所迷恋的只是方法的谨慎、测量和统计分析。当你看其中一篇文章时，就仿佛事先被允诺所得到的是一枚新鲜的李子，而结果却只得到了一个李子干一般。由于谨慎和严密，其中的汁液反而跑掉了。”① 现象学教育研究所针对的正是这种研究与实践生活远离的不良状况而提出的，现象学所提出的教育回到生活世界之中，教育研究要直面真实的教育生活情境和感受鲜活的教育生活体验，要保持对教育实践生活的敏感性和果断性，才能保持其生命活力，才能真正回归到其本真状态。

教育现象学研究范式之所以能够替代实证主义教育研究，是由其具有的基本特性所决定的，范梅南先生在《现象学教育学与意义问题》中，指出了现象学教育学的四个方面特征②：①关注普通日常生活经验，而不是沉重的认识论、本体论或形而上学的问题；②具有规范性倾向，而不是坚持社会科学的价值中

① Barritt L，Beekman T，Bleeker H，et al. 1983. A Handbook for Phenomenological Research in Education. Michigan：The University of Michigan，School of Education，3.

② 转引自：宁虹，钟亚妮. 2002. 现象学教育学探析. 教育研究，(8)：33.

立；③着重具体经验的反思而不是理论的抽象；④现象学研究有一种不言自明的共识，即要求兼具写作深刻文本的高超才能和反思性的学识。此论甚是，不过就现象学教育研究而言，有两个最基本的特性必须引起注意并予以重点强调：

其一，现象学教育研究范式具有浓厚的实践性情结。正如现象学对“生活世界”和“事情本身”本身的强调一样，教育现象学研究也以此为根本追求，“现象学教育学把生活世界作为其探询的起点和基础，认为教育要植根于生活世界，发现生活世界中的问题，由此提出教育的目的与价值”①，这体现出的是教育研究对教育实践的倾情关注。作为教育现象学的重要创始者之一，荷兰乌特勒支学派的代表者兰格威尔德（Langeveld）认为，教育研究本质上就是一种实践研究，对此他指出：“教育学是一门实践科学，其研究目的不仅仅是为了知道事情是怎样的，而且是为了了解近期或长期时间之内人们应该怎样做。”② 由此，兰格威尔德强调教育研究总是有一个内在的实践目的，教育研究要从教育实践的“真对象”出发，他将现象学教育学的研究形象地比喻为“家庭、厨房、街道”的研究，并认为这才是符合实践的“真对象”研究。

事实上，对实践的强调正是教育现象学者从事教育研究的基础所在，他们认为教育研究脱离实践是毫无目的和毫无意义的，实践与教育研究融合，在实践产生的教育研究中存在着复杂、兴奋和中肯，在研究中所赋予的实践中则充满着兴趣、生机甚至奇迹。对实践的关注要求教育现象学者，在教育研究中应直面教育最原初的真实生活，体察教育主体的生存境遇，洞悉教育主体生活世界中丰富的学习与教育体验。毕竟，那鲜活的教育实践生活是一种“前给予”的存在，它是如此的丰富，如此的充盈，数字的限制、抽象的演绎、客观性的切割等，只能对它扼杀、限制和禁锢。总之，对教育实践的倾情关注是现象学教育研究之源、之本。

其二，现象学教育研究范式具有浓重的价值性追求。这种价值性追求首先体现在现象学教育研究对意义的寻求上。现象学教育研究关注生活世界，认为意义是构成生活世界的有机体，现象学就是以其表现自身的方式来展现其意义的，“现象学要求恢复和激活人原初生动的感受力，借助现实地‘当下的’直观，打开意义的空间，加以充实。意义的充实行动将单纯意向越来越直接带到事情本身，即思想和事物在直观中完全一致，获得‘真理的体验’（明见）”③。

---

① 宁虹．2002. 教师成为研究者：国际运动、理论、路径、实践．北京：首都师范大学出版社，62.

② 转引自：刘洁．2006. 现象学教育学——一种“新”的教育学的可能性．首都师范大学硕士学位论文，42.

③ 柳夕浪．2005．“研究”对于中小学教师意味着什么：从“情系母爱”主题阅读活动说开．上海教育科研，(1)：22.

意义是一个普遍的范畴，但它不是空泛和虚幻的，它是与价值主体密切相关的、鲜活而生动的实在。

注重教育研究的情境性是现象学教育研究价值性的另一个重要体现。现象学著名学者范梅南先生对教育研究的情境性作了如下说明："现象学的出发点在于情境，对嵌入在这个情境中的一个典型的意识节点的分析、阐释和说明。"①"教育情境是那些构成教育行动的场所，是使成人与儿童间的教育体验成为可能的环境和条件。而教育情境中，成人和孩子双方都为情境提供了必要的条件。"②教育情境是具体的和唯一的，去价值或价值中立的普适性、客观性追求往往是无力的和苍白的，情境性是涉及参与这个情境中的具体的每个人，由此，价值也就无法避免并必然成为研究的关涉。且情境与教育主体的生活密不可分，在情境中去研究教育才能体现最根本的人的价值。

2. 研究途径层面：走向叙事教育研究

叙事是通过语言来完成对事实或事件的叙述，叙述教育研究作为一种具体的教育研究方法，对于某种研究取向而言又具有途径的意义。在教育研究以生命和生活为取向之时，叙事教育研究是能够成为这一教育研究取向的一条实现之具体途径。

教育叙事是与教育生活存在密切联系的一种研究，"教育叙事是表达人们在教育生活实践中所获得的教育经验、体验、知识和意义的有效方式，教育叙事研究就是探究如何才能准确表达和诠释教育经验、教育意义"③。"教育生活实践"是教育叙事无法隔离的必然关键词，简单地说，教育叙事就是通过叙事来描述和表达教育中人们的生活经验、方式和行为等。教育叙事的这种要求需要教育研究去展示真实的教育生活，把充满活力的教育生活作为研究的关注点。"我们一方面通过叙事来尽可能地展现教育的真实，以便使教育研究与真实的教育经验形成内在的关联；另一方面我们把叙事提升为教育经验的意义探索，叙事不是一种形式或者是为了表述人类经验而附加的东西，相反其关注的是生活世界中'究竟有些什么?'"④ 叙事教育研究正是联系真实的教育生活，并关注教育生活中的真实的教育研究。

---

① [加] 马克斯·范梅南．2003．生活体验研究——人文科学视野中的教育学．宋广文等译．北京：教育科学出版社，22.

② [加] 马克斯·范梅南．2001．教学机智——教育智慧的意蕴李树英译．北京：教育科学出版社，95.

③ 丁钢．2008．教育叙事的理论探究．高等教育研究，(1)：32.

④ 丁钢．2008．教育叙事的理论探究．高等教育研究，(1)：33.

相对于传统实证主义教育研究关注逻辑实证的“科学化”和“客观化”而言，叙事教育研究的着眼点，是复杂生动而又鲜活丰富的教育实践生活，“教育‘叙事研究’的基本诉求在于，它不只是关注教育中的‘理’和‘逻辑’，而且关注教育中的‘事’和‘情节’”[①]。在教育叙事研究中，其所关注的焦点与其说是逻辑上的真，毋宁说是教育实践生活中的善和美；与其说是具有宏大叙事和体系建构的知识体系，毋宁说是更好地对教育生活故事和经验及其所蕴涵的教育价值与意义的凸显。毕竟，“教育叙事的出现，旨在把‘纸上的教育学’变成‘生活中的教育学’，就是试图回到教育者的生存方式之中，通过对生存经验的叙说，来呈现和表达教育生活经验的本真状态”[②]。当然，教育叙事研究进入火热的教育生活不仅是为进入而进入，这种进入教育实践生活的教育研究，其目的不是为了简单的“再现”和“发现”教育生活，而是为了改变和建构新的教育世界和生活。

3. 研究起点层面：关注个体生活体验的教育研究

语言引入教育研究导致的是教育研究对教育生活的关注，而教育生活无法离开个体的生活体验，个体的生活体验就必然作为教育生活中之重要的一面，这既是实证主义教育研究的缺憾也是语言论教育研究关注的基点和核心。从这个意义上说，个体生活体验就成为语言论教育研究的一个新起点。

关注人本是教育研究的必然，然而，对人之关注，因其研究观之不同而大不相同。实证主义教育研究所关注之人，不过是一种人的抽象，可称谓“抽象人”，这种人是被理论的坚硬枯燥话语所包裹了的人，人的鲜活的生命气息和生活经验已经被理论的筛子彻底涤荡干净，那有血有肉，有呼有吸，活生生的个体人是不存在于实证所追求的理论话语体系里的，在这里，人已经不是真实的人了。

语言论教育研究所致力于的正是要将这“抽象人”还原其本真，拒斥以理论的尺度来描画人之形状，而是着力于那纯粹的鲜活的具体的个人本人，那处于火热教育生活中的个人的鲜活的个人生活体验，这是一种追求“个人深度”的教育研究。梅洛-庞蒂曾说，“转向对生活体验的研究意味着通过再次唤醒世界的基本体验来重新认识这个世界”[③]，语言论教育研究就是要通过对个体生活经验的关注来重新唤醒人们对教育世界的重新认识。日本学者 Mikio

① 刘良华. 2001. 校本行动研究. 成都：四川教育出版社，199-201.

② 李政涛. 2006. 教育研究的叙事伦理. 教育研究，(10)：18.

③ ［加］马克斯·范梅南. 2003. 生活体验研究——人文科学视野中的教育学. 宋广文等译. 北京：教育科学出版社，39，40.

Fujati 指出："体验永远具有持久的重要性和意义。生活意义是其影响和重要性甚至将来仍能够被生动记忆的东西，即使对原初体验的精确解释也许会随着时间而改变。"[①] 每个个体的生活体验，都是其在具体教育情境中的一种存在方式，它所开启和提供给我们的是一种充满生命之流的精神意义，都是具有独特性和其价值的，厄尔（W. Earle）曾说过："人类生活的关键并非个体所共有的东西，尽管关于共同的知识往往是有趣的和有用的，然而这些知识无法避免肤浅的处境。人类生活最深刻的东西只有在个体化的王国中才能找到。"[②] 正因为如此，语言论教育研究就是要洞察教育中个体的生活方式，透视个体的生活状态，进行关于个体生活体验的叙述，最终完成赋予意义的解释。

那么教育研究应如何关注个体的生活体验呢？

其一，教育研究要关注研究者个体的生活体验，研究者个体的生活体验要融入到教育研究中去。教育研究是属于研究者个体自我的，我是带着"我的"个体经验进行教育研究的，马克斯·韦伯曾说过："人是悬在由他自己所编织的意义之网中的动物"[③]，教育研究者并不是仅仅站立在"研究任务"和"外在目的"中的中立者，教育研究无法避免自我个体经验的融入，因为研究者的个体经验正是教育研究创造教育意义的根本和基石，离开了个体自我的教育研究已经不是"我"的研究了，这种无我的教育研究只是一种虚假的研究。

其二，教育研究要指向教育生活中的个体经验。最重要的就是指向儿童个体的生活经验。儿童作为教育生活中的主体，他们的个体经验对于其生命的成长和发展是具有重要意义的，教育研究关注儿童日常生活经验的目的，就是要发掘和展示这种日常经验的意义，及其对于儿童生命发展与成长的意义。通过对儿童某一经验的本质或本性的描述，可以以一种更为充分而深刻的方式重新唤醒，或向我们展示此一经验的生存品质和意义，这种儿童经验的深刻意义性挖掘式的教育研究，不同于因果解释及概括性的总结和抽象性的说明，它所展示的是真实的情绪、感觉和情感表达的深刻意义。

除了儿童的个体体验之外，教育研究还要指向教育中其他个体的体验，尤其是教师的个体体验，对教师个体体验关注的教育研究意义是重大的，它所开辟出的是教师本人能够作为一个研究者参与到研究中的绝佳途径，因为关注概念、逻辑和实证的学院式教育研究对从事教学一线的教师来说无异于"海市蜃

---

① ［美］威廉·F. 派纳，威廉·M. 雷诺兹，帕特里克·斯莱特里，等．2003. 理解课程．张华等译．北京：教育科学出版社，452.

② 转引自：汪霞．2003. 课程研究：现代与后现代．上海：海科技教育出版社，63.

③ 转引自：［美］克理福德·格尔茨．1999. 文化的解释．韩莉译．南京：译林出版社，9.

楼”一般可望那不可即，而教师之自我个体经验则为教师自己所感悟、所经历、所熟知，且正是这些经验里面蕴涵着生动的、丰富的教育意蕴，具有重要的教育研究意义和价值。当然，作为教育专职研究者关注教师的个体经验，不仅能使研究者本人有身临其境的教育感觉和感受，使其感受到在一般的情况下不可能经历的事情或情境，为其研究提供潜在的体验，而且，教师的这种个体经验本身就是教育研究者形成自己理论思想的根基。

二、教育活动的语言诉求

> 教育学离开了活动问题就不可能解决任何一项教育、教学、发展的任务。然而，在许多教育学著作中，常常只是宣布一下活动方式，它的用途则十分贫乏，活动的丰富内容和可能性也没有得到揭示，活动的方式仅仅与程序型、问题型方式并列为一类的情况也不少见。①
>
> ——休金娜

教育活动是一个极其重要的教育范畴，对“活动”的理解是解读这个范畴的前提，“而马克思主义者则特别指出，如果‘运动是物质的存在方式’的话，那么活动则是人（有生命物质）的一种存在方式”②。从这个意义上看，教育活动本质上就是教育中人的一种存在方式。而教育中的人主要就是从事教的教育者和从事学的受教育者，这样，教育活动就可以理解为教育中教育者与受教育者之间的一种教与学的关系的存在状态。

传统教育活动由于受理性主义宰制以及主客二元思维模式所产生的“改造论”的统治，造成了教育活动中人的失落、生命的遮蔽和生活世界的疏离，从而陷入了无法自拔的价值空无状态。语言进入教育活动给传统教育活动走出困境带来了曙光和希望。

（一）无语：传统教育活动的特性及其理论困境

传统教育活动是一种“无语”状态的存在。“无语”并非是指教育活动中没有语言，而是指语言还没有作为一种理论的力量引起教育活动的重视，语言在传统教育活动中处于一种“隐身”的状态。考察传统教育活动的状态是进行教育活动语言考察的前提。

---

① 瞿葆奎．1991．教育学文集·课外校外教育活动．北京：人民教育出版社，3.

② 柳海民．2000．教育原理．长春：东北师范大学出版社，381.

1. 传统教育活动的特性

对“理性主义”的崇拜是传统教育活动特性最本质的体现。教育活动中的理性主义是随着近代理性主义哲学思潮的兴起而逐渐发展起来的。一般而言，近代哲学上的理性主义主要是指16至18世纪以来，以笛卡尔、斯宾诺莎、莱布尼茨以及康德、黑格尔等人为代表的哲学观念。哲学上的理性主义强调的是“逻辑思维”和“科学思考”，从本质上而言，理性主义所秉持的是一种科学主义的倾向，这是因为，伴随着近代科学技术的突飞猛进，理性主义被看成科学真理普遍有效的保证，从而理性主义以科学化的名义走向了独断，科学和理性被看做在本质上是一回事。理性主义进入教育活动，为教育活动提供了理性的运行框架和理论范式，理性技术和理性精神成为教育活动运行的范导和规范，这使教育活动摆脱了经验主义，走上了科学化的道路，给教育带来了巨大的益处，“合理、有效的理性哲学的解释框架和理论范式成为教育生存和发展的基础，极大地推动了教育的进程：教育和教学从无序到有序，从感性到理性，从人为到科学，取得了一个又一个令人瞩目的成就”[①]。然而，正是理性主义给教育活动带来的前所未有的成就，使理性主义走向了教育活动顶礼膜拜的“神坛”，教育活动完全为理性主义所宰制。理性主义的理念、结构和范式逐渐成为了一种权力话语，于是，理性主义在教育活动中获得了至高无上的统治力，教育活动完全浸润在理性主义的光环之下。

主客二元思维模式所产生的“改造论”是传统教育活动特性的必然结论。二元对立的思维方式是理性主义在认识论上的具体结果，这是肇始于近代笛卡尔主体哲学的一种思维方式，“主体哲学在认知活动中分出主客体，确定主体的优先地位，有了对主体的肯定和主体认知条件的肯定，就有了衡量客体的准尺。主体是自明，不需要证明的，客体是主体活动指向的对象，主体的主体性是活动的出发点和条件，客体是主体加工的对象，是活动的终点，这样主体就优先于客体。透过传统哲学的二元对立的概念，我们看到的是一种鲜明的等级对立关系，其中一个单项（主体）统治着另一个单项（客体），高居发号施令的地位”[②]。主客对立的思维方式在教育活动中演绎为教育者是主体、受教育者是客体的等级关系，主体处于支配地位，客体处于从属地位，客体要服从主体的改造，“这一过程颇似一对正跳华尔兹的舞者，一个自主变动姿势、步伐的‘主

① 王玉英.2006.跨越理性主义的羁绊　推动教育主体性发展.山西大学学报（哲学社会科学版），(3)：138.

② 金生鈜.1995.超越主客体：对师生关系的阐释.西南师范大学学报（哲学社会科学版），(1)：8.

体’支配着一个顺从旋转的舞伴‘客体’，呈现单一中心结构。‘主体—客体’对象实践观从一开始就将教育者奉为主体，视其为真理的化身，有先在的话语权，成为绝对权威，充当‘灵魂的工程师’”①。于是，教育活动中教育者和受教育者之间就成为一种“改造”关系，教育者就是支配和发号施令的改造者，受教育者则沦为顺从和受支配的被改造者，教育活动就是教育者对受教育者进行训练式改造和强制性塑造的过程。

2. 价值的空无：传统教育活动的理论困境

传统教育活动的特性使其陷入了深深的价值空无的理论困境，这主要体现在以下方面：

第一，教育活动中人的失落。当教育活动中教育者与受教育者之间成为一种纯粹的改造关系的时候，这就意味着他们之间本真的存在论关系彻底让位于认识论关系。于是，教育活动中人与人之间就成为一种简单的对象性关系，控制就成为教育者与受教者之间的不可避免的力量，而控制意味着对人强行的压制，意味着被控制者个性人格的丧失，“控制是双方力量的对峙抗衡，以一些人强行压制另一些人，并有计划地安排，怎样使这种对抗着的力量在控制者任职期间相互作用”，“控制并非爱，控制固守着人与人心灵无交流隔绝状态的距离，使人感觉到控制者不是出于公心，而是在使用诡计，并以被控制者个性泯灭为价值”②。教育活动中教育者在对受教育者的控制中，人被物化和工具化了，人失落了，教育活动成为了一种改造、控制和型塑“物”的活动，本该是作为教育主体的受教育者沦落为一种被训练和规训的“物”，“他不是他自己，他除了是一排插销中的一根插销以外，除了是有着一般有用性的物体外，不具有什么真正的个性”③。

第二，教育活动中生命的遮蔽。教育活动本是关注活生生的生命体的存在，然而在理性主义的宰制之下，教育活动成为了一个规训的过程，一个使教育中生命被遮蔽的过程。理性主义的科学化要求，使教育活动成为了精致规训技术的控制下的活动，教育活动宛如工厂的产品生产，受教育者必须遵循统一的要求，必须遵循共同的标准，必须达到一致的要求，总之，受教育者的一切都必须接受教育活动的规训。然而，“‘规训化’教育的恐怖就在于对儿童生命价值自主性的轻视。教育成为一种事先谋划好的、以有效的方式控制儿童心智和身

① 闫艳．2008. 交往视域中的思想政治教育研究．天津师范大学博士学位论文，7.

② ［德］雅斯贝尔斯．1991. 什么是教育．邹进译．北京：生活·读书·新知三联书店，5.

③ ［德］雅斯贝尔斯．1997. 时代的精神状况．王德峰译．上海：上海译文出版社，42.

体的技术，成为一种必须服从的训练机制”[①]。正是教育活动的规训化，使教育中那富有活性的生命成为了僵死的和呆板的，使那充满着主动性的生命成为了机械的和被动的，使那充盈着创造性的生命成为了苍白的和封闭的。

第三，教育活动中生活的疏离。教育活动本身就是一种充满丰富意义和价值的生活，教育活动也是在火热的教育生活中进行的。然而，教育活动对理性主义的顶礼膜拜使教育活动本身理性化、科学化，教育活动就为科学世界所掌控。而科学世界与生活世界不同，“科学是枯燥的，生活是诗意的；科学奉行本质主义，生活主张生成性思维；科学是知识，生活是体验；科学是认识的，生活是实践的”[②]。因此，一旦以理性的尺度，以理性的唯一标准，以理性崇拜的心态，来剪裁教育活动的时候，教育活动也就不再是生活中的教育活动，教育活动也就不可避免地与生活发生了断裂。

（二）对话：教育活动的语言本性

对话不仅仅是语言的表现形式，对话是语言的特性，语言具有对话性，波尔诺夫（Bollnow）认为，语言在具体的情境中就是“对话”（das ges prach），就是作为“对话”的本质活动。[③] 不仅如此，语言就是对话，对话是语言的本质，对话不存，则语言也不在，巴赫金曾说：“语言只能存在于使用者之间的对话交际之中。对话交际才是语言的生命真正所在之处。语言的整个生命，不论是在哪一个运用领域里（日常生活、公事交往、科学、文艺等），无不渗透着对话关系。”[④]语言的生命本真就是对话，语言典型地生存于对话中，对话是在语言活动中展现语言本质的。

然则，何谓对话？教育活动与对话的关系又为何？

对对话的理解是一个复杂而困难的事情，因为对话可以从多种层面和多种维度进行解读。不过，这里的对话并非是日常意义上的对话，也非是词典上的各种定义，而是理论意义上对对话的解读，这种解读主要有以下几种观点：

英国学者戴维·伯姆（D. Bohm）把意义引入对对话的解读中，认为对话与意义密不可分，对话本质上就是意义。伯姆首先强调对话是一种“共有共享”式的巨大精神力量，“对话能够引领我们超越单纯为解决社会问题而进行对话的范畴。它甚至能够重新改变个体，乃至改变人与宇宙的关系。由此形成的这样

① 金生鈜.2002.“规训化”教育与儿童的权利.教育研究与实验，(4)：11.

② 冯建军.2004.生命与教育.北京：教育科学出版社，49.

③ ［日］池野正晴.2008.走向对话教育——论学校教育中引进“对话”视点的意义.全球教育展望，(1)：3.

④ ［俄］巴赫金.1988.陀思妥耶夫斯基诗学问题.白春仁，顾亚铃译.上海：上海三联书店，252.

一种精神能量被称作‘共有共享’”①，这种精神力量之源就在于意义，在伯姆看来，意义之共享就是对话的本质，“就意味着对话仿佛是意义的溪流在我们之中，通过我们和在我们之间流动”②。意义必然是价值性的，因为意义是一个人文性的概念和表达，而意义正是人文性的重要性质。

巴赫金（M. M. Bakhtin）将对话与人的存在、对话与人的生活联系起来，赋予了对话以生存论的意义，即在巴赫金看来，对话的本质就是人的存在，生活的本质就是对话性的。巴赫金指出“对话结束之时也就是一切结束之日。因此，对话实际上不可能，也不应该结束……一切都是手段，对话才是目的。单一的声音什么也结束不了，什么也解决不了。两个声音才是生命的最低条件，生存的最低条件”③，显然，对话具有生存之本性，对话是人类存在的最基本的诉求。当然，在巴赫金看来，生活和对话本质上是相通的，生活本质上就是对话，他不止一次强调对话之于生活的本质性关联，“对话关系这一现象……渗透了人类生活的一切关系和一切表现形式”④，“思想、意识、一切受到意识光照的人的生活，本质上都是对话性的”⑤，“生活就其本质说是对话的。生活意味着参与对话……人整个地以其全部生活参与到这一对话之中”⑥。正是在人的存在和人的生活意义上来理解对话，就赋予了对话之生成价值的意义，因为人的存在是意义充盈的存在，人的生活更是蕴涵着丰富意义的生活。由此，对话具有了价值论意义，这是一个充满价值追求的对对话的理解。

德国哲学家马丁·布伯（Martin Buber）从关系本体论的视域对对话进行了解读。对于关系，布伯那里有两个原初词，即“我-你”和“我-它”。布伯认为，关系的存在论本质不是“我-它”关系，而是一种“我-你”关系。因为在布伯看来，“我-它”关系是一种经验和利用关系，在这种关系中，世界只是我征服和宰制的对象，这种关系是一种非本真关系。反之，布伯认为“我-你”关系才是人类应有的真正关系，而“我-你”关系的本质就是对话关系，因为在布伯眼里，只有在对话中“我-你”的关系才能揭示人生的真正价值。可以看出，布伯的对话实质上就是“我-你”的一种关系本质。而布伯的这种对对话的理

---

① ［英］戴维·伯姆．2004．论对话．李·尼科编．王松涛译．北京：教育科学出版社，56．

② ［英］戴维·伯姆．2004．论对话．李·尼科编．王松涛译．北京：教育科学出版社，6．

③ ［俄］巴赫金．1998．诗学与访谈．白春仁，顾亚铃译．石家庄：河北教育出版社，340．

④ ［俄］巴赫金．1988．陀思妥耶夫斯基诗学问题．白春仁，顾亚铃译．上海：上海三联书店，76，77．

⑤ ［俄］巴赫金．1998．巴赫金全集（第五卷）．白春仁，顾亚玲译．石家庄：河北教育出版社，115．

⑥ ［俄］巴赫金 1998．．巴赫金全集（第五卷）．白春仁，顾亚玲译．石家庄：河北教育出版社，387．

解，所彰显出的是一种饱含价值关注的情怀，他强调这种关系的意义力量，“关系是相互的。切不可因漠视此点而使关系之意义的力量亏蚀消损”①。布伯关系中的对话正是在对互动中意义力量的重视中显现出“我-你”关系的存在本质，这种关系因而也就具有了价值意义，具有了精神超越追求的情怀，“我-你”关系正是一种以生命整体对世界的关照与介入。

可以看出，几位学者关于对话的理论释解，虽观点和视角各异，但都体现出一种共同的理解取向，即把对话从本质上理解为一种价值的追求，不管是强调对话的意义性，或是强调对话的关系性，还是强调对话的人之存在性，蕴涵在其中的恰恰是一条价值之暗线的穿联，对话就是丰富的人的价值、生活的价值的再现、展现、创造、创生的过程。

那么，对话与教育活动的关系为何？教育活动本质上就是一种对话。教育活动作为教育者与受教育者之间的一种教与学的关系的存在状态，这种状态是教育中人的一种存在状态，从这个意义上讲，巴赫金的对话解读延伸到教育中，教育活动就是一种对话活动。教育活动作为教育者和受教育者的一种关系存在，它与布伯对对话的理解是契合的，而且，布伯的对话理论事实上也确实开辟了教学中师生关系的新理解。

由此，教育活动的对话性再次得到确认。更为重要的是伯姆的对话意义性存在，强调了意义与对话关联，要知道，教育活动从本性上讲就是一种意义性关系，而不是一种主客对立的关系，从这个意义上讲，教育活动本质上的对话性恰恰如伯姆所言，带来的是意义。保罗·弗莱雷（Paulo Freize）曾说过“没有了对话，就没有交流；没有了交流，也就没有真正的教育”②，真正的教育活动是一种对话活动，对话不仅是教育活动的形式和途径，它更构成了教育活动的重要品性和灵魂，“教育就是对话，是上一代人与下一代人的对话，是历史与现实的对话，是教师与学生的对话，是人类的历史经验与学生个体的对话”③。没有对话的教育活动虽然会存在，但那只是教育活动本性被遮蔽的教育活动，只是沦落的、异化的、远离本真的教育活动。

对话从本质上是一种价值导向的存在，教育活动本质上就是对话，这就决定了对话是传统教育活动价值失落的解毒剂，也是教育活动回归其本真状态的必由之路。

---

① ［德］马丁·布伯．2000．我与你．陈维纲译．北京：生活·读书·新知三联书店，6．

② ［巴西］保罗·弗莱雷．2001．被压迫者教育学．顾建新等译．上海：华东师范大学出版社，41．

③ 王向华．2007．对话人类存在教育——对话教育研究之引论．山东师范大学学报（人文社会科学版），（3）：116．

（三）诉求：传统教育活动的对话式超越

教育活动走向对话是对传统教育活动中价值遭放逐的一种本真回归，也是对传统教育活动的一种超越。那么，走向对话的教育活动又是何种样态呢？

教育活动对话的理解有两个层面，一个是方式、方法层面，一个是存在论意义层面。就前者而言，对话只是作为一种教育活动手段意义上的存在，教育活动把对话看做是一种活动方式来运用，对话在教育活动中的这种运用有着古老的传统，我国的孔子和西方的苏格拉底堪称楷模，孔子的启发式对话，苏格拉底的问答法式的对话，分别开了中西教育活动对话的先河。然而，这种对话在教育活动中只是一种技术手段，只是一种方式、方法意义上的对话。

就存在论意义层面的对话而言，对话就是一种教育活动精神，教育活动是对话精神的体现，教育活动本质上就是一种对话精神，这个意义上的教育活动对话承载着厚重的教育价值和意义。当然这种意义上的教育活动对话也离不开技术层面的对话，作为方式的对话是作为精神之对话的形而下的践行，从这个意义上言，存在论意义上的教育活动对话包含了方式方法层面的对话。

作为存在论对话意义上的教育活动，它本质上是一种充满意义和价值的活动，它所关注的是教育活动的价值世界，它的核心是对人性的本真的关怀与尊重；这种教育活动是作为教育主体的人之间一种精神上的理解、沟通与敞开，意味着这是一种教育者与受教育者之间的思想上的沟通、情感上的敞开、智慧上的理解，意味着教育中的人是作为完整的生命主体在精神世界深处投入到教育活动中去。这样的教育活动的目的，是为了获得灵魂世界的敞亮和精神世界的升华，最终达到人之生命质量的提升和价值世界的完满构建。

就教育活动对话的理论旨归而言，价值成为了其理论的根本追求，这体现在它对于人之生命价值的关怀和对教育生活世界的热切关注。对话式教育活动对人的生命意义和价值充满了渴望之情，是一种充满了对人的关怀和人性化追求的活动。传统教育活动的理性主义崇拜和改造论教育活动观，使人在教育中机械化和客观化，教育活动丧失了活生生的人之存在的意义，人的存在被教育活动所遗忘。而对话使人从教育活动中“复活”，人之生命的价值与尊严得到了彰显，因为对话使教育中的每一个生命个体的价值都得到了尊重，“对话性首先意味着生命个体的同等价值，意味着教化者和被教化者之间作为生命个体的同等价值，意味着个体作为‘具有充分价值的言论的载体，而不是默不作声的哑巴’，任凭教育者摆布，不只是教育者‘语言讲述的对象’，而是作为与教育者具有同等价值的对话的人，发出自己真的声音，在生命的叙述与倾听中实现自我人格的提升，对话性因之而成为个体生命之价值与尊严的现代性实践形态”①。从此可以看出，教育活动对话已经成为教育中人之生命与价值的不断生成与丰盈的过程。教育活动对话对人的强调，必然会走向对人之存在的世界的关注，而人之存在的世界就只能是与人相关并能为人所把握、感触到的与人内在统一的生活世界。人的生活世界并非是一个主客二元分立的世界，并非是只有为理性认知所把握的唯一的世界，对话教育活动所关注的只能是人生活于其中，与人密切关联的充满丰富意义和价值的世界。

教育活动对话的精神特质是其理论内涵灵魂的体现，主要有以下方面：

共同建构性。教育活动是教育者和受教育之间一种共同建构的过程，而不是改造与被改造的过程。对话使教育活动中教育者和受教育者能够互相沟通、理解、体认，共同面对与思考，共同建构对事物的认识。这种建构是一种生成过程，因为对话已经不是单纯的意义传递，对话使参与对话者互相吸收他人的思想，新的思想就在自己的思想与他人的思想碰撞的过程中产生了。于是，新的意义建构起来，新的意义生成了。

平等性。这种平等性并非是指教育者和受教育者之间的绝对平等，而是反对一方话语和权威独霸意义上的平等，是反对传统教育活动独断、改造、强制意义上的平等，它赋予教育者与受教育者的是平等的意识、平等的精神。

主体性。这是对教育者和受教育者双方而言，对教育者而言，独霸话语和权威对其来说也是主体性的丧失，因为作为主体性最重要体现的创造性在独霸中荡然无存，教育活动对话使教育者的话语霸权消解，打开了对教育者思想的禁锢，向其展示了丰富性和多元性，也就激发了其创造性。对于受教育者而言，教育活动对话使受教育者能够将自己丰富的内心世界、独特的个性展示出来，其依附性和被动性不复存在，其主动性和创造性得以充分展示。

合作性。教育活动对话是一种合作性活动，因为敌对、对立要么是独语，要么是争吵，是无法展开对话的，合作不是对话的条件，而是对话的内在精神，不是先合作才能有对话，而是对话过程中产生出合作，这种合作才是具有对话精神的合作，也是教育活动对话所具有的精神特性。

情感性。教育活动对话是一种情感性的活动，没有情感的冷冰冰的机械式的程序性应答不是对话，权威话语独霸下的应对不是对话，教育活动对话内在的蕴涵着一种情感性的投入，它所要求的是散发着人文关怀的、充满人性灵动的对话，这种对话是情感投入的必然反映，也是教育活动对话的内在品性。

---

① 刘铁芳．2003．试论对话性道德教育模式的建构．高等师范教育研究，(5)：27.

三、教育内容的语言寻归

对一文本或艺术品真正意义的发现是没有止境的，这实际上是一个无限的过程。不仅新的误解被不断克服，而使真理得以从遮蔽它的那些事件中敞亮，而且新的理解也不断涌现，并揭示出全新的意义。[①]

——伽达默尔

教育内容就是需要学习的内容，它并不只是一种我们能够通过经验所认识和支配的事件，而是语言，是一种语言存在，"基础教育学科就其内容而言，其实是以语言-符号为中心的学习"[②]。教育内容无疑也是一种文本，教育内容的语言存在，事实上就是一种教育内容文本存在，因为文本是语言的，文本是纳于语言中的。巴斯（Barthes）（1971）指出："作品握于手中，文本则纳于语言中。"[③] 伽达默尔指出："文本的概念在语言性结构中才成为一个中心概念。"[④]利科尔（P. Ricoeur）也指出，文本"就是任何由书写所固定下来的任何话语"[⑤]。教育内容本质上就是文本，就是文本语言所编织而成的。由此，文本观的不同必然导致教育内容学习的不同状态，新的文本观的出现产生的是教育内容学习的新景观。

（一）主体遗忘：传统教育内容之症结

在教育内容的学习中，学生是主体，因为教育内容是学生要学习的内容。作为语言文本的教育内容学习，本是教育主体的一种积极主动的富有创造性的过程，也就是说，就教育内容而言，学生是一种主体性存在。然而，就传统教育内容文本观而言，却深陷于主体遗忘的泥沼中而无法自拔，主要有以下几种状况：

教育内容文本自身独尊论。这种状况是指教育内容文本本身在教育中具有核心地位，这种观点强调教育内容文本本身的独立性。也就是说将教育内容文本视作自在自律的自参照本体，强调教育内容文本是一种脱离作者而独立的物质存在，它有自己的生命，它在教育内容文本的理解和解读中具有至上的高度，

① ［德］伽达默尔．2002．真理与方法（下卷）．洪汉鼎译．上海：上海译文出版社，460．
② 郭思乐．2003．课程本体：从符号研究回归符号实践．教育研究，（7）：72．
③ http：//cc. shu. edu. tw/～maryshen/Chapter5hypertext2. pdf
④ ［德］伽达默尔．2003．伽达默尔集．洪汉鼎译．上海：上海远东出版社，59．
⑤ ［法］利科尔．1987．解释学与人文科学．陶远华等译．石家庄：河北人民出版社，148．

这也正是教育所要关注的核心。教育内容文本是一种语言存在状态，从语言的角度而言，这是由语言的共性、确定性和客观性所决定的。语言是具有共性的，也就是说，语言中包含有某种含义，这种含义是能被普遍认可的，最为重要的是教育内容文本是人类普遍知识的结晶，这决定了教育内容文本语言的共性高于其他文本。

另者，语言作为文本的存在形态，它本身还具有客观性和确定性，教育内容文本一旦脱离作者，就成为一种固定的语言“成品”，成为一种确定性的、线性的、客观化的“只读文本”，教育就是以纯粹客观的态度去面对这静态的教育内容文本，就是以这种教育内容文本为中心以求索文本自身之意义的。于是，教育内容文本就是教育的中心，教育内容文本就成为不容置疑的，就如人们用“白纸黑字”在说明一件事的确定性和无可辩驳性一般。这种教育内容文本独尊论式的观点，非但是无主体的，从根本上说就是一种“目中无人”的教育内容观。主要体现在以下方面：

教育内容文本作者至上论。这种观点是把教育内容文本作者的意图奉为圭臬，认为教育内容文本创作者的本意是文本的唯一意义，也就是说，对教育内容文本的解读就是一个对作者“逻辑”进行恢复和复原的过程。教育内容文本的意义就是作者的世界，就是作者的意图，对文本的学习理解就是不断趋近作者的原意，就是不断对作者的世界无限接近和发现，就是要“了解作者所持的观念，揭示作品的创作过程、言说内容……用作者的观念去统驭全文、全书的分析和诠释，把文本展示出来的结构、意义统统归约到作者的精神理念、创作意旨方面去，通过对作者的精神分析去统摄文本的解读”①。这样，作者在教育内容文本解读中就处于至高无上的地位，文本中作者的意图，文本中作者的理念，文本中作者的思想，是一维的、绝对的解读标准，是固定不变的、绝对正确的解读尺度。因此，对教育内容文本的学习理解就是以作者为目标，必须由文本语言表面意义追踪出作者寄托在作品语言中的意旨，以此作为衡量对教育内容文本解读正确与否的绝对准则。作者至上论看似有“人”，实则却是无“人”，因为作者这个“人”并不是教育中的人，那就更遑论作为教育主体之“人”了。

教育内容文本设计者的权威性。教育内容设计者的权威性来自两点，一是理性主义，二是意识形态主义。教育内容设计者之所以遵循理性主义，是因为他们相信教育内容只有经过理性选择才能充分保证真、善、美等人生目标的教化价值，才能保证所选择的知识能够带来最大的生活幸福。而唯有如此，教育内容也才具有最大的合理性和合法性，而这合理性和合法性就是最高的权威，

① 胡潇．2002．教学解释方式的认识论思考．教育研究，(11)：61.

任何不符合理性原则的教育内容都应该排除在外。于是，理性成为了教育内容选择的标尺，教育内容文本的解读也必须遵循理性主义的要求进行，理性主义权威成为了教育内容文本选择的本质性事实。

意识形态是国家性的体现，任何教育内容文本的选择都必须服从和遵循国家意识形态的要求，“教科书的编撰者在选择或撰写这种文本时不可能随心所欲，而是必须遵循课程目标所规定的价值要求，选择那些能够体现国家主流价值观念的材料。这样，教科书便成了国家主流价值观念的载体，履行着‘意识形态的守护职能’”①。即作为育内容的知识已不是一种中立性的存在，教育内容设计者要排除那些与国家意识形态要求不符合的东西，而保证教育内容的“规范性”与“合法性”，正如阿普尔（Apple）所指出：“学校知识体系由于其通常服务于意识形态的目的而接纳或排斥某些内容，所以正式的学校知识体系就成为了一种社会和经济控制的形式，毕竟被知觉为‘合法的知识’得到了它们的保存和分配，这些知识正是我们所有的人都必须具有的，并作为课程内容选择的首要标准在课程规定中得到反映。”② 既然如此，意识形态性就要求对教育内容文本的解读和理解也必须循着意识形态的“标准”进行，只有与意识形态准则相一致的解读才是正确的，也才是最具权威性的解释。可以看出，教育内容文本设计者的权威性压抑的正是作为教育主体的学生对文本的理解，主体被遗忘了。

教育内容文本传授者的主导性。教师作为教育内容文本传授者在对文本的解读、理解和传授过程中，并不是一个绝对的“客观中立者”，而是一个“过滤器”。教育内容文本所具有的一切价值和意义，需要通过教师来传授给学生，这就无法避免教师对文本的“过滤”作用，事实上，“在课堂教学过程中，许多教材还将被修改和发生变化”③，而这种改变正是教师自身的思想、体验、观念等作用于教育内容文本的结果。由于教师是教育内容文本在实践层面发生效应的关键和枢纽，无论是文本本身、文本作者，还是设计者的意图，都要经过教师的理解和解读来进行，这就决定了教师的这种影响具有主导性的意义，这种主导性在教育实践中通常具有强大的控制力，甚至在极端之上，会成为一种唯一的宰制力量。无论如何，教师的主导性也是教育主体之遗忘的重要因由之一。

（二）理论曙光：文本观新景观之甦生

舍斯托夫在《开端与终结》一书中说过：“俯身于别人灵魂之上，你们将什

---

① 吴康宁．2000．“课程内容”的社会学释义．教育评论，（5）：20.

② Apple M W. 1990. Ideology and Curriculum, RCH. Section Education. 63.

③ ［英］劳伦斯·斯坦豪斯·宾特雷伊．1989. 课程研究与课程编制入门．北京：春秋出版社，240.

么也看不见，在那巨大而幽暗的深渊中，结果只体验了晕眩。”① 当教育内容文本在学生主体面前只是权威、独尊、至上和主导的理解之时，就自然而然陷入了对别人灵魂的俯身，当然，他所体验到的就很可能是一种无主体文本理解的“眩晕”。不过，新的文本观理论观的出现，为教育中无主体的教育内容文本理解带来了曙光，这束光芒所照耀的是一条教育主体从“晕眩”通往“清醒”的路。

解释学大师伽达默尔的文本观是开启教育内容文本理解的第一缕曙光。伽达默尔文本观的理解离不开其对“理解”的解读，而伽达默尔对理解的解读是与海德格尔的理解思想一脉相承的。海德格尔把理解的本质看做是此在即人的存在方式本身，使理解脱离了认识论的窠臼而走向了本体论。伽达默尔秉承了这种对理解解读的思想，他指出：“理解不只是主体的诸多可能行为之一，而是此在本身的存在方式。它表示此在基本的运动中的存在，这种存在构成此在有限性和历史性，从而包括了此在对世界的总体经验。”②“此在，在它的存在和它的世界中进行的理解也绝不是和某种认识客体打交道，而是它的在世存在（In-der Welt-Sein）本身”③，理解就是此在的存在方式，此在的根本运动。

对伽达默尔来说，理解与文本的理解密切相关，在他看来，文本是在理解进程中被构造出来的，是理解进程中的一个阶段，而不是通常意义上所说的先于主体理解活动而存在的、与主体相对应的被给定的客观对象。换句话说，文本不是预先给定的，而是在理解中被构造出来并在此被构造中获得理解的，文本的意义是对于读者而言的意义。这样，文本的意义就不是客观的、确定的和终极的，而是不断生成的，是在文本与读者之间的“视域融合”中不断创生出来的。即文本向读者敞开，读者对文本理解越深，文本对读者的意义也就越多。

由此，伽达默尔确立了读者在文本理解中的中心地位，文本的理解不是文本本身的意义，也不是文本作者创作文本时的意图，而是文本对于读者而言所开显出来的意义，是读者所理解到的东西。由于相同的文本对不同的人所具有的意义是不同的，这就可能造成部分人把他们对文本的理解强加到另一些人身上，这种对文本的理解所形成的就是所谓“权威性”理解，而“权威性”理解所导致之恶果，就正如伽达默尔所认为，“如果权威的威望取代了我们自身的判断，那么权威事实上就是一种偏见的源泉”④，而这种偏见源泉所涌出的就是盲

---

① [俄] 列夫·舍斯托夫.1998.开端与终结.方珊译.昆明：云南人民出版社，112.

② Gadamer Hans Georg. 1975. Truth and Method. New York. Crossroad. 18.

③ 转引自：潘德荣.2008.理解方法论视野中的读者与文本——伽达默尔与方法论诠释学.中国社会科学，(2)：47.

④ [德] 伽达默尔.1999.真理与方法（下卷）.洪汉鼎译.上海：上海译文出版社，358.

从和判断力丧失之“水”。

深受伽达默尔诠释学影响的接受美学大师姚斯（H. R. Jauss），比伽达默尔更进一步，他彻底颠覆和摧毁了作者中心主义和文本中心主义的文本理解观，明确提出了读者中心的文本理解观。由于姚斯研究的对象是文学作品，文学作品在他那里便具有了文本的所指。姚斯认为，读者在文本的理解中不是被动的而是具有充分能动性的主体，“在作者、作品与读者的三角关系中，读者绝不仅仅是被动的部分，或者仅仅做出一种反应，相反，它自身就是历史的一个能动的构成。一部文学作品的历史生命如果没有接受者的积极参与是不可思议的”①。之所以如此，在姚斯看来，是因为读者在理解文本之前，具有对文本独特意向性的“期待视界”，也即“前理解”，这决定了读者对文本意义的独特理解与解读，从而使文本在与不同读者的“期待视界”融合的过程中产生出创造性的意义。以此为基础，姚斯进而认为更重要的是，文本理解的本质就在于读者的接受，文本的意义就是读者所决定的。姚斯指出：“一部文学作品，并不是一个自身独立、向每一时代的每一读者均提供同样观点的客体。它不是一尊纪念碑，形而上学地展示其超时代的本质。它更多地像一部管弦乐谱，在其演奏中不断获得读者新的反响，使文本从词的物质形态中解放出来，成为一种当代的存在。”② 文本意义的实现并不在其自身，它只有经过读者的创造性理解才能获得其现实的生命存在，否则就只不过是一堆印着死语言符号的纸张而已。

法国解释学者利科尔，通过反对作者中心而确立文本独立性存在，来凸显读者在文本理解中的创造性作用。利科尔对文本的理解是从对说的语言和写的语言（文本）的区别开始的。利科尔认为，在说的语言中，说出的话总是和说话者的意图相一致，说话者说出的是他想要说出的东西。但在写的语言即文本中，说话者或作者的当下性消失了，“由于书写，本文（此书中将“文本”翻译为“本文”，本书作者注，后面同此）的‘语境’可能打破了作者的语境”，“本文所指的意义和作者的意思不再一致了”③，只有文本本身的意义，文本具有了存在的独立性。这样，作者则在文本中消失，作者的意图在文本中被消解，文本的独立性确立，对文本而言“作者已死”。

文本独立并不意味着文本的理解就是挖掘文本客观的呆滞意义，利科尔说“理解一段文本不是去发现包含在文本中的呆滞的意义，而是去揭露由该文本所

---

① ［德］姚斯，霍拉勃．1987．接受美学与接受理论．周宁，金元浦译．沈阳：辽宁人民出版社，24.

② ［德］姚斯，霍拉勃．1987．接受美学与接受理论．周宁，金元浦译．沈阳：辽宁人民出版社，26.

③ ［法］利科尔．1987．解释学与人文科学．陶远华等译．石家庄：河北人民出版社，142.

指示的存在的可能性”[①]，文本所指示的存在的可能必须有读者的主动参与，由此，利科尔进一步强调了读者在文本理解中的积极主动性。他认为在说的语言中，对话关系已经预先决定了听者，在写的语言即文本中却恰恰相反，文本是开放地面向任何读者，“文本的意义和重要性是从文本与它的读者的辩证关系中派生出来的”[②]，一方面，文本之成为文本离不开读者的理解，即文本是要靠读者的理解来实现；另一方面，“理解就是在本文前面理解自我。它不是一个把我们有限的理解能力强加给本文的问题，而是一个把我们自己暴露在本文之上并从它那里得到一个放大了的自我”[③]，读者在理解文本的同时，能够形成一个自我反思和映射，这反思和映射指向读者本身从而重塑读者本身，也就是说读者把对文本的理解反照自身而使自身得到实现。

总而言之，虽然三位学者的文本理论在具体观点的细节上存在着巨大差异，但是有一种共同的趋向在这些文本理论中凸显出来，那就是读者对文本理解的主动性得到了青睐和强调。倘若承认读者是文本理解的主体的话，那么这一强调所展示的是一种对文本理解外在权威、外在力量独霸的反抗和颠覆，而这种反抗和颠覆带给教育内容文本理解的，将是一个读者主体地位的确立和彰显。

（三）视界转换：教育内容理解主体本体之确立

文本理解读者本体论理论曙光的出现，使教育内容文本理解的真正主体显现出来，即作为教育主体的学生在教育内容文本理解中真正确立自己的地位有了理论依凭。视野的新方向必将带来视界的大转换，教育内容文本理解也必将由异于主体的“他者本体”而转换为学生主体本体。这样，也就在本体论上肯定了作为教育主体的学生之生存论价值，教育主体终于冲破了作者、文本、设计者和教师在教育内容文本理解中所形成的“铁幕”，宣告了自己主体的确立。

在传统教育内容文本理解里，教育内容文本意义一直被看做是外在于学生主体的、要求学生去接受和掌握的东西，而文本意义与学生主体自身生存意义之建构关联，却被粗暴地丢弃一旁，成为无人关心的“荒野”。文本意义本质上是外在于学生主体的一种预设，即文本的意义是外部预先给定的、规定好的，学生主体是被排斥在教育内容文本意义理解之外的，学生所要做的只能是忠实地、毫无怀疑地接受来自自己之外的已经规定好的理解，学生所能做的就是积极地参与到“他者”规定好的文本意义理解中去。从而，学生从属于又镶嵌于

---

① Pual Ricoeur. 1978. The Task of Hermeneutics. Yale University Press，424.

② 方兴 . 1999. 利科尔的解释学思想及其对阅读研究的启示 . 法国研究，(2)：10.

③ ［法］利科尔 . 1987. 解释学与人文科学 . 陶远华等译 . 石家庄：河北人民出版社，147.

“他者”对文本意义的理解之中，学生成为了文本意义理解外在权威的彻底“附庸”，文本意义理解的过程成为一种规训的过程，这本质上是一种“奴隶式”的对文本意义的理解。

在传统教育内容文本理解看来，事先确定的教育内容文本意义就是“标准”和“真理”，学生只能遵从和按照这“标准”和“真理”所规定的步伐前进，只能对这“标准”和“真理”进行接受和膜拜，任何的背离都被视为一种缺陷和失败，学生个体的情感、体验、想象、理解、创造都不重要，学生生命的丰富性和责任感随之游离于文本理解之外。于是，教育内容文本意义理解中学生主体的自主、发现、证明和批判的因素退居于指派、断定和模仿之后，学生对文本意义的理解牢牢地镶嵌于“他者”之中，学生主体与教育内容文本意义理解产生了彻底的断裂。

读者在教育内容文本理解中本体地位的确立，彻底颠覆了传统教育内容文本理解所存在的弊端，它强调的是学生主体在文本意义生成中的积极主动作用。相对于传统教育内容文本理解外在的独断而言，新的教育内容文本理解可说是一种文本意义生成论的理解，即教育内容文本的意义是在教育主体学生的理解中不断生成的。教育内容文本的意义不是预先已经存在而学生主体只需原样接受的东西，恰恰相反，教育内容文本的意义是作为教育主体的学生所决定的，任何的文本意义理解抛却学生主体的积极参与都是虚假的，都不是真正的意义理解。

可以看出，教育内容文本意义生成论所关注的，是学生主体对教育内容文本意义的主动建构性，学生对教育内容文本的理解不是简单地把“他者”的意义由外而内的转移和克隆，不是简单的移植，而是需要学生主体自身亲自去理解文本才能实现。毕竟，教育内容文本是学生要学习的内容，学生作为教育主体是教育内容文本的实现者和见证者，教育内容文本意义的生成是学生依靠自己的文化修养、思维惯习、知识积累、人生经验把自己的情感、体验、愿望、想象投射到文本的活动，将文本意义固置于外在于学生的“他者”之上，既不必要，也不真实。

事实上，任何所谓文本的意义都与理解者密切结合，关键是看这文本是需要谁来理解，文本意义只能出自理解者，对教育内容文本意义而言，是需要学生去学习理解的，故而它不是一种独立于或者先于学生主体的一种客观存在，而只能是在学生理解中生成的，只能是通过学生主体建构而成的，离开了学生主体的自我建构和自身体验，任何文本意义都只能是外在的，都不可能深切地影响到学生的生活。

当然，学生主体决定教育内容文本意义的生成，并不意味着外在“他者”

的理解不存在，也不意味着不允许外在“他者”的理解存在，而是说，要重新定义和看待外在于学生主体的文本意义理解的地位和位置。相对于学生主体的理解而言，外在“他者”的理解只具有引导价值，而不是决定价值，更不是“霸权”和“权威”价值。从这个意义上说，教育内容文本意义生成论对学生主体的强调所意欲实现的不是摧毁，而是建设，建设性才是教育内容文本意义生成论的最本质特征。也就是说，教育内容文本意义生成论关注教育主体学生，不是从一个极端跃向另一个极端，从一个对立面走向另一个对立面，从一种“霸权”走向另一种“霸权”，不是说学生在教育内容文本意义理解中就完全可以不受限制而随心所欲地任意解读，而是批判地扬弃，其目的在于形成一种新的更加合理的文本理解秩序。

（四）崭新蓝图：教育内容理解主体性之展现

教育内容文本意义理解学生主体的确立，使教育内容文本理解成为一个意义生成性的活动，学生主体成为意义生成性的核心，学生主体在教育内容文本理解中凸显，生成的将是一幅崭新的教育内容理解的蓝图，这是一种主体性充分展现的蓝图。

教育内容文本理解展现的是一种体验性。在教育内容文本理解中，体验与认识论范畴内的“经验”和“意识”不同，它是一个本体论范畴的概念，这一点在狄尔泰将体验与生命范畴相结合中体现出来。狄尔泰认为体验与生命相关，体验是生命的现在，“狄尔泰认为体验是与生命范畴相通的，它是构成精神世界的基本细胞。生命的进程是不断延伸的、不断推进的‘现在’，但‘过去’会作为某种力量仍然对现在发生作用而并不丧失意义，因而具有统一性的生命的意义在‘现在’所形成的一个单位，就是最小的单位，狄尔泰称之为‘体验’”[①]。由此，教育内容文本理解之体验所要求的，就是作为学生主体生命的投入，即体验强调的是学生主体自身与文本零距离的亲密接触，这种接触是学生以整个生命意识和人格投入的过程，是学生将自己的人生思悟、生命觉察以及独特的生命意义置入文本的过程，正是在这种投入与置入中，教育内容文本之意义才得以实现生成，教育内容文本之意义才得以实现。

从这个意义上说，正是教育主体的体验决定了文本意义的生成，没有教育主体体验的文本理解对主体而言就不是真正的文本意义。法国现象学美学家杜夫海纳（M. Dufrenne）指出：“意义产生在人与世界相遇的时刻，因为世界只有

① 李红宇 . 2001. 狄尔泰的体验概念 . 史学理论研究，(1)：90.

在人的目光或人的实践的自然之光中才得到阐明”[①]，教育内容文本意义的生成，自然需要文本与学生主体相遇才行，而这“相遇的时刻”便是学生主体的体验，体验不仅是情感的相遇，更是灵魂和生命的碰撞，在这里，感性与理性、具体与抽象、形象与思想都以一种整合的状态与文本撞击，文本意义在学生主体的体验中才构成一个独特的“世界”，一种独特的“存在”，只有体验才有文本意义之生成，没有体验，就无所谓文本意义。

教育内容文本理解展现的是一种能动性。如果说体验性所表达的是对教育内容文本表层意涵的把握，那么，能动性则是对教育内容文本深层世界的心灵投注，是学生对教育内容文本更高层次的一种投入境界。王昌龄在其诗论著作《诗格》中提出的“诗有三境说”，能够更加清楚生动地表明学生对文本解读主动性的状况。“诗有三境”即“物镜”、“情境”和“意境”，“三境”用于文本理解之阐明代表三种状况，即“物镜”强调形似，虽有主体意识参与文本之理解，但所重者乃是对文本忠实地加以述说；“情境”乃是学生对文本的情感体验层次，学生将自己的人生思悟、生命感受参与到文本的理解中去，只是这种参与只停留在一种体验性的情的层面；“意境”乃是“张之于意而思之于心”，学生对文本意义的理解不仅是一种融入了深刻生命体验的对文本所进行的全面把握和占有，更是学生自我生命和魂灵的“整体震颤”，是对学生生命意义和价值的一种投射与昭示，这是一种“则得其真”的文本理解之境界。教育内容文本理解的能动性所谓者，就是超越了“物镜”之“故得形似”和“情境”之“深得其情”，而达至的“意境”之“得其真”的深入，这是一种深度的文本解读要求，正是学生主动性的体现。

教育内容文本理解展现的是一种创造性。教育内容文本理解的创造性是在体验性和主动性基础上的更高的要求，创造性是学生主体教育内容文本意义理解的本质特性，伽达默尔指出“理解就不只是一种复制行为，而始终是一种创造性行为”[②]，“创造”是与“复制”相对的，从这个意义上说，创造就是要超越原有和外在强加，就是要理解出属于“自我”的文本意义，这主要有以下两层意味：

首先文本理解的创造性意味着重构性，教育内容文本意义是在学生主体的理解中被重构的一个过程，毕竟每个学生都是以自己的立场、观点、视界和方法去理解和解读文本意义的，不同的学生在同一文本中投入的是不同的情与理，就会重新建立起属于自己的文本意义，这种文本意义的重新建立就是重构，这

---

① ［法］杜夫海纳．1985．美学与哲学．孙非译．北京：中国社会科学出版社，150.

② ［德］伽达默尔．2004．真理与方法（上卷）．洪汉鼎译．上海：上海译文出版社，383.

其中自然蕴涵着学生自我的创造性理解。

其次，文本理解的创造性意味着批判性，“西方现代阅读理论，尤其是解释学、阅读现象学和接受美学非常注重唤醒读者的自觉意识，使读者意识到自我身上习惯思维和传统观念的不足，批判自我和塑造自我，重新审视面前的一切，也就是说，对读者的看重并不仅仅是注重了读者阐释和理解的主动性，而是更看重读者阅读的文化批判和社会批判功能，试图通过文本对读者的影响来重新塑造读者形象，进而达到批判社会的目的”[①]。如果说重构性是学生对文本意义的创造性解读，那么批判性强调的则是文本意义在学生重构的过程中对学生主体的改变，使学生具有了与文本意义解读前所不同的新的自我，这是文本意义理解创造性的一部分，这种创造性是在文本意义的理解中一个具有创造性自我的产生，这个创造性自我就是批判性的自我，批判性使学生自我在文本意义解读中去破除一切对自己压抑和强迫的力量而使自我走向自由，故从这个意义上说，这才是教育内容文本意义理解的最根本追求，这也是创造性的本质意义。

① 周险峰．2006．教育文本理解论．华东师范大学博士论文，144．

第五章

教育中语言的批判性考察之二：儿童语言权问题透视

“当我们进入学校时，我们都曾体验过语言的最初压力。学校中所不允许的正是我们健全的语言想象看来是正确的东西！”①

——伽达默尔

当语言延伸到教育生活中时，普遍的状况是以“话语”的方式作为学术之表达的，这与福柯的话语理论在各个学术领域运用并渗入教育领域密不可分。福柯把话语与权力联系起来进行理解，于是“话语权”就成为一个核心概念进入到教育中，并对教育生活中之话语权力现象进行福柯式的解读。布迪厄的符号暴力理论也对福柯的话语权理论在教育生活中运用起到了推波助澜作用。布氏指出，教育所涉之符号关系与权力关系密不可分，这与福柯的话语权力理解不谋而合。福柯和布迪厄的话语理论在教育生活中之运用，其目的是用语言符号与权力之关系来分析教育中的权力现象，其重要启示意义自不待言。然话语作为语言之替代进入教育生活中，存在着泛化理解的问题，将教育生活中一切能够形成权力的事物都看做是话语，如制度话语权、逻辑话语权、知识话语权、国家话语权、教师话语权等。而且，话语总是把外在于儿童的压制的权力联系在一起，话语并未与儿童直接照面，对儿童而言，是一种消极意义上的理解，并没有从积极的意义上直接把作为教育主体的儿童与语言联系起来。因此，本书认为，语言引入教育生活中，最为重要的就是要与作为教育主体的儿童个人联系起来，而不是与教育中的权力联系起来看问题，这是一个视界的转换，其意义在于直接关照教育主体个体，直接切近教育主体的语言问题。这样，语言比话语就更适合，因为“话语的最底层是语言和言语”，“话语不能简单地归纳为语言或者是言语，它包含语言又高于语言”②，相比之下，语言更与具体的儿童个体直接相关，话语则是一个更为抽象的概念，由此也避免了话语之泛化应

---

① ［德］伽达默尔．2007．真理与方法（下卷）．洪汉鼎译．北京：商务印书馆，226．

② 文费良．2007．话语与生存．上海：上海书店出版社，10．

用的弊端。语言与教育主体的儿童联系起来，最为重要的就是语言权问题，即儿童语言权问题，因为语言权作为一种权利是儿童生存和发展的基点，考察儿童语言权在教育生活中的状况对儿童解放具有重要意义。

一、本真意蕴：儿童语言权之解读

> 儿童应有自由发表言论的权利；此项权利应包括通过口头、书面或印刷、艺术形式或儿童所选择的任何其他媒介，寻求、接受和传递各种信息和思想自由。①
>
> ——联合国《儿童权利公约》

考察教育中儿童语言权之状况，首要就是对儿童语言权这一概念进行解读，即首先要明了儿童语言权到底对儿童意味着什么。因为只有如此，我们才能对教育中存在的儿童语言权状况有所判断，才能为教育中儿童语言权所面临的困境有清醒的认识，也才能为教育中儿童语言权走出困顿的出路进行理想的勾画。

（一）语言：儿童生存发展的基本权利

语言与儿童联系起来而称为语言权的时候，这种语言权的基本属性就是儿童生存和发展的一项基本权利。这首先是由语言是人之为人的一项根本属性所决定的，语言的根本属性是植根于人之本性之中的，而在某种意义上说，人之本性也就是语言性，“语言的原始人类性同时也意味着人类在世存在的原始语言性”②。人之存在因语言而有意义，人存在的价值因语言而成为可能，“语言足以担保——也就是说，语言保证了——人作为历史性的人而存在的可能性”③。人之所以成为人，最根本的因素就在于人的语言性，塞尔认为语言是人与动物区别的主要标志，对人类和人类生活理解具有决定意义的就是语言，没有语言就没有人类，人类社会无法离开语言。语言与人类社会的生存意义和状态密不可分，人之意义和价值在语言之域内封闭，海德格尔指出，作为一个生命体存在的人，就其存在本质而言是由能说话来规定的。人的存在离不开语言，人就是一种语言存在。语言渗透着人的本性、人的本性也在语言中得以展露和实现，语言与具有丰富内涵的人的存在天然地统一在一起，语言的最初动机与最终目

---

① http://theory.people.com.cn/GB/40557/47890/47906/3380607.html.

② ［德］伽达默尔.2004.真理与方法（下卷）.洪汉鼎译.上海：上海译文出版社，575.

③ ［德］海德格尔.2000.荷尔德林诗的阐释.孙周兴译.北京：商务印书馆，41.

的就是人的张开和证明，语言和人深深地嵌合在一起，语言和人是内在的统一体。

人是一种社会性动物，人的发展总是在一定社会中的发展，儿童的发展离不开一定的社会政治、经济、文化等因素，因此，语言与社会的政治、经济、文化密不可分决定了语言权应是儿童的一项基本权利。在社会政治生活中，语言本身就是一种基本的人权，这一点布迪厄就曾认为，语言并不是单纯的"能说"，更意味着有权利说，说与人的表达权利联系起来，赋予说作为人在社会政治生活中的一种权利行为，而且在社会政治生活中语言权利常常在法律中与言论、出版、舆论、申辩等具体权利联系起来。

在文化方面，卡西尔认为不但一切文化形式的生成和发展必须诉诸语言才有生成和发展的可能，而且人类文化本身就可说是一种语言，即人类文化的每一种形式如神话、宗教、艺术、科学等都是一种语言，"还存在着由艺术、宗教、科学符号建构起来的更为广博的语言。这类语言的每一种都有其相应的用法和相应的规则；每一种都具有其自身的语法"①。

在经济方面，语言本身就具有浓厚的经济性质，对此有学者指出："语言是一种人力资本；语言是一种公共产品；语言是一种制度。作为人力资本，语言是决定劳动力市场就业及人们劳动收入的重要因素之一，与社会经济活动和人们的经济地位密切相关；作为公共产品，语言本身就可以直接影响到语言政策的选择与制定；作为制度，语言不仅对交易成本产生影响，还影响着其他制度安排的效率。"② 语言与社会的政治、经济、文化关系如此密切，儿童的发展又是以社会的政治、经济、文化为环境和目的的发展，那么，语言权就必然成为儿童发展的一项不可缺少的权利。

总之，语言本身就是人的一项基本权利，人在语言中实现着自身、勾画着自身、向往着自身；语言是人类一项与生俱来的权利，这是同人的生存和发展密不可分的一项权利，它是人之为人的一项不可剥夺、不可出让、不可压制的重要权利。

就儿童语言权在教育中而言，主要有两方面意涵：

其一，在学校中儿童有权利自由表达自己的思想、观点和意愿等，而不论这些思想、观点和意愿是否与教科书、教师、学校所要求的一致；对学校中任何与自身相关的决策和决定，有参与表达自己意见并提出申诉的权利。

---

① ［德］卡西尔．1988. 符号·神话·文化．北京：东方出版社，26.

② 张卫国．2008. 作为人力资本、公共产品和制度的语言：语言经济学的一个基本分析框架．经济研究，(2)：144.

其二，学生的语言权利不是“被”语言的权利，不是学校中的权威或权力根据自己的意愿去规定的权利，即儿童语言权不是被学校中的权威和权力所“赏赐”的权利，而是本属于儿童的天赋的自然权利，是学校权力必须去保障的权利。

（二）自由：儿童语言权的本质诉求

在英语中表述自由之“freedom”来源于条顿民族，其意是说在原始社会中无任何羁绊的自然生活状态，这从人与自然的关系表明了人之主体性追求。亚里士多德认为人之本性就是自由，提出“人本自由，为自己的生存而生存，不为别人的生存而生存”① 的命题。霍布斯第一次从理论上提出了天赋自由论，霍氏认为“自由这个词，按照其确切的意义来说，就是外界障碍不存在的状态”②，他把这种自由状态看做是天赋的，是与人性同在的。康德认为自由是生而具有的人性，并认为“自由是独立于别人的强制意志的”③。卢梭指出“放弃自己的自由，就是放弃自己做人的资格”④，自由在卢梭看来就是人之天生本性，卢梭认为，拥有自由就必须破除外在的社会专制和恶浊的干预和控制。存在主义大师萨特认为，人本质上就是一种自由存在，“一个要求自由的自由，事实上就是不是其所是和是其所不是的存在，这个存在把是其所不是的存在和不是其所是的存在选择为理想的存在”⑤。马克思也认为，自由是人性之本质，是生命所固有，他指出“自由确实是人所固有的东西”⑥，在马克思看来，人是自由的主体，自由是人作为一个生命体的内在要求。

就上述观点而言，虽然只是有关自由理解之一瞥，但也至少显露出关于自由的两种属性的共同肯定：一是说自由实质上是人之存在与人性之本质，是人性之内在的要求，“在原始的意义上，自由是指人的存在”⑦，是为人的生命的内在属性所固有；二是说自由还意味着不受外界的障碍，解除外界的羁绊，消解外在的控制。

自由之所以成为儿童语言权的本质诉求，正与自由的两方面属性密不可分。一方面，当自由意味着人的本性、人生命的内在要求时，也就同时就意味着只

---

① ［古希腊］亚里士多德．1983．形而上学．吴寿彭译．北京：商务印书馆，5.

② ［英］霍布斯．1985．利维坦．黎思复等译．北京：商务印书馆，97.

③ ［美］莫蒂默·艾德勒等 1988．．西方思想宝库．长春：吉林人民出版社，1002.

④ ［法］卢梭．1980．社会契约论．何兆武译．北京：商务印书馆，16.

⑤ ［法］萨特．1987．存在与虚无．陈宣良等译．北京：生活·读书·新知三联书店，798.

⑥ ［德］马克思．1956．马克思恩格斯全集（第1卷）．北京：人民出版社，63.

⑦ ［美］约斯夫·科克尔曼斯．1996．海德格尔的存在与时间．陈小文等译．北京：商务印书馆，206.

要有人，就会有自由，就会有对自由的追求以及自由地追求自由的活动。这样自由对于人来说就具有一种价值意义，一种最高价值的意义，对儿童语言权而言，自由也就成了语言权的最高价值追求，也就是说，自由是作为语言权永恒追求的一种价值存在。在自由的如何实现上，马克思主义认为只有经过对象化的活动才能达到人之自由的实现，对此马克思指出“人只有凭借现实的、感性的对象才能表现自己的生命”①，自由作为人之生命的内在属性，其实现必然需要感性的、现实的对象，而语言权就是这样一种现实的、感性的对象，即儿童语言权就是通向自由的一条现实和感性的方式。

另一方面，自由意味着不受外界障碍的干预和压制，这实际上也表明了自由作为语言权实现的一种前提性存在的必然。因为当儿童想说话的权利得不到保障，当儿童想说话也是在别人强迫下的进行，儿童生命存在的本性也就遭到了阉割，儿童也就失去了自我。只有在消解了一切外在障碍压迫的自由之下，儿童才能充分表达那真正属于自己生命本性的东西。毕竟自由之宗旨就是“让个人的‘生活计划’得以实现，让他们有能力去‘创造自由的生活’，去‘追求自己的设计’，去‘达到他们所认识的善’，如此这般”②。语言权的自由追求正是要实现这种自由之宗旨，只有真正属于儿童自己生命本性的语言表达，才能够实现儿童的自我生成和自我实现，否则一切将无从谈起。

（三）民主：儿童语言权的必然导向

“民主”一词起源于古希腊语 δημοκρατία，它是由 δημos 和 κρατία 构成，δημos 的意思是人民、民众，κρατία 的意思是掌握、做主，合在一起就是人民掌握、做主。古希腊历史学家希罗多德最早在《历史》一书中，把民主理解为人民的权力。亚里士多德认为，容许所有公民共享的制度是民主的。而在古希腊城邦雅典，民主常被看做是使背景和属性不同的人们能够“通过政治的互动作用来表达和交流他们对善的理解”③。这就意味着人民的权力是通过人们语言权利的彰显而得以实现的。奠定现代民主思想基础的卢梭认为，强调民主就是把权力置于公意的最高指导之下，并把人民拥有发言权作为民主的一个重要意涵。其后有众多学者和思想家对民主进行了视域不同的述说，如法国的托克维尔认为，民主政府的本质在于多数对政府的统治是绝对的。美国的科恩认为，民主是一种社会成员大体上能直接或间接地参与或可以参与影响全体成员决策的体

---

① ［德］马克思．2000．1844年经济学哲学手稿．北京：人民出版社，106.

② ［英］安东尼·雅赛．1997．重申自由主义．陈茅等译．中国社会科学出版社，35.

③ ［美］戴维·赫尔德．1998．民主的模式．北京：中央编译出版社，21.

制。杜威认为，民主从本质上看是一种联合生活的方式，是一种共同交流经验的方式。尽管民主在不同人那里的理解不同，但民主意味着表达和交流，意味着言论的自由，始终是民主的一个重要目的和实现手段。

教育民主是民主在教育中的延伸，杜威在《民主主义与教育》一书中曾明确指出："本书体现我探索和阐明民主社会所包含的思想，以及把这些思想应用于教育事业的许多问题所作的努力。讨论的内容包括从这个观点来考察，提出公共教育的建设性的目的和方法，并对早先的社会条件下形成、但在名义上的民主社会里仍在起作用以阻碍民主理论充分实现的有关认识和道德发展的各种理论，进行批判性的估价。"① 可以看出，在杜威眼里，教育就是民主的教育，而他的教育哲学的出发点和归宿就是教育民主。在现代社会，教育本身就必须是民主的，教育本真就是一种民主的存在，教育是民主的教育。"民主主义本身便是一个教育的原则，一个教育的方针和政策"②。由于语言是民主的一项重要意涵，语言权在教育民主中也必然是不可或缺的要求。作为教育主体的儿童，其语言权自然是教育民主之最为根本和核心的要求，而儿童语言权的彰显，又是教育民主得以实现的重要而不可或缺的环节。

就教育中的问题而言，很多都是由于民主在教育中的缺乏所造成，教育中缺乏民主，教育专制和专断居于统治地位，儿童则处于外在于自己的教育强制之下，儿童的语言权是不存在的，教育中儿童说什么、怎么说、说多少，都由儿童之外的控制力量所决定，儿童对教育中和自己生存与发展密切相关的事情是无发言权的，正是教育专制和强制无情地扼杀了儿童的语言民主诉求。教育的民主要求决定了"促进教育的民主化被看做是现代教育变革的一项重要任务"③。然而教育民主的实现需要从具体的途径入手，儿童语言权的彰显就成为必不可少。毕竟，当儿童在教育中对自己的想说、所说、要说具有自主决定之时，当儿童能够在教育中对与自身利益密切相关的事情具有发言权的时候，就至少意味着专制和强制正在被打破，从这个意义上说，儿童语言权是教育民主必不可少的实现之途。

另者，教育民主不仅涉及儿童语言权问题，教育民主是一个复杂的涉及众多因素的问题，在教育逐渐民主化的过程中，由教育民主的其他因素导致的教育民主化的每一步增进，都必然对儿童语言权的获得产生积极影响，都会增进儿童语言权的进一步实现，从这个意义上讲，教育民主又是儿童语言权得以实

---

① ［美］杜威.2001.民主主义与教育.王承绪译.北京：人民教育出版社，1.

② ［美］杜威.1986.人的问题.傅统先、邱椿译.上海：上海人民出版社，25.

③ 石中英.2009.教育中的民主概念：一种批判性考察.北京大学教育评论，(4)：65.

现的保障。

（四）利益：儿童语言权的核心关注

利益成为儿童语言权的核心关注，是因为利益是儿童语言权的根源与出发点。在普遍意义上说，人天生都在为利益而行动，利益是人类现实存在的永恒主题。爱尔维修把利益看做是支配人类所有行动的决定性力量，他指出“利益支配着我们的一切判断”，“人并不邪恶，但却是服从于自己的利益的”[①]，“河水不能倒流，人不能逆着利益的浪头走”[②]。亚当·斯密认为，人都是以理性的方式尽力按照能够得到的利益行事。马克思曾指出：“它正确地猜测到了人们为之奋斗的一切，都同他们的利益有关。”[③] 儿童作为一种正在成长中的“人”，儿童的任何一项权利必然无法逃脱与儿童密切相关的利益，之所以强调儿童语言权，正是从维护和保障儿童作为在教育中的人的利益出发的，而不是仅仅将语言权停留在形而上的价值和理念层面，它是与儿童切身利益密切相关的，正是儿童利益才是使儿童语言权得以彰显的现实依据和出发点。

利益这一现象总是由需要引起的，并反映着人们的需要，人的需要决定了人的利益追求，因此，儿童语言权以利益为核心就是要求儿童的真实需要得以彰显和保障。虽然儿童的利益有合理的与不合理的，但是儿童必须有将自己利益需要表达出来的途径，儿童必须真实地表达自己的利益需要，而不是外在于儿童的力量强制性地给儿童一个所谓的符合儿童的利益来。实现这一点，儿童语言权就必不可少，因为语言权正是儿童表达自己真实利益的一个现实机制，正是语言权赋予儿童自由顺畅地表达和追求自己的利益需要。

利益成为儿童语言权的核心关注，还因为儿童用语言表达和追求的利益是有目的的。儿童语言权表达自己的真实利益需要是有目的的，因为目的比需要更具有指向性和集中性，目的的指向性和集中性决定了并非所有需要都是必须满足的，儿童语言权所维护的并不是儿童的无节制的私欲和私利。儿童语言权赋予儿童表达自己真实利益需要的权利，更赋予儿童这种权利所表达的利益符合正当性的目的。这种正当性的满足有二：一是要求儿童语言权表达的利益符合儿童的幸福观，正如霍尔巴赫在《普遍道德原理或自然手册》一书中所指出：“所谓利益，就是每一个人根据自己的性情和思想使自身的幸福观与之联系起来的东西；换句话说，利益其实就是我们每一个人认为对自己的幸福说是必要的

---

① 王伟光．2001．利益论．北京：人民出版社，12．

② 王伟光．2001．利益论．北京：人民出版社，14．

③ ［德］马克思．1995．马克思恩格斯全集（第一卷）．北京：人民出版社，187．

东西。”[①] 这要求儿童首先必须表达出自己认为是幸福的利益需要。二是要求儿童语言权表达的利益符合教育目的，无论如何，教育中的儿童无法摆脱教育目的的要求，教育史的经验已经证明，无目的的教育是一种不负责任的放纵，其结果只能是失败，从这个意义上说，儿童语言权倡导的儿童自由表达自己的利益需求正是实现教育目的的内在要求。

二、权力癫狂：儿童语言无权及其反思

因为我喜欢你这样，所以你必须是这样，这是一切教育的秘密。[②]

——德罗伊森

语言权本是儿童的一项关乎儿童生存与发展的基本权利，然而，在教育现实中却存在着普遍的儿童语言无权现象，儿童成为了教育中“沉默”的主体。这种教育中儿童无语的寂静式沉默，体现在教育生活中琐碎的方方面面[③]：

上课不许随便讲话，这是理所当然的，否则将影响到整个课堂的秩序，使课堂教学无法正常进行，对任何学校任何老师来说，这都是必要的。

课下休息及自由活动时间不许吵闹、大声喧哗，因为这会破坏校园的安静与秩序。

排队的时候不许讲话，因为排队的时候要做到快、静、齐，必须保持安静，后来改为排队的时候不许大声讲话。

吃饭的时候不许讲话（后来改为吃饭的时候不许大声讲话），因为餐厅里有数百人同时进餐，如果每个人都讲话的话，将人声鼎沸，并且讲话会影响到吃饭的速度。

睡觉的时候不许讲话，一到睡觉的时候，如晚上熄灯以后，就不允许讲话，因为讲话会影响别人休息。

“不许讲话”是儿童无语的始源，是儿童语言权丧失的滥觞，因为没有“话”，又何来其他语言之说。儿童语言权的丧失，其主要因由在于外在于儿童的力量对儿童语言的规训，这主要可概括为制度禁锢、教师权威和惩罚暴力，它们成了儿童语言不可承受之重，儿童语言在它们的重压之下而走向式微。

---

① 转引自：苏宏章．1991．利益论．沈阳：辽宁大学出版社，9.

② 转引自：文费良．2007．话语与生存．上海：上海书店出版社，47.

③ 王有升．2002．被规限的“教育”——学校生活的社会建构．南京师范大学博士论文，94，95.

（一）制度禁锢：泯灭了儿童语言

谈及制度对儿童语言的泯灭，先看一个案例[①]（部分摘录）：

“致命”的晚自习

3月26日晚，8点过，随着16岁的江苏盐城第一中学学生宋铁从自家四楼阳台向下的一跳，几秒钟内，这个家庭16年的努力化为了泡影。

通常的这个时候，按照这所江苏省重点高中的作息时间表，正是宋铁在学校上晚自习的时间。但事实上，宋铁和同桌刘峰已经连续42天被阻挡在学校晚自习教室门外，他们成为这个有着63名学生的班级中，仅有的两名被“赶”出晚自习教室的“异类”，原因是宋铁和刘峰违反了“校规”。

2月11日，宋铁和刘峰在晚自习期间讲话，并互相推了几下，“没有任何恶意”，这被巡视的年级主任逮个正着，定性为违纪行为，被要求立刻回家自习，何时可以回校等候通知，而直到宋铁跳楼那一刻，他也没等来返校上晚自习的通知。

宋铁考入的盐城一中，在当地被称为“四星级省重点”，是诸多家长和学生梦寐以求的名校。在盐城市，有十所类似的四星级重点高中，被称为“老十所”，在教育界有着极高的名气，通俗的说法是，“进了这些学校，就是一脚已经跨进了大学”。

这些学校升学率令普通高中望尘莫及，但各名校之间的竞争也日趋激烈，各学校都有各自的管理经验，而盐城市第一中学则向来以“制度严苛”出名。宋铁在享受着别人的羡慕的同时，也在承受着一所重点中学带来的压力。

学校的日常管理细致到了几乎学生生活学习的每一个方面。在每个班级公开张贴的“高一年级关于整顿班级秩序和晚自习纪律的规定”中，同学之间相互谈笑、讨论问题、抬头东张西望、坐姿不正、吃零食，都被视为违纪行为，而凡是因违纪被年级记载、通报、处理的学生，在三好学生、优秀学干、特长生、优秀团干、奖学金等各类评比中，实行一票否决。

这是一个结果比较极端的案例，但在教育中诸如此类的事情却也并非是不常见的现象。就此案例而言，尽管酿成悲剧的原因众多，但从语言视域来看，此案例至少反映出了以下几方面问题：一是学生违反的是学校制度直接对学生语言的限制，即制度明确规定学生不许说什么；二是这种纪律限制本身的制定是由学校制定的，学生没有发言权；三是违反制度本身，对学生的处理学生没

---

① 孟登科．“致命”的晚自习．http：//www.infzm.com/content/26713/1.

有发言权。

蒙台梭利曾说过："我们并不认为当一个人像哑巴一样默不作声，或像瘫痪病人那样不能活动时才是守纪律的。他只不过是一个失去了个性的、而不是一个守纪律的人。"[①] 本来，学校中一切制度规定的最终目的都是为了儿童的教育和发展，学校制度只能为儿童的内在发展而具有存在意义，这是学校制度合理性和合法性存在的根本和基础。儿童语言权对儿童之存在和发展具有重要意义，由此，学校制度不可避免地与儿童语言权有着天然的联系，学校制度必须维护和保障儿童的语言权利，这要求至少在学校制度的产生和执行过程中应有儿童的声音，应给儿童最基本的发言权。

然而，当我们的学校制度带来的不是儿童的发展而是对他们生命剥夺的时候，我们就不能仅以结果的个别极端为借口进行开脱，我们必须反思学校制度到底出了什么问题。从表面上看，是学校制度过于严格和执行不力导致了不幸的结果。但是从儿童语言权角度作深入考察就会发现，由于学校制度对儿童语言权的漠视，使得制度最终成为一种对儿童语言的禁锢性强制力量而导致儿童语言的彻底泯灭，才是其更深刻的根源。

制度对儿童语言的禁锢，本质上是儿童在学校制度框架内没有语言权的问题。也就是说，儿童在学校制度面前无法自由充分言说，儿童想说什么，想怎么说，必须要符合成人制定的制度要求，因为只有这样才能使儿童得到应有的"保护"，才有"规矩"和"秩序"，而儿童那真实的心声、自然的声音则在制度的过滤下消失殆尽了。譬如那在学校中处于制度之外的"民间"之声——校园童谣，就是制度对儿童语言禁锢的一种反映。先看几则校园童谣：

现代老师武艺高/个个都会扔"飞镖"/教学更是有法宝/不是作业就是考/班里纪律真是妙/不能说话不能笑/学生胆敢大声叫/马上把他父母找[②]

找点空闲找点时间/独自在家把电视看看/带上倦容带上心烦/打开书柜把小说翻翻/荧屏出现了拳击柔道/书中开始了华山论剑/书中的烦恼向泰森说说/作业的事情向金庸谈谈/把电视看看小说翻翻/哪怕被爸爸发现被妈妈看见/我们不图电视小说占多长时间/长时间总学习也得暂时消遣

找点空闲找点时间/找个朋友到商场转转/带上球鞋带上护腕/套上队服到球场玩玩/球场展开了龙争虎斗/商场出现了砍价集团/考试的烦恼向球场发泄/作业的事情和同伴侃侃/看球赛开战去商场转转/要是被老师发现家访准完蛋/我们

① 任代文．1993．蒙台梭利幼儿教育科学方法．北京：人民教育出版社，107.
② 孙宏艳．2001．新校园童谣31则．少年儿童研究，(1-2)：12.

不图玩耍把学习的时间占/一星期总做题也要放松舒坦[①]

作业最多的人是我/书包最重的人/是我/每天起得最早的/睡得最晚的/是我是我还是我[②]

校园童谣用儿童的“不雅”的语言方式进行传达，它与学校制度对儿童语言表达的要求格格不入，因此是属于制度之外的儿童“民间”语言。不过，校园童谣却又是儿童最真实的声音，最自然的心声，因为它是孩子们自我视角的创造物，它表达的是孩子们自己的真情实感，展现的是孩子们自己眼中的教育世界，是孩子们的直率和想象力的真实表达。

而校园童谣以制度外的方式出现时，它就至少反映了以下两个问题：一是制度没有给予儿童展示自己内在思想的语言表达空间，儿童只能在制度之外，以这种独特的“童谣”方式来发言；二是校园童谣作为儿童语言的一种独特方式，它本身是为学校制度所禁止的，也就是说，制度禁止校园童谣这种儿童语言的存在方式，不允许儿童用童谣的方式来发言。可以看出，第一方面涉及的是儿童语言的范围和空间问题，即儿童能够在什么范围内发言的问题，制度所规定的儿童发言范围一般是学校所要求的范围，这样儿童语言就被禁锢在学校要求之内，而限制了儿童的语言空间。第二方面是儿童语言的方式和形式问题，即儿童语言应当采取何种形式的问题，制度所禁锢的往往是具有“儿童特色”的“不正规”语言方式，制度所要求的则是具有“成人特色”或“校方特色”的“正规”语言方式。用制度给儿童语言划定范围和方式，固然有其益处，但其代价却是使儿童语言模式化、形式化和固定化，儿童那充满生机和生命活力的真实自然的语言也就丧失了。

对儿童而言，制度对他们的束缚无外乎身心（身体和精神）两方面，儿童语言是与儿童精神相通的，语言是儿童精神的直接实现和表露，从这个意义上来说，表面上是制度禁锢了儿童的语言，实质上却禁锢了儿童的心灵和灵魂，即制度在禁锢儿童语言之时也给儿童的精神世界套上了一个冰冷的铁笼。

（二）教师权威：压抑了儿童语言

“人们生活在丰富而多样的权威中，权威就像人们所呼吸的空气，不可缺少。”[③] 在教育中，教师权威是必要的和必不可少的。在迪尔凯姆看来，教育本质上就必须是一种权威性活动，这是因为教师权威与学生自由有密切联系，“人

---

① 孙宏艳．2001．新校园童谣31则．少年儿童研究，(1-2)：12.

② 孙云晓．2003．儿童有说话的权利吗？——兼评“新校园童谣”现象．内蒙古教育，(7)：24.

③ ［德］雅斯贝尔斯．1991．什么是教育．邹进译．北京：生活·读书·新知三联书店，73.

们有时把自由与权威这两个概念对立起来，仿佛这是教育中两个互相矛盾、泾渭分明的要素。但这种对立是人为的。事实上，这两个概念非但不互相排斥，而且互相联系。自由是恰当地加以理解的权威之女儿。因为，所谓不受束缚，并不是意味着做他喜欢做的事，而是自制，以及善于有理智地行动和履行义务。教师的权威，恰恰就应该用来使儿童有这种自制”①。然而，“关于教师的权威就有个十分奇怪的现象，即权威本身就已经包含了自我毁灭的种子”②。教师权威是一把双刃剑，它在导向学生自由的同时，本身也内在地具有走向对学生压制和驯服的权威主义及权威滥用的机理。在现实中，众多教育问题的产生正是由于这教师权威主义的作祟，儿童语言也是教师权威主义不可避免的受害者。教师权威对儿童语言的压抑，尖锐地体现在儿童对教师的“顶撞”、“顶嘴”上：

案例一：

上周，某小学数学老师任刚（化名）在课堂上发现，二年级男生王思（化名）的数学作业没有做。任刚把王思叫到讲台，刚说了两句，就被王思回了四五句。一气之下，任刚将王思的本子摔在地上。不料，王思涨红了脸，大嚷道：“凭什么摔我的本子，你得向我道歉！”任刚愣了一下，对王思说：“这个问题，我们下课再谈，你现在先回座位。”可王思并不理睬，再次要求老师道歉。僵持了十几分钟，下课铃响了。课后，任刚被叫到校长室接受批评，并向王思赔礼道歉。事后，任刚委屈地说：“虽然我摔本子不对，但事出有因。如果学生都像他这样当众顶撞，这让老师怎么下得了台。”③

案例二：

一天，常识老师要同学们捞几条小蝌蚪进行观察。到了傍晚，发现杯子里的几条蝌蚪的尾巴被弄断了，蝌蚪被折磨得奄奄一息。班主任决定查一查此事，但没有人承认干过此事。经“检举”，了解到有几位学生曾玩弄过小蝌蚪，其中包括许楚同学，而且数她“玩弄”小蝌蚪的时间最长。班主任老师有些恼火，板着脸说：“既然有本事弄断蝌蚪的尾巴，就有本事承认，做了错事不敢承认，算什么好汉？”老师说这话时，用严厉的目光扫视那些曾玩弄过蝌蚪的同学。不知怎的，许楚同学站了起来，气呼呼地说：“你是不是在讽刺我？”“我干吗讽刺你？谁做了错事谁心里最清楚。”正在气头上的老师没好气地说。“神经病。”许楚同学居然这样顶了一句。班主任老师在众学生面前受此“侮辱”，有些火冒三

① 张人杰．1989．国外教育社会学基本文选．上海：华东师范大学出版社，23．

② ［英］梅里尔·唐尼，A．V．凯利．1989．教育的理论与实践——引论．王箭等译．南昌：江西教育出版社，168．

③ 李映晖．2005-11-07．敢顶撞老师的学生多了．南京日报，B02版．

丈，于是对她狠狠地批评了一番，并表示“既然说我有神经病，就不要听我的课”。许楚回家后，悲伤地哭了一场，在家长的追问下讲了这件事的前因后果，并且表示以后不再听这位老师上的数学课。她妈妈很着急，第二天，拉着女儿来学校向老师道歉，但许楚一声不吭，眼光中还有一些轻蔑的神情。在以后的数学课上，许楚同学自己看书，不注意听课，偶尔被老师提问到，她也不回答。显然许楚同学已和老师对立起来。①

顶撞老师的案例还有很多，这已经成为教育中一种普遍存在的现象。教育界对于这种顶撞现象的分析，目前基本停留在实践层面一线教师的经验感悟分析上，其归因分析往往在教师或学生个人的情感、态度、个性等方面，其解决问题的着力点多在一些教师处理这类事件的技能和技巧上，结果只能使问题流于具体和肤浅的表面分析，治标不治本，不能从根本上使问题的发生得以消解。

顶撞是一种比较极端的儿童语言表达，我们的分析要从顶撞这个比较普遍、孤立、极端的现象中看到由此而延伸的一般性的东西，即要延伸到教育中一般情况下学生面对教师时的语言言说问题。事实上，教师之所以认为学生的语言言说是“顶撞”，是因为无形中他们从骨子里反映出的就是教师权威的不可挑战性，这才是问题的根本。

当教师把权威的不可挑战性所形成的秩序看成是想当然时，当教师把这种根深蒂固的权威主义信念作为正当时，面对学生，教师需要的就不是学生的声音，学生不能质疑、不能违抗教师的意愿，不能怀疑教师的正确性，学生彻底丧失了在教师面前的语言权利。尽管学生的顶撞在具体个案上看，有的有理，有的无理，但不管是什么样的顶撞和顶嘴，总归是学生敢于面对教师“发言”了，尽管这种“发言”是以极端化的顶撞、顶嘴面貌出现的，它也至少给教师权威主义带来了动摇。当教师们面对这样的状况时，要么发出“学生难管了”的感叹，要么就是对学生消极的“不管”和“放任”，从一个极端走向另一个极端；或者就是在一些技能技巧上动脑筋而疲于应付不断出现的学生顶撞。

要知道，顶撞的语言在老师看来都是不能接受的儿童语言，确实儿童顶撞老师的语言也是儿童比较极端的表达，但这极端背后是什么？是什么导致了儿童只有用极端的语言才能言说呢？正是教师惯常以一种权威的话语和居高临下的权威主义信念来对待儿童所致。儿童在教师面前的无语和沉默接受才是常态，而敢于在教师面前发表自己的言论则成为“罕有”甚至“异端”，儿童所处的是一个既不懂、也不会、更不能表达自己的教师权威主义所造就的场域，而一旦儿童语言在教师权威主义重压之下产生触底反弹，就必将以一种极端激烈的

① 袁绯．2003．善待孩子的顶嘴．班主任，（7）：16．

“顶撞”现象表现出来。如果教师权威正如迪尔凯姆所言那样，带给学生的是一种自由言论的秩序，如果教师习惯于权威是为学生的自制服务，如果我们的教师都习惯于以这样的权威来对待儿童日常教育生活中的任何发言，那么，儿童的自由语言表达就会成为常态，所谓的顶撞现象也就失去了存在的土壤，这才是治本之策。

教师权威本真作用产生的是一种自由秩序，它必将导向儿童自制；教师权威主义产生的是一种强制秩序，它必将引起儿童反抗。前一种教师权威是解放儿童语言的力量，后一种教师权威是压抑儿童语言的力量。我们需要的是前者。

（三）惩罚摧残：消解了儿童语言

惩罚作为一种教育手段和方法存在的必要性，似乎并不是一个问题，这从对教育惩罚的辩护中得到了确证：“凡需要惩罚的地方，教师就没有权力不惩罚。在必须惩罚的情况下，惩罚不仅是一种权力，而且也是一种义务。”① 惩罚具有教育意义，“从教育史及教育思想史的角度看，惩罚作为一种教育手段或教育方法是可能具有正面意义的”②。“惩罚，教育价值蕴藏其中”③。

不过，反对教育惩罚的声音也不绝于耳，苏霍姆林斯基就高呼“没有惩罚的教育”④，“因为压根儿无须惩罚，甚至不会产生惩罚问题”，“我敢肯定：我们学校的学生不知道什么是惩罚”⑤。惩罚是没有境界的教育，“惩罚实际上是否定学生自我负责的机会，它不属于真正意义上的教育”⑥。不管是赞同惩罚或是反对惩罚，从儿童语言与惩罚的教育现实来看，惩罚确实可能成为摧残儿童语言的力量。

案例一：

2008 年 3 月 28 日上午，下了一场春雨。第四节课上，教师尹某带他们在校园内“感受春雨”，并以春雨为题材写一篇作文。在校园里感受时，萌萌说了一句“这天气真爽”，尹某就让班长小乐将她拽到校园操场上“罚站”。萌萌说，她在雨中被罚站长达 30 分钟，浑身湿透，当晚头痛、高烧，先后在镇卫生院、县医院、首都儿科研究所进行治疗。2008 年 7 月 22 日，经首都儿科研究所诊断

---

① ［苏联］马卡连柯．1981. 论共产主义教育．刘长松，杨慕之译．北京：人民教育出版社，280.

② 檀传宝．2004. 论惩罚的教育意义及其实现．中国教育学刊，(2)：20.

③ 沙琦．2004. 惩罚：教育价值蕴藏其中．思想理论教育，(10)：22.

④ 苏霍姆林斯基．1990. 没有惩罚的教育．江西教育科研，(5)：71.

⑤ 苏霍姆林斯基．1990. 没有惩罚的教育．江西教育科研，(5)：72.

⑥ 李令清．2004. 惩罚，至少是没有境界的教育．人民教育，(22)：19.

为神经性、感染性头痛。[①]

案例二：

孙某是西安某校小学一年级学生，3月5日上午上语文课时，因有同学叫她，她便扭过头和同学说了几句话。班主任看到后，便过去拧着孙某的耳朵一把将她拽出座位，让她和另外3名同学站到前面去。孙某因心里害怕，一直低着头，老师让她把头抬起来，但她仍低着头。老师就用课本扇她耳光，并用手指卷起她左额的头发狠劲拽，结果孙某的头发竟被老师拽掉了。[②]

说几句话竟然招致了如此的惩罚，确实令人心痛。不过，与这种针对说话而直接对身体进行惩罚而言，以下惩罚则更显“创造力”[③]：

据大众媒体报道，杭州一教师竟如此教学生：“上课多讲话，嘴上贴胶布。”报道的是杭州市一小学三（3）班班主任在上课时竟然向学生提出：“每个同学都要准备一块胶布，如果上课时忍不住要讲废话，就用胶布把嘴巴封住。”有一次上语文课时，一个学生问了几个作业上的问题，这位老师就要他用胶布封嘴巴。就这样至少有八名学生“自觉”在自己嘴上贴了胶布。

直接封住嘴巴，也就杜绝了学生“说话”的源头，这样学生就会彻底“无语”了，果然“高明”。然而，在封住嘴巴的同时，也彻底封死了孩子们的灵魂和精神。事实上，诸如上述对学生语言惩罚的现象在我们的校园里时常出现，而惩罚的由头就是所谓的“乱说话”。这种惩罚依然背离了惩罚的教育意义，而彻底沦落为一种摧残儿童的力量。

成为摧残力量的教育惩罚其实质是不允许学生说话，是对学生语言自由的一种暴力性限制。摧残性惩罚针对的是学生的“废话”、“闲话”，且不说学生的个性、率真、性情往往在这种“废话”、“闲话”中彰显，也不说用摧残性惩罚去杜绝这种废话、闲话，会存在倒脏水的同时连孩子一起倒掉的危险，最大的问题是，惩罚摧残带给学生的是对“说话”的恐惧，它不能让学生明白应该如何说“废话”、“闲话”，也不能让学生明白应该怎样说“废话”、“闲话”。

我们的教育问题很多都是来自对一些看似合理实则蕴藏着巨大生命力的东西的摧毁。学生所说的所谓“闲”、“废”、“乱”话，我们总是习惯于从禁止、

---

① 女生称因说“这天气真爽”遭雨中罚站状告学校．http：//www.zaobao.com/wencui/2009/03/1dnn090326c.shtml.

② 上课说话竟遭如此惩罚：7岁女童被揪掉头皮．http：//news.sohu.com/41/40/news144334041.shtml.2001.3.14.

③ 吴也显，刁培萼．1996．切中时弊的研究课题．教育研究与实验，（2）：6.

杜绝、消灭的角度简单地看问题，而并没有从积极的教育意义上来思考它，于是，惩罚作为能够消解这些“不该”存在的语言就成为“共识的必然”。然而我们却忘却了惩罚的摧残性力量，要知道，惩罚是以一种恐惧的反力量去阻止学生“闲”、“废”、“乱”语言的产生，它所催生的不是充满意义的教育秩序，而只是无语的沉沉死寂，这对于教育而言才是最可怕的，因为对教育而言，学生“乱说话”并不可怕，“不说话”也不可怕，最可怕的是“怕了什么都不敢说”。

我们不要怕学生说什么“闲”、“废”、“乱”话，我们的教育要做的是如何以教育赋予这些“胡言乱语”以教育意义，而不是用惩罚去简单地禁止和摧残。要知道，惩罚的威力只限于阻碍，而不能根除，如果说惩罚有积极意义，那它也必然是“善”的有限，反之，惩罚一旦其走上消极，那它就有可能“恶”的无限。

(四) 反思：教育权力失能之批判

制度、教师权威和惩罚之所以会“肆无忌惮”地在儿童语言面前“肆虐”，并不在于这制度、教师权威和惩罚本身多么的“面目狰狞”，而在于使它们成为如此的那背后的撑持力量，也就是说，有一种“无形的手”在使它们如此这般。这种力量就是教育权力，因为从本质上说，制度、教师权威和惩罚都是一种教育权力，它们都是教育权力的一种特殊形式。

然而，教育权力以这些特殊的直接面对儿童的权力形式发挥作用时，出现了失能，以一种异化的方式的现身，从而成为了教育暴力。于是，儿童语言便在这失能的教育权力面前失去了自我，正是教育权力失能使儿童语言权遭到了放逐。

教育权力是一种力量，儿童权利是一种利益，在教育这个特殊的环境里，外在于儿童的权力注定了是以维护儿童的权利为根本鹄的，这是教育权力不同于其他任何权力的根本之点。之所以如此，是由教育的本然性质和教育中儿童权利至高无上的地位所决定的，“尊重儿童的权利是教育的天然义务”，“儿童个人的权利优先于教育的任何一个方面”①，“教育的所有方面必须把儿童的权利放在首位，必须认真地对待儿童的权利”①。可以说，教育权力的正义性和正当性正是儿童权利所决定的，也就是说教育权力的正义性和正当性只能取决于儿童权利，而不是其他的任何东西，尤其是外在于儿童的种种以儿童发展为名义而对儿童权利的侵害。显而易见，作为儿童权利重要核心部分的语言权自然就成为教育权力保障的对象，儿童语言权也就成为教育权力存在的正义性和正当性

① 金生鈜. 2008. 保卫教育的公共性. 福州：福建教育出版社，97，98.

的一个必要条件和一个重要标尺。从这个意义上说，当教育权力成为儿童语言权的摧毁性力量时，教育权力就已经走向了自己的反面，教育权力就失能而成为教育暴力了。

教育权力失能的根本原因就在于教育权力的彻底工具化，这使教育权力异化而成为了教育暴力，“教育暴力是按照某种利益的要求把求教育者作为要加以型塑的对象进行处置的意志，这种意志必须消灭个人自主性，训练个人被使用的特定功能，它把支配和服从作为教育关系的模式”①。教育权力失能而工具化为教育暴力，其最根本点就在于权力成为控制、支配和压迫儿童的工具。教育权力成为一种手段，成为一种在学校和教师看来保证某种“正常”学校秩序的工具性手段，它的目的就在于及时制止出现的儿童诸种语言问题，一旦有“交头接耳”、“插嘴插话”等与学校秩序不符合的儿童语言问题出现，教育权力就毫不客气地对其压制而使之服从，压制、服从成为教育权力存在的唯一理由。阿伦特曾指出，服从或屈服是暴力关系下的生存状态，当教育权力沦为使儿童服从和屈服的工具时，教育权力也就成为了教育暴力。

教育暴力是一种恶，一种仅仅以强制、控制、压迫为根本存在的恶。因为，教育暴力之强制、控制和压迫所关注的，只是这种力量本身的效果，一旦“镇压”的力量不断出现无效，那么就会导致教育暴力不断升级，于是暴力本身就成了目的，为暴力而暴力，教育暴力在儿童面前成为一种真理性存在，儿童必须服从，从而儿童就成为了教育暴力的奴隶。由此，教育暴力对儿童的侵害就成为教育诸多问题的重要根源。

教育暴力在教育中大行其道，实际上就是对恶之张扬。而教育暴力之恶之所以能在教育中存在，一个重要的前提性预设至关重要，即教师和学校为儿童所预设的“前途”是唯一合理的，教育权力就是为了实现教师和学校为儿童的这种预设。那么，当儿童出现与这种预设不符的行为时，教育权力就可以毫不留情地铲除这种行为而不用考虑儿童自身。于是，教育权力就成为教师和学校单边意志的表达，就成为了教育者对儿童的一种单方面强制，教育权力何时用、怎么用，完全取决于教育者，完全由教育者决定，教育权力就成为教育者的价值认定和表达。这样，教育权力走向教育暴力就不可避免，因为教育权力已是为教育者存在而不是为儿童存在，久而久之，儿童在教育权力面前就会彻底失语。

教育权力是具有教育性的，是正义和正当的，它的本性是对儿童语言权的保障；教育暴力是反道德和反人性的，是丑陋和邪恶的，它的本性是对儿童语言权的反动。通向儿童语言权之路的，是本真的教育权力而不是教育暴力。

---

① 金生鈜．2008．保卫教育的公共性．福州：福建教育出版社，185，186．

三、解放语言：儿童语言权之确立

谁拥有语言，谁就“拥有”世界。①

——伽达默尔

语言权是儿童的天然权利，儿童在教育中语言无权问题是教育的一种不能承受的病理性之重，教育必须克服这与之缠绕纠葛的病理性之痛。解放儿童语言，确立儿童语言权，是走出教育中儿童语言无权之病态的必由之路。

（一）儿童语言权确立的场域：教育权力的本真回归

卢梭曾言，人生而自由，却无往不在枷锁之中。教育中儿童天然具有语言权，却无往不在教育权力场域中存在。而教育权力之滥用并成为教育暴力是儿童语言权丧失的根由，清除教育暴力并不在于消极意义上的“堵”，即禁止教育暴力的行为，更为根本和重要的是积极意义上的“立”，即对教育权力正名，使教育权力回归本真，从而形成儿童语言权存生的本然权力场域。这回归本真的教育权力就是充满教育性、发展性和道德性的教育权力。

首先，本真回归的教育权力意味着教育性。教育权力的教育性是对权力的压制性、强迫性、强制性的反动。虽然权力有压制性和强迫性的一面，但在教育中，权力的这一面在本质上是疏离儿童的力量，是儿童的尊严和精神人格的窒息力量，是对儿童的否定性力量。因为充满压制性、强迫性和强制性的教育权力是纯粹的逼迫学生唯命是从的存在，这是由儿童在教育中天然的弱势地位所决定的。儿童在教育权力面前永远是无力的，它在教育权力的强制和压迫面前，只能屈从，因为反抗带来的只能是更强烈的强制和压迫。

故而，教育权力在教育中不但不能具有压制性和强迫性，且它本身就应是一种反压制和反强迫的力量，是儿童精神和心灵的守护者。要实现这一点，教育权力就必须是教育性的，这里教育性并不是反对教育权力对儿童的管理约束，而是避免教育权力暴力性压制与强迫出现的保障。教育性是教育权力管理约束性的范导，教育权力走向压制与强迫就在于其背离了教育性，赫尔巴特曾言：“满足于管理本身而不顾及教育，这种管理是对心灵的压迫，而不注意儿童不守秩序行为的教育，连儿童也不认为它是教育”②，赫尔巴特所谓“不顾及教育”的管理就是压制和强迫的教育权力，实质上就是教育暴力，它与教育权力的教

① ［德］伽达默尔．2004．真理与方法（下卷）．洪汉鼎译．上海：上海译文出版社，588.

② ［德］赫尔巴特．2002．赫尔巴特文集（第三卷）．李其龙译．杭州：浙江教育出版社，23.

育性是格格不入的，它是残害儿童语言的力量，是扼杀儿童想象力和创造性的“屠刀”。

其次，本真回归的教育权力意味着发展性。一方面，教育权力的发展性是说，对儿童而言，包括对儿童的语言而言，它是一种启发、引导的力量。在这里，《学记》中的“导而弗牵，强而弗抑，开而弗达”，就不仅是教学意义上，而是具有了教育权力的存在意义，即教育权力不是对儿童发展的干涉，而是导向发展的可能。由此，这就使教育权力展现出一种自由精神，一种按照自由精神运行的权力，如罗素所言：“权力，在教育上，在某些程度上是不可避免的，凡是施教的人必须找到一条按照自由精神来行使权力的道路。”[①]自由精神成为教育权力与儿童发生作用的内在机理与引领，这样，受教育权力导引的儿童发展自然也就是一种自由意义上的发展，教育权力导引的是儿童的自由精神，教育权力使儿童获得的是自由的扩展和实现，这与儿童语言权的要求是完全相符的。

另一方面，教育权力的发展性，更积极的意义是对儿童魂灵的提升，导引只是发展的初步，而儿童魂灵的提升才是教育权力发展性的终极追求。教育权力对儿童魂灵的提升作用，是由教育权力发展性本身所承载的终极善性所决定的，权力在教育中不同于其他任何地方，它面对的是正在成长中的儿童，在终极承载上，它不能是恶的，它必须是善的，这样才能保证儿童的发展沿着善并朝着善行进。

最后，本真回归的教育权力意味着道德性。教育是使人向善的，教育权力当然也就需要是向善的，然而，教育权力本身却并不一定是通达于善的，因为教育权力会走向教育暴力。不过，教育权力可以是善的，道德性是教育权力向善的根本规定与终极追求。

一方面，道德性是教育权力保持善的底线规定，这是教育权力人性和人道的基点。用人的道德本性来规限教育权力，就是要求教育权力在教育中必须以人的善性为基本尺度，使教育暴力得以摒弃和避免。因此，任何超出道德性的教育权力运用都是教育暴力，儿童语言所遭受的教育暴力，在本质上都是非道德性的。

另一方面，道德性是教育权力的一种追求境界，是对教育权力的终极要求，在这个意义上，可以说，教育权力即道德。这里道德性不是底线的规定，而是终极的目标和追求，是教育权力升华，赫尔巴特说过：“道德普遍地被认为是人

---

① ［英］罗素．1959．社会改造原理．张师竹译．上海：上海人民出版社，84．

类的最高目的，因此也是教育的最高目的"[①]，道德当然也就是教育权力的最高目的。

亚里士多德曾指出："善显然有双重含义，其一事物自身就是善，其二事物作为达到自身善的手段而是善。"[②] 道德性既是教育权力保持自身为善的规定，也是使教育权力作为实现儿童"成人"手段之善的保障。

（二）儿童语言权确立的原则：善待儿童的任何语言

儿童语言权的确立是一种对教育儿童语言的观念、思维和思想上的改变，是对儿童语言的一种全新的态度和行为应对，这所要求遵循的一个最为基本的原则就是，善待儿童的任何语言。儿童的语言是儿童天性和本真的表露，儿童的任何语言，哪怕在成人看来是多么不可接受的语言，因为它是属于儿童的，因而也就不具有任何恶意，作为使儿童成人的教育就责无旁贷地要认真对待和面对这儿童的语言，思考这儿童的语言，也就是要对儿童语言以"善"的考虑，教育必须以"善"待之。因为你只有进入儿童的语言世界，你才能真正理解儿童的世界，而这是教育能够进行下去的前提。对儿童语言的压迫和控制，只能使自己远离儿童，这正是众多教育问题产生的根由。

善待儿童的语言意味着尊重，对儿童语言的尊重。尊重儿童的语言意味着对儿童语言的一种真诚的认可，"尊重意味着一种真诚的认可，对自己、他人以及社会的价值、能力、行为等表示承认与认可，其中也伴随着赏识、赞扬、佩服、肯定、支持、高度评价等"[③]。真诚的认可要求的是面对儿童语言要抛弃任何的虚伪和欺饰，是一种发自内心的接受和认可。由是，尊重儿童语言是对儿童语言在教育中存在的合理性的"无条件"认可，是对儿童语言独特价值的承认，不是以外在价值来衡量儿童语言的价值，而是肯定儿童语言本身所具有的特有价值。这样，尊重儿童语言彰显的是一种对待儿童语言的一种基本的认知、情感和态度，是对儿童语言独立、自由的认可。尊重儿童语言所创造出的是一种对儿童而言无拘无束的心理氛围，能使儿童尽情地表达自己语言，展现个性的自我。可以说，尊重儿童语言是儿童语言获得解放所应遵循的最为基本的原则。

善待儿童的语言意味着理解，对儿童语言的理解。对于理解，罗杰斯进行了两种区分：一是评价性理解，强调教育者预先用自己的标准来评判学生（如

---

① 张焕庭．1979．西方资产阶级教育论著选．北京：人民教育出版社，260.

② 张法琨．1994．古希腊教育论著选．北京：人民教育出版社，316.

③ 王澍，柳海民．2009．论尊重与"尊重的教育"．东北师范大学学报（哲学社会科学版），（3）：1.

优缺点)，这是以揭发和贬斥学生为目标来了解学生的一种方法；二是移情性理解，强调教育者要以同情的态度从学生的立场去体验学生本身的所感、所想，“它是一种从对方的角度去理解其思想、情感以及对世界的态度，不对对方作定性评价，而只表示同情、理解和尊重”[①]。罗杰斯提倡移情性理解，要求教育者要设身处地了解学生的内心世界和思想感情。罗杰斯的移情性理解是一种“心理位置互换”式的理解，也是我们所谓对儿童语言理解式的理解，即是说，对儿童语言理解是一种移情性理解。它要求教育者面对儿童语言时，要彻底抛弃以“自我”的心理位置为中心，要站在学生的立场上去感受学生的语言，如罗杰斯曾说：“不仅听懂对方的言语，而且要理解对方的思想，体会他的语言所传达的感情，明白他个人的意思，甚至说话人自己都没有明确意识到的其他含义。”[②]

善待儿童的语言意味着宽容，对儿童语言的宽容。宽容是对差异性的容忍，儿童语言与教育对儿童语言的期待总是有差异的，这种差异性往往造成儿童语言在教育中被禁锢、压迫和控制的命运，而对儿童语言宽容就是要包容和容忍这种差异性。美国学者沃尔泽（Walzer）在《论宽容》一书中这样指出道：“宽容被理解为一种态度或一种心境，它描述了某些潜在的价值。首先是一种反映16世纪和17世纪宗教宽容起源的潜在价值，它纯粹是为了和平而顺从地接受差异性……第二种对待差异性可能采取的态度是被动的、随和的以及无恶意的冷淡：‘兼收并蓄成一统’。第三种态度产生于一种具有道德意义的容忍。对‘那部分人’拥有各种权利予以一种原则上的认可……第四种态度表现为对别人的坦率、好奇、甚至尊重，愿意倾听别人的意见并向别人学习。排列最后的一种态度是积极拥护差异性：如果差异性以文化的形式来体现上帝创造的广泛性和多样性，或自然界的广泛性和多样性，那么这是一种具有美学意义上的拥护……”[③] 按照沃尔泽所言，宽容是具有“某些潜在的价值”的，对于体现儿童本性的语言而言，对教育的潜在价值更是毋庸讳言的。对于沃尔泽所描述的几种宽容态度，最适合于教育中儿童语言的就是最后一种，即“积极拥护差异性”，因为这是一种“美学意义上的拥护”，毕竟儿童语言作为教育中一种差异性存在，在某种意义上所体现的就是一种“上帝创造的广泛性和多样性”，儿童语言是儿童的一种天然存在形式，不是谁有意安排的，它需要的是教育的积极拥护。

---

① 曹树真．2000．论罗杰斯的师生观．外国教育研究，(6)：5.

② 靳玉乐．罗杰斯．1991．论教学中的人际关系．教育理论与实践，(3)：58.

③ ［美］沃尔泽．2000．论宽容．袁建华译．上海：上海人民出版社，10，11.

善待儿童的语言意味着欣赏，对儿童语言的欣赏。欣赏的对象是一种美或艺术，对儿童语言而言，欣赏就是要把儿童语言的独特性看做是一种美或艺术。儿童语言是一种具有儿童特色的语言，这种特色在教育中或许正是在学校和教育者看来是不可接受的语言，但对儿童而言，这种语言或许就是一种美，教育者必须以一种欣赏的眼光来“观看”儿童语言，才能真正体会儿童语言的独特美。当然，儿童语言正因为其独特性，而在传统教育观念中常常被视为“异类”而加以控制，儿童必须按照外在于自己的要求来言说，言不由衷。而一旦“异类”的语言成为要欣赏的美，教育者就必须来一次康德式的“哥白尼革命”，从“异类”相反的角度即“美”来看待儿童语言的独特性，这对教育者而言是一种挑战，它要求教育者要有一双睿智而又真诚的眼睛来“观看”儿童的语言，要有敏锐的心灵来“体验”儿童的语言，要有澄澈雄阔的境界来“感受”儿童的语言。

善待儿童的语言意味着关爱，对儿童语言的关爱。关爱是对儿童语言漠视和肆意践踏的反动，关爱是教育者对儿童语言的一种恒定给予的关心和爱护，对儿童的任何语言，对儿童语言出现的任何状况，都能够充满爱心地对待。关爱不是对儿童语言的强制性干涉，因为任何事物都有自己内在的发展规律，儿童语言也不例外，对儿童语言的关爱要遵从儿童语言的内在规律，强制性干涉只会违背儿童语言的发展规律，是对儿童语言的戕害。

（三）儿童语言权确立的途径：走向儿童语言自治、自律和自觉

儿童语言权确立必须有一条属于自己的路，这条路不是某个具体的操作性策略，因为操作性策略只适合于某个特殊情景的运用，而且从本质上说，具体的操作策略是一种需要在实践中不断进行经验总结才能得出的。因此，这里所谓儿童语言权确立的途径是一种学理意义上的路径确立，是属于方向性层面意义上的，即是说要指出前进的方向。儿童语言权确立之路径在这个意义上更为根本和重要，因为它是具体操作策略进行谋划的前提。这条通向儿童语言权确立的途径就是：走向儿童语言自治、自律和自觉。

语言自治是儿童语言权确立途径之根本。陶行知先生在《学生自治问题之研究》中开篇便说：“学生自治这个问题，是自动主义贯彻德育的结果，是我们数千年来保育主义、干涉主义、严格主义的反应，是现在教育界一个极重要的问题。”[①] 儿童语言走向自治，正是如陶行知先生所言，是对保育主义、干涉主义、严格主义的反应。因为学生语言世界是学生的世界，保育、干涉、严格是

① 陶行知 . 1996. 中国教育改造 . 北京：东方出版社，20.

对学生语言世界一种外在不必要的强制和控制，只能对儿童语言世界的本真产生破坏作用。

对于学生自治所指，陶行知先生指出："学生自治是学生团结起来，大家学习自己管理自己的手续。从学校这方面说，就是为学生预备种种机会，使学生能够大家组织起来，养成他们自己管理自己的能力。"[①] 如此，儿童语言自治，对儿童而言就是要承担起管理自己语言世界的责任，并使自己具备这种管理能力，对学校和教育者来说就是提供机会和条件，使学生能够顺利实现语言自治。对于学生自治，陶行知提醒道："学生自治，不是自由行动，乃是共同治理；不是打消规则，乃是大家立法守法；不是放任，不是和学校宣布独立，乃是练习自治的道理。"[①]这些要求也是对儿童语言走向自治提出的要求，这为儿童语言自治划定了规范，指明了方向。

自律与自治是分不开的，儿童语言自律是在自治的基础上提出的，它对儿童语言自治尤显重要和根本，因为它不但是实现自治的手段，而且更是维护自治的一种价值设定，从这个意义上讲，儿童语言自律是实现其语言自治的保障。自律是对自治诸种要求的一种内化式的理解和遵循，靠外在强制性力量来实现儿童语言自治，这本身是与儿童语言自治精神相违背的，在这个意义上甚至可以说，语言自律对实现语言自治而言是不可或缺的。儿童语言自律就是儿童要为自己的语言行为负责，就是要有强力的意志力进行自我克制、自我约束，但这自律并不是束缚儿童的枷锁，正如英国思想家罗斯金所曾指出过，自律不是束缚自我的锁链而是护身的铠甲，它带给学生的必将是更多的语言自由。

语言自觉是语言自治的境界性要求。马克思曾说："一个种的全部特性，种的内在特性就在于生命活动的性质，而人类的特性恰恰就是自由的自觉地活动。"[②] 马克思将自觉定位于人类的特性，从这个意义上讲，儿童语言自觉就是其主体性力量的本质体现，是学生的一种积极的、主动的主体性力量的彰显。因此可以说，语言自觉体现了学生主体性形成的高级水平。学生自由全面发展是教育所追求的最高目的，而学生全面自由发展的实现离开学生的主体性是不可想象的。这样，学生语言自觉就有了教育最高目的层面的意义，这对儿童语言来说，是一种高的境界追求。

---

① 陶行知．1996．中国教育改造．北京：东方出版社，21.

② ［德］马克思．1991．马克思恩格斯全集（第42卷）．北京：人民出版社，96.

结语

语言：一个永恒的教育问题

一

(1)“蜗牛壳之于蜗牛是居留之所在，语言之于人类也是居留之所在。蜗牛将自己的家永远背负在身，人亦将自己的居家永远背负在身。”①

曰：语言之于教育也正如蜗牛壳之于蜗牛，语言是教育的居留之所在，教育是一种语言存在，教育亦将自己的居家——语言永远背负在身。

(2)“没有一种社会现实，包括它所有具体的力量，能够不使自己展示在一种用语言表达出来的意识内。现实并不在语言背后发生……也就是说，现实完全是在语言中发生的。”②

曰：教育作为一种社会现实，她并不在语言背后发生。教育的一切必然寓于语言中，教育的一切必然完全在语言中发生，这是教育早已被先天地注定了的宿命。

(3)“语言不仅仅是中介或工具，工具一旦被创造出来，它就独立于人之外，好像上帝创造了人之后，或者说人创造了上帝之后，被创造者就不完全服从创造者，创造者也就不完全认识创造者了。于是，被创造者往往还会支配无知的创造者，创造者会受被创造者支配而自己不知道。浮士德召了魔鬼来，就得受魔鬼支配。问题在于他和魔鬼之间定下的是什么契约。这往往自己也不知道。语言也可以说是这样一个魔鬼。”③

曰：对教育而言，语言就是浮士德召的魔鬼。语言对教育的作用力超乎人们的想象，德国诗人海涅曾说：“言语之力，大到可以从坟墓唤醒死人，可以把

---

① 钱冠连.2005.语言：人类最后的家园.北京：商务印书馆，卷首语.

② [德] 伽达默尔.2004.哲学解释学.夏镇平，宋建平译.上海：上海译文出版社，37.

③ 金克木.1997.文化猜疑.上海：上海三联书店，158.

生者活埋，把侏儒变成巨无霸，把巨无霸彻底打垮。”① 也许语言对教育的支配之力并非如海涅所言般夸张，但我们却可以毫不夸张地说，自从语言诞生，教育便无往不在语言的支配之中。

(4)“教育不把自己当工具，就不会把语言当做工具。”②

曰：反之，当语言在教育中还被视为工具时，这教育便是一种工具化教育。

(5)“凡是我们不经研究或思考而视为当然的东西，正是决定我们有意识的思想和决定我们的结论的东西。”③

曰：语言一直在教育中被视为想当然的东西而不被注意，然而，一旦教育发生了“语言转向”，语言在教育中觉醒，人们用语言去观看教育时，却猛然发现：语言正是决定教育思想和结论的东西。

二

当我们的语言与教育的互“看”旅途结束之时，并不意味着我们的研究一定是成功的，更不意味着语言与教育研究的完结。本书的研究只是一个甚至连阶段性成果都称不上的“成果”，它可能是肤浅的，也可能是稚嫩的，但本书的研究肯定是诚实的。

洛伦巴里特指出：“做研究不是要求你要揭示出任何新的、令人震惊的或违反直觉的东西。它只要求你对自己诚实，并把读者也引向那种诚实。”④ 深以此言为是，一项研究最重要的就是诚实，因为不诚实的研究是虚假的和不负责任的，其结果必然是没有意义的。由此，我不禁想起了小时语文课本里那一直令我感动的爱因斯坦的“三个小板凳”的故事⑤：

爱因斯坦小的时候，在一次手工课上，老师让同学们做一个小板凳。下课了，同学们争先恐后地拿出自己的作品，交给女老师。爱因斯坦急得满头大汗也没有做好，女老师宽容地望着这个在数学与几何方面非常出色的男孩，相信他能交上一件好作品。

第二天，爱因斯坦交给女教师的是一个制作很粗糙的小板凳，有一条凳腿还钉偏了。满怀期望的女教师十分生气地说：“你们谁见过这么糟糕的凳子？”

---

① 转引自：庞家珑．2002．语言的艺术．北京：海潮出版社，4．

② 张楚廷．2006．教育哲学．北京：教育科学出版社，106．

③ [美] 杜威．1990．民主主义与教育．王承绪译．北京：人民教育出版社，20．

④ 洛伦巴里特等．2009．现象学研究：批评与回应．教育研究，(11)：44．

⑤ http://www.ycqedu.net/blog/u/bhxx200812/default.html．注：由于时间过长，细节已记不清，这里是从网上搜索出的这个故事的一个叙述。

同学们纷纷摇头。老师又看了爱因斯坦一眼，生气地说："我想，世界上不会再有比这更坏的凳子了。"教室里一阵哄笑。

爱因斯坦红着脸，走到老师面前，肯定地说："有，老师，还有比这更坏的凳子。"教室里一下安静下来，大家都望着爱因斯坦。他走回自己的座位，从他的书桌下面拿出两个更为粗糙的小板凳，说："这是我第一次和第二次制作的，刚才交给老师的是第三次做的小板凳。虽然它并不使人满意，可比起前两个总要强一些。"

这个故事所令我感动的，并不是因为课堂上老师所说的，所谓体现出爱因斯坦的坚忍不拔精神，而是爱因斯坦对自己做凳子的那种"诚实"。虽然，这"成果"相当蹩脚，甚至成为被耻笑的对象，但它是诚实的，它是有意义的，这就够了。本书对语言与教育的研究，就如爱因斯坦做的小板凳，虽然可能是蹩脚的"成果"，但却一定是诚实的。

不过，本书不指望能企及洛伦巴里特的"诚实"要求，因为对于洛伦巴里特所谓的"并把读者也引向那种诚实"，我们并不能保证，我们只能肯定我们对自己是诚实的。我想，倘若我们对自己的诚实能够带给教育与语言研究一点益处，能够进一步增进人们对语言与教育问题的关注，那我们的目的也就达到了。

参考文献

爱德华·萨丕尔．2007. 语言论．陆卓元译．北京：商务印书馆．

奥古斯丁．2000. 忏悔录．应枫译．长春：时代文艺出版社．

巴赫金．1988. 陀思妥耶夫斯基诗学问题．白春仁，顾亚铃译．上海：上海三联书店．

巴赫金．1998. 巴赫金全集（第五卷）．白春仁，顾亚玲译．石家庄：河北教育出版社．

巴赫金．1998. 诗学与访谈．白春仁，顾亚铃译．石家庄：河北教育出版社．

柏格森．1958. 时间与意志自由．吴士栋译．北京：商务印书馆．

柏拉图．1958. 柏拉图论教育．郑晓沧译．北京：人民教育出版社．

保罗·弗莱雷．2001. 被压迫者教育学．顾建新等译．上海：华东师范大学出版社．

北京大学哲学系外国哲学史教研室．1981. 西方哲学原著选读（上卷）．北京：商务印书馆．

本维尼斯特．2008. 普通语言学问题．王东亮译．北京：生活·读书·新知三联书店．

彼得·沃森．2006. 20世纪思想史．朱进东等译．上海：上海译文出版社．

彼德·科德尔·S. 1992. 语言是什么？成都师专学报（文科版），(2)：61，62.

毕淑芝，王义高．1993. 当代外国教育思想研究．北京：人民教育出版社．

宾克利．1983. 理想的冲突——西方社会中变化着的价值观念．马元德译．北京：商务印书馆．

勃兰特·罗素．1990. 我们关于外间世界的知识．陈启伟译．上海：上海译文出版社．

博伊德，金．1985. 西方教育史．任宝祥等译．北京：人民教育出版社．

布鲁姆 L. 1991. 社会学．张杰等译．成都：四川人民出版社．

布鲁纳．1982. 教育过程．邵瑞珍译．北京：文化教育出版社．

曹勇国．2008. 教育研究之生命意识探寻．教育理论与实践，(5)：3～6.

陈波．1997. 分析哲学的价值．中国社会科学，(4)：63～73.

陈桂生．1993. 教育原理．上海：华东师范大学出版社．

陈桂生．1998. “教育学”辩——“元教育学”的探索．福州：福建教育出版社．

陈桂生．2005. “个体社会化”辨析．思想理论教育（上半月），(1)：42，43.

陈嘉映．2003. 语言哲学．北京：北京大学出版社．

陈汝东．2001. 语言伦理学．北京：北京大学出版社．

陈升．2000. 道德精神、道德语言与道德适用．道德与文明，(2)：8～10.

陈晓茹．2008. 从语言哲学维度看施莱尔马赫的语言解释学．外语学刊，(5)：9～11.

传圣．1994. 儒家思想与自我．读书，(10)：92～94.

崔伟奇．1995. “语言的转向”的哲学反思．求是学刊，(6)：21～26.

大卫·丰塔纳．1989. 教学与个性．郑桂泉等译．北京：春秋出版社．

戴维·波普诺．1999. 社会学．李强译．北京：中国人民大学出版社．

戴维·伯姆．2004. 论对话．王松涛译．北京：教育科学出版社．

单中惠．1996. 西方教育思想史．太原：山西人民出版社．

丁钢．2008. 教育叙事的理论探究．高等教育研究，(1)：32～64.

杜夫海纳．1985. 美学与哲学．孙非译．北京：中国社会科学出版社．

杜时忠．1998. 科学教育与人文教育．武汉：华中师范大学出版社．

杜威．1986. 人的问题．傅统先、邱椿译．上海：上海人民出版社．

杜威．2001. 民主主义与教育．王承绪译．北京：人民教育出版社．

杜维明．1996. 儒家思想新论——创造性转换的自我．南京：江苏人民出版社．

恩斯特·卡西尔．1985. 人论．甘阳译．上海：上海译文出版社．

恩斯特·卡西尔．2004. 人文科学的逻辑．陈晖等译．北京：中国人民大学出版社．

樊淑燕．2006-04-11. “真话”与“高尚”距离有多远．中国教育报．http：//learning. sohu. com/20060411/n242752113. shtml

方汉文．2000. 后现代主义文化心理：拉康研究．上海：上海三联书店．

费尔巴哈．1984. 费尔巴哈哲学著作选集．荣震华，李金山等译．北京：商务印书馆．

费尔迪南德·索绪尔．1980. 普通语言学教程．高明凯译．北京：商务印书馆．

费孝通．1984. 社会学概论．天津：天津人民出版社．

冯建军．2004. 生命与教育．北京：教育科学出版社．

弗·鲍尔生．1986. 德国教育史．滕大春等译．北京：人民教育出版社．

傅统先，张文郁．1986. 教育哲学．济南：山东教育出版社．

傅永春．1990. 埃里克森的自我心理学理论述评．内蒙古师大学报（哲学社会科学版），(2)：97～104.

伽达默尔，2001. 论倾听．安徽师范大学学吧（人文社会科学版），(1)：1～4.

伽达默尔．2004. 真理与方法（上、下卷）．洪汉鼎译．上海：上海译文出版社．

高长江．1992. 文化语言学．沈阳：辽宁教育出版社．

高明凯．1999. 语言论．北京：商务印书馆．

葛鲁嘉，陈若莉．1999. 文化困境与内心挣扎：霍妮的文化心理病理学．武汉：湖北教育出版社．

顾明远，黄济．1987. 教育学．北京：人民教育出版社．

哈贝马斯．2002. 后民族结构．曹卫东译．上海：上海人民出版社．

哈贝马斯．2004. 交往行为理论（第一卷）．曹卫东译．上海：上海人民出版社．

海德格尔．1995. 人，诗意地安居——海德格尔语要．郜元宝译．上海：上海远东出版社．

海德格尔 . 1996. 海德格尔选集 . 孙周兴等译 . 上海：上海三联书店 .

海德格尔 . 2000. 荷尔德林诗的阐释 . 孙周兴译 . 北京：商务印书馆 .

海德格尔 . 2005. 在通向语言的途中 . 孙周兴译 . 北京：商务印书馆 .

海德格尔 . 2006. 存在与时间 . 陈嘉映等译 . 北京：生活·读书·新知三联书店 .

赫尔巴特 . 2002. 赫尔巴特文集（第三卷）. 李其龙译 . 杭州：浙江教育出版社 .

赫尔德 . 1998. 论语言的起源 . 姚小平译 . 北京：商务印书馆 .

赫·斯宾塞 . 1962. 教育论 . 胡毅译 . 北京：人民教育出版社 .

黑尔 . 1999. 道德语言 . 万俊人译 . 北京：商务印书馆 .

黑格尔 . 1979. 精神现象学（上卷）. 贺麟，王玖兴译 . 北京：商务印书馆 .

黑格尔 . 1979. 美学（第 1 卷）. 北京：商务印书馆 .

洪堡特 . 1999. 论人类语言结构的差异及其对人类精神发展的影响 . 姚小平译 . 北京：商务印书馆 .

洪明 . 2000. 西方教育研究取向新进展 . 教育研究，(10)：68～71.

洪谦 . 1992. 逻辑经验主义 . 北京：商务印书馆 .

洪涛 . 1998. 逻各斯与空间 . 上海：上海人民出版社 .

侯成亚，张桂权，张文达 . 2000. 张颐论黑格尔 . 成都：四川大学出版社 .

胡德海 . 1998. 教育学原理 . 兰州：甘肃教育出版社 .

胡发贵 . 2007. "立德"与"成德"——论中国古代教育的价值诉求 . 江苏大学学报（社会科学版），(4)：12～15.

胡军 . 2006. 知识论 . 北京：北京大学出版社 .

胡荣 . 1989. 符号互动论的方法论意义 . 社会学研究，(1)：95～101.

扈中平，刘朝晖 . 1995. 挑战与应答——20 世纪的教育目的观 . 济南：山东教育出版社 .

怀特 LA. 1988. 文化的科学——人类与文明研究 . 曹锦清等译 . 济南：山东人民出版社 .

黄富峰 . 2006. 论道德语言在德育中的重要作用 . 教育科学，(1)：31～33.

黄济 . 1998. 教育哲学通论 . 太原：山西教育出版社 .

霍布斯 . 1985. 利维坦 . 黎思复等译 . 北京：商务印书馆 .

江光荣 . 1999. 人性的迷失与复归：罗杰斯的人本心理学 . 武汉：湖北教育出版社 .

江天骥 . 1996. 科学主义和人本主义的关系问题 . 哲学研究，(11)：51～59.

姜宇辉 . 2008. 思言身——梅洛-庞蒂晚期思域中的语言问题 . 复旦学报（社会科学版），(6)：58～65.

杰·阿·阿基比鲁 . 1989. 教育哲学导论 . 董占顺，王旭译 . 北京：春秋出版社 .

金生鈜 . 1995. 超越主客体：对师生关系的阐释 . 西南师范大学学报（哲学社会科学版），(1)：40～42.

金生鈜 . 1996. 教育与文化力 . 学术研究，(5)：21～24.

金生鈜 . 2002 . "规训化"教育与儿童的权利 . 教育研究与实验，(4)：10～15.

瞿葆奎 . 1989. 教育学文集·智育 . 北京：人民教育出版社 .

瞿葆奎．1989. 教育学文集（教育与人的发展）．北京：人民教育出版社．

康德．1987. 实用人类学．邓晓芒译．重庆：重庆出版社．

科恩．1986. 自我论．佟景韩，范国恩，许宏治译．北京：生活·读书·新知三联书店．

克尔凯郭尔．1997. 致死的疾病．张祥龙，王建军译．北京：中国工人出版社．

克罗齐．1992. 美学或艺术和语言哲学．黄文捷译．北京：中国社会科学出版社．

拉康．2001. 拉康选集．褚孝泉译．上海：上海三联书店．

拉伊．1996. 实验教育学．沈剑平，瞿葆奎译．北京：人民教育出版社．

劳伦斯·斯坦豪斯·宾特雷伊．1989. 课程研究与课程编制入门．北京：春秋出版社．

李洪儒．2007. 意见命题意向谓词与命题的搭配．外语学刊，(4)：6～11.

李建华，李丽红，曾塘．2002. 情感教育：人文知识内化为人文素质的机制．高等教育研究，(2)：84～87.

李美辉．2005. 米德的自我理论述评．兰州学刊，(3)：66～69.

李醒东．2007. 教育起源研究的方法论问题探析．教育评论，(3)：3～7.

李醒民．2006. 论科学语言．北京行政学院学报，(2)：78～82.

李雅丽．2009-08-13. 网友热议：中学课本里是否应该删减鲁迅文章．http：//edu.sina.com.cn/l/2009-08-13/1729175979.shtml.

李政涛．2001. 对教育研究者生存方式的省察．教育评论，(6)：1.

李政涛．2006. 教育研究的叙事伦理．教育研究，(10)：18～26.

李政涛．2006. 教育研究中的四种语言学取向——兼论通向语言的教育学之路．教育研究与实验，(6)：1～5.

利科尔．1987. 解释学与人文科学．陶远华等译．石家庄：河北人民出版社．

列夫·舍斯托夫．1998. 开端与终结．方珊译．昆明：云南人民出版社．

刘化英．2000. 罗杰斯对自我概念的研究及其教育启示．辽宁师范大学学报（社会科学版），(6)：37～39.

刘良华．2001. “语言转向”中的教育学立场．集美大学学报，(1)：10～14.

刘润清．1997. 西方语言学流派．北京：外语教学与研究出版社．

刘铁芳．1998. 古典人文教育——教育的走向与现代教育的反思（上）．教育理论与实践，(4)：5～8.

刘铁芳．2001. 语言与教育．河北师范大学学报（教育科学版），(2)：19～23.

刘翔平．1991. 哈特曼自我心理学述评．心理科学，(5)：37～42.

刘小枫．1986. 诗化哲学．济南：山东文艺出版．

刘小枫．1994. 人类困境中审美精神——哲人、诗人论美文选．上海：东方出版中心．

刘新庚，李歌，曾强．2008. 论劝服理论在思想政治教育过程中的应用．思想政治教育研究，(4)：13～21.

刘志学．1991. 科学语言的意义与指称——兼评西方科学哲学中的意义理论．哲学研究，(11)：69～76.

卢卡奇．1988. 理性的毁灭．王玖兴等译．济南：山东人民出版社．

鲁洁 . 1990. 教育社会学 . 北京：人民教育出版社 .

鲁洁 . 2008. 教育的原点：育人 . 华东师范大学学报（教育科学版），(4)：15～22.

鲁洁，王逢贤 . 1994. 德育新论 . 南京：江苏教育出版社 .

鲁苓 . 2004. 语言・言语・交往 . 北京：社会科学文献出版社 .

陆有铨 . 1997. 躁动的百年——20 世纪的教育历程 . 济南：山东教育出版社 .

路易丝・麦克尼 . 1999. 福柯 . 贾提译 . 哈尔滨：黑龙江人民出版社 .

吕祥 . 1992. 希腊哲学中的知识问题及其困境 . 长沙：湖南教育出版社 .

吕智敏 . 1990. 诗源诗美诗法——《原诗》评释 . 北京：书目文献出版社 .

罗宾・乔治・科林伍德 . 1985. 艺术原理 . 王至元等译 . 北京：中国社会科学出版社 .

罗兰・巴特 . 2000. S/Z. 屠友祥译 . 上海：上海人民出版社 .

罗素 . 1981. 西方哲学史 . 马元德译 . 北京：商务印书馆 .

马大康 . 2005. 诗性语言研究 . 北京：中国社会科学出版社 .

马大康 . 2005. 重返大地的努力——诗性语言研究 . 温州师范学院学报（哲学社会科学版），(4)：1～8.

马丁・布伯 . 2000. 我与你 . 陈维纲译 . 北京：生活・读书・新知三联书店 .

马克思 . 2000. 1844 年经济学哲学手稿 . 北京：人民出版社 .

马克斯・范梅南 . 2001. 教学机智——教育智慧的意蕴 . 李树英译 . 北京：. 教育科学出版社 .

马克斯・范梅南 . 2003. 生活体验研究——人文科学视野中的教育学 . 北京：教育科学出版社 .

马克斯・韦伯 . 1987. 新教伦理与资本主义精神 . 于晓、陈维纲等译 . 北京：生活・读书・新知三联书店 .

马林诺夫斯基 . 1987. 文化论 . 费孝通译 . 北京：中国民间文艺出版社 .

马塞勒 A，等 . 1988. 文化与自我——东西方人的透视 . 任鹰等译 . 杭州：浙江人民出版社 .

马斯洛 . 1987. 自我实现的人 . 许金声，刘锋等译 . 北京：生活・读书・新知三联书店 .

孟登科 . 2009-04-18. “致命”的晚自习 . http：//www. infzm. com/content/26713/1.

孟宪承，陈学 . 2006. 教育通论 . 福州：福建教育出版社 .

米德 . 1999. 心灵、自我与社会 . 霍桂桓译 . 北京：华夏出版社 .

苗力田 . 1989. 古希腊哲学 . 北京：中国人民大学出版社 .

穆罕默德・伊克巴尔 . 1999. 自我的秘密 . 刘曙雄译 . 北京：北京大学出版社 .

尼采 . 1991. 权力意志 . 张念东，凌素心译 . 北京：商务印书馆 .

宁虹，钟亚妮 . 2002. 现象学教育学探析 . 教育研究，(8)：32～37.

诺尔曼・丹森 . 1989. 情感论 . 魏中军，孙安迹译 . 沈阳：辽宁人民出版社 .

沛西・能 . 1992. 教育原理 . 王承绪等译 . 北京：人民教育出版社 .

彭敏 . 2009-05-18. 什么是写？ http：//teach. suqian. gov. cn/？ uid-7846-action-viewspace-itemid-144592.

皮亚杰 . 1950. 儿童心理学 . 吴福元译 . 北京：商务印书馆 .

戚雨村．1982. 布龙菲尔德的语言理论．浙江师范学院学报（社会科学版），（1)：23～31.

齐梅．2007. 教育学原理学科科学化问题研究．北京：中国社会科学出版社．

齐效斌．2002. 人的自我发展与符号形式的创造．北京：中国社会科学出版社．

钱连冠．2004. 美学语言学：语言美和言语美．北京：高等教育出版社．

乔纳森·布朗．2004. 自我．陈浩莺译．北京：人民邮电出版社．

秦行音．2004. 教育研究、教育的科学研究与我们的选择——我国教育研究的现状分析与趋势研究．教育理论与实践，(11)：13～16.

任代文．1993. 蒙台梭利幼儿教育科学方法．北京：人民教育出版社．

萨特．1987. 存在与虚无．陈宣良等译．北京：生活·读书·新知三联书店．

沙夫．1979. 语义学引论．罗兰、周易译．北京：商务印书馆．

申小龙．1989. 维柯：人类语言文化视界的开启者——论维柯的符号学—文化语言学思想．复旦学报（社会科学版），(4)：52～57.

申小龙．1990. 人类文化的语言视界：论萨丕尔沃尔夫假说．青海师范大学学报（社会科学版），(2)：70～76.

申小龙．1993. 文化语言学．南昌：江西教育出版社．

史有为．1999. 语言中的人和意义——语言的起点思考．语文研究，(2)：1～8.

叔本华．1982. 作为意志和表象的世界．石冲白译．北京：商务印书馆．

斯蒂文森．1991. 伦理学与语言．姚新中，秦志华等译．北京：中国社会科学出版社．

宋希仁．2000. 当代外国伦理思想．北京：中国人民大学出版社．

苏德超．2009. “我”是谁——从维特根斯坦的角度看．华中科技大学学报（社会科学版），(3)：56～60.

孙彩平．2003. 教育起源于人的道德——一种新的伦理视角．江苏教育学院学报（社会科学版），(2)：28～31.

孙喜亭．2003. 教育原理（修订版）．北京：北京师范大学出版社．

孙正聿．1998. 哲学通论．沈阳：辽宁人民出版社．

孙正聿．2009-04-16. 哲学与人生．http：//www.chinaorg.cn/zjjt/zjjt/2009-04/16/content_5322554_3.htm.

唐莹．1994. 事实/价值问题与教育学研究．华东师范大学学报（教育科学版），(1)：27～37.

田培林．2009-8-12. 教育与文化．http：//blog.163.com/ybxldh@126/blog/static/69242731200852941816739/

涂纪亮．1988. 英美语言哲学概论．北京：人民出版社．

涂纪亮．2007. 现代欧洲大陆语言哲学：现代西方语言哲学比较研究．武汉：武汉大学出版社．

涂艳国．1999. 走向自由——教育与人的发展问题研究．武汉：华中师范大学出版社．

汪子嵩．1988. 希腊哲学史（第1卷）．北京：人民出版社．

王逢贤．2000．价值教育及其在新世纪面临的挑战．高等教育研究，(5)：53～56.

王逢贤．2004．优教与优思．北京：人民教育出版社．

王俊秀．1997．沙利文的人格发展思想新认识．内蒙古师大学报（哲学社会科学版），(2)：102～106.

王善钧．1989．拉康结构主义语言哲学剖析．厦门大学学报（哲社版），(4)：6～29.

王伟光．2001．利益论．北京：人民出版社．

王晓方，盛凌振．1997．儒家传统思想中的自我．兰州大学学报（社会科学版），(3)：146～151.

王玉英．2006．跨越理性主义的羁绊 推动教育主体性发展．山西大学学报（哲学社会科学版）(3)：138～140.

王渊．2009．什么是听？http：//www.mdsyxx.com/oblog3/u/%CD%F5%D4%A8/archives/2009/785.html.

维柯．1986．新科学．朱光潜译．北京：人民文学出版社．

维特根斯坦．1985．逻辑哲学论．郭英译．北京：商务印书馆．

维特根斯坦．2001．哲学研究．陈嘉映译．上海：上海人民出版社．

卫道治，沈煜峰．1988．人·关系·文化：教育社会学观略．长沙：湖南教育出版社．

魏博辉．2007．论科学语言与哲学语言的关联与差异．湘潭大学学报（哲学社会科学版），(1)：139～144.

温纯如．1998．论费希特“绝对自我”的真理观．安徽大学学报（哲学社会科学版），(5)：29～34.

文费良．2007．话语与生存．上海：上海书店出版社．

吴定初，曾文婕．2008．教育研究疏离教育生活：现象透视与回归途径．四川师范大学学报（社会科学版），(3)：49～52.

吴疆．1993．反语言学，还是超语言学？——与邓晓芒先生商榷．中州学刊，(3)：58～62.

吴清山．2004．教育概论．台北：五南图书出版公司．

吴元训．1989．中世纪教育文选．北京：人民教育出版社．

夏正江．2001．教育理论哲学基础的反思——关于“人”的问题．上海：上海教育出版社．

肖川．1991．论教育与文化．教育理论与实践，(1)：2～7.

谢登斌．2005．语言学取向的教育研究．华东师范大学学报（教科版），(4)：24～31.

谢维和．2000．教育活动的一种社会学分析．北京：教育科学出版社．

谢延龙，王澍．2009．现实反思与理想图景：论我国教育知识生产．国家教育行政学院学报，(8)：25～29.

谢延龙，杨春芳．2008．通向语言之途的教育——论教育的语言转向．全球教育展望，(8)：25～29.

休谟．1980．人性论．关文运译．北京：商务印书馆．

徐通锵．2007．语言学是什么．北京：北京大学出版社．

徐友渔，周国平，陈嘉映等．1996．语言与哲学——当代英美与德法传统比较研究．北京：生活·读书·新知三联书店．

徐志刚．1997．论语通译．北京：人民文学出版社．

雅斯贝尔斯．1991．什么是教育．邹进译．北京：生活·读书·新知三联书店．

杨国荣．2002．伦理与存在：道德哲学研究．上海：上海人民出版社．

杨茂勋．1993．普通语言学．厦门：厦门大学出版社．

姚斯，霍拉勃．1987．接受美学与接受理论．周宁，金元浦译．沈阳：辽宁人民出版社．

姚新中．1999．自我建构与同一性——儒家的自我与一些西方自我观念之比较．哲学译丛，(2)：62～69．

叶澜．1991．新编教育学教程．上海：华东师范大学出版社．

叶圣陶．1980．语文教育论集．北京：教育科学出版社．

叶秀山．1992．前苏格拉底哲学研究．上海：上海三联书店．

易健．2000．人的诗化与自然人化．海口：南方出版社．

殷杰．2007．科学语言的形成、特征和意义．自然辩证法研究，(2)：13～17．

余虹．1991．诗：源始的语言——海德格尔的诗学启示．外国文学研究，(1)：61～68．

余平．2004．海德格尔的栖居之思．四川大学学报（哲学社会科学版），(4)：38～44．

俞建章，叶舒宪．1988．符号：语言与艺术．上海：上海人民出版社．

约翰·洛克．1957．教育漫话．傅任敢译．北京：人民教育出版社．

约斯夫·科克尔曼斯．1996．海德格尔的存在与时间．陈小文等译．北京：商务印书馆．

张宝亚．1993．语言文化论．昆明：云南大学出版社．

张楚廷．2003．课程与教学哲学．北京：人民教育出版社．

张楚廷．2006．教育哲学．北京：教育科学出版社．

张大松．1991．论科学语言的意义域．华中师范大学学报（哲社版），(3)：7～12．

张法琨．1994．古希腊教育论著选．北京：人民教育出版社．

张焕庭．1979．西方资产阶级教育论著选．北京：人民教育出版社．

张杰．2009．语言的起源与语言的诗性．长江学术，(2)：60～68．

张楠，白云．2009．略说“听类词”．北京师范大学学报（社会科学版），(2)：138～142．

张庆熊．1999．自我、主体际性与文化交流．上海：上海人民出版社．

张庆雄．2008．交往行为与语言游戏：论哈贝马斯对维特根斯坦语言哲学的接纳与批评．马克思主义与现实，(4)：34～46．

张人杰．1989．国外教育社会学基本文选．上海：华东师范大学出版社．

张汝伦．1995．历史与实践．上海：上海人民出版社．

张世英．2000．语言的诗性与诗的语言．中国人民大学学报，(1)：34～39．

张贤根．2001．海德格尔美学思想论纲．武汉大学学报（人文科学版），(4)：413～418．

张晓静．2004．自我教育论．哈尔滨：黑龙江教育出版社．

赵敦华．1996．西方哲学通史（第1卷）．北京：北京大学出版社．

赵少麟．1992. 外国教育家评传（第 2 卷）．上海：上海教育出版社．

赵祥麟，赵荣昌，李明德．1992. 外国教育家评传（第 3 卷）．上海：上海教育出版社．

郑金洲．2000. 教育通论．上海：华东师范大学出版社．

郑也夫．1996. 代价论——一个社会学的新视角．北京：生活·读书·新知三联书店．

郑召利．2002. 哈贝马斯的交往行为理论——兼论与马克思学说的相互关联．上海：复旦大学出版社．

钟启泉．1998. 西方教育原理．西安：陕西教育出版社．

周昌忠．1990. 科学的语言哲学．自然辩证法通讯，(2)：1～7.

周昌忠．1992. 西方现代语言哲学．上海：上海人民出版社．

周国光．1981. 中国古代教育论著选译．贵阳：贵州人民出版社．

周国平．1996. 胡塞尔和弗莱格的语言哲学思想比较．哲学研究，(3)：43～49.

朱光潜．1963. 西方美学史．北京：人民文学出版社．

朱光潜．1987. 朱光潜全集（第 3 卷）．合肥：安徽教育出版社．

庄庆鸿等．2009-10-28. 中青报文章成高考阅读题　原作者解答仅得 1 分．http：//edu. cyol. com/content/2009-10/28/content _ 2907987. htm.

邹进．1992. 现代德国文化教育学．太原：山西教育出版社．

邹诗鹏．1997. “倾听”哲学生存论的意义阐释与反省．江海学刊，(3)：59～65.

佐藤学．2003. 静悄悄的革命：创造活动、合作、反思的综合学习课程．李季湄译．长春：长春出版社．

Barritt L，Beekman T，Bleeker H，et al. 1983. A Handbook for Phenomenological Research in Education. Michigan：The University of Michigan，School of Education.

Borg W R，Gall M D. 1989. Educational Research，An Introdiction. New York & London：Longman.

Edwards J. 1990. Language in Education. *In*：Giles H，Robinson W P. Handbook of Language and Social Psychology. New York：John Wiley & Sons Ltd.

Goodman K. 1989. The Reading Proeess，*In*：Carrell P L. Devine J，Eskey D. Interactive Approaches to Second Lauguage Reading. Cambridge：Cambridge University Press，11～21.

Heidegger M. 1975. Language in Poetry，Language，Thought. New York：Harper & Row Publisher，Inc.

Heidegger M. 1982. On the Way to Language. Trans. Hertz P D. New York：Harper & Row.

Hudson R. 2004. Why education needs linguistics (and vice versa) . Journal of Linguistics，40 (1)：105～130.

Mead G H，Miller D L. 1982. The Individual and the Social Self：Unpublished Work of George Herbert Mead. Chicago：The university of Chicago Press.

Mei S L 2000. The gentle art of listening：skills for developing family-administrator relationships in early childhood. Early Childhood Education Journal，27 (4)：267～273.

Perera K. 2001. Education and language：overview. *In*：Mesthrie R. Coneise EncycloPedia of Sociolinguistics . Amsterdam：Elsevier Seienee Ltd.

Pumfrey P D. 1977. Measuring Reading Abilities：Concepts，Sources and Applications. London：Hodder and Stoughton.

Révész G. 1956. The Origins and Prehistory of Language. London：Longmans，Green.

Schopenhauer A. 1974. On the Fourfold Root of the Principle of Sufficient Reason. La Salle：Open Court.

Smith F. 1988. Understanding Reading；A Psycholinguistic Analysis of Reading and Learning to Read. Hillsdale：Lawrence Erlbaum Associates.

Tomasello M. 2000. Two Hypotheses about Primate Cognition. *In*：Heyes C，Huber L. The Evolution of Cognition. Cambridge：The MITPress.

Ullman S. 1964. Semantics：An Introduction to the Science of Meaning. New York：Bames & Noble.

后　记

不经意间已经投身教育近18载，无论是从事初中、高中的教育教学实践工作，还是在攻读教育学硕士、博士学位，或是在高校从事教育理论教学与研究工作，虽然角色和自我存在方式不断变换，但我对教育的情意却与日俱增，愈发强烈。这本书就是这种教育情意积累到终至无法控制而喷薄而出的产物。

感谢是真诚的态度，感谢是真实的心情，感谢是永恒的铭记。生命成长的每一个阶段，总会有许多善良的人在为你付出，他们就是你要感谢的人。本书的出版离不开那些需要真诚感谢的人。

非常感谢王逢贤先生，本书的撰写从开始到文稿的完成，先生都一直高度关注并不时给以悉心指导。王先生学养深厚，思维敏锐，是我国老一辈教育学家，在教育学领域有很深的造诣和独到的见解。让人感动的是，在书稿完成之后，先生不顾83岁高龄，拨冗审阅，逐字通读书稿，并写下了近万字的修改意见。看着先生在书稿中空白处留下的密密麻麻的修改意见笔迹，我的心灵感到的是震撼和温暖。先生对教育的炽热情怀和一丝不苟的严谨治学态度撼人心魄，先生对后辈的关怀呵护之情温暖人心。在书稿即将出版之际，先生又在病榻之上给本书写了序言，先生的情真意切着实让我惶恐与忐忑。

感谢敬爱的帅相志老师，作为帅老师硕士的开山弟子，帅老师一直把我当自己的孩子看待。在毕业后的日子里，帅老师时刻关注着我的成长。当听闻我的书要出版的时候，帅老师积极地帮助我联系出版社，并一直关注本书的出版进度，数次来电话询问书稿出版的情况。

其对弟子倾注的殷殷关爱之情，让人感动。

感谢石文典教授对本书出版的鼎力支持。在来到宁夏大学教育学院工作伊始，石教授就非常关心本书的出版，并把本书作为“211工程项目”支持出版。可以说，没有石教授就没有本书的付梓。

最后，我必须要衷心地感谢科学出版社的付艳编辑，是她在积极地为本书的具体出版事宜忙碌，并通读了本书的书稿，提出了具有建设性的修改意见，并根据出版本书的高规格要求时常与我通电联系，具体沟通。

本书的写作和修改历时近两年，付出的辛劳和其中的甘苦只有自知。由于作者的能力和水平有限，本书又是自己走上学术之途的第一本专著，故深感本书的肤浅和拙陋。其中的不当和错误之处，诚请读者批评指正。

谢延龙

2011年10月于银川